冯骥才 著

高女人和
她的矮丈夫

作家出版社

图书在版编目（CIP）数据

高女人和她的矮丈夫 / 冯骥才著 . -- 北京 : 作家出版社，2025.8. --（冯骥才小说文库）. -- ISBN 978-7-5212-3646-0

I. I247.7

中国国家版本馆 CIP 数据核字第 2025T6C003 号

高女人和她的矮丈夫

作　　者：冯骥才
策划编辑：钱　英
责任编辑：省登宇
装帧设计：TT Studio
出版发行：作家出版社有限公司
社　　址：北京农展馆南里 10 号　　　邮　　编：100125
电话传真：86-10-65067186（发行中心）
　　　　　86-10-65004079（总编室）
E-mail:zuojia @ zuojia.net.cn
http://www.zuojiachubanshe.com
印　　刷：北京博海升彩色印刷有限公司
成品尺寸：145×210
字　　数：280 千
印　　张：11.625
印　　数：001—5000
版　　次：2025 年 8 月第 1 版
印　　次：2025 年 8 月第 1 次印刷
ISBN 978-7-5212-3646-0
定　　价：52.00 元

写作中的冯骥才

冯骥才

　　1942 年生于天津，祖籍浙江宁波，中国当代作家、画家和文化学者。在中国当代文学史上，冯骥才是新时期崛起的第一批作家，也是"伤痕文学"的代表人物，其作品题材广泛，形式多样，尤以"文化反思"系列小说著称，多次在国内外获奖。已出版各种作品集二百余种，代表作有《啊！》《雕花烟斗》《高女人和她的矮丈夫》《神鞭》《三寸金莲》《珍珠鸟》《一百个人的十年》《俗世奇人》《单筒望远镜》《艺术家们》等。作品被译成英、法、德、意、日、俄、西、阿拉伯等二十余种文字，在海外出版译本六十余种。冯骥才的绘画以中西贯通的技巧与含蓄深远的文学意境见长，因此他又被称为"现代文人画的代表"。自 20 世纪 90 年代初以来，他投身于中国的城市历史文化保护和民间文化抢救，其倡导与主持的中国民间文化遗产抢救工程、传统村落保护等文化行为，对当代人文中国产生了巨大的影响。

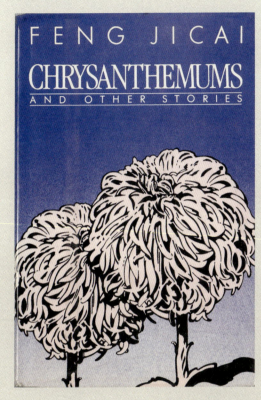

◎《菊花及其他故事》英文版 1985 美国 HARCOURT BRACE JOVANOVICH

◎《雪夜来客》插图 1984 冯骥才作

◎《高女人和她的矮丈夫》德文版 1994 德国 Projekt Verlag

◎ 苏联《文学报》刊载《高女人和她的矮丈夫》（李福清译）时的插图 1983 A·ОСТРОМЕНЦКОГО 作

◎《在早春的日子里》 1987 台湾新地出版社

◎《楼顶上的歌手》 2009 明报月刊出版社、新加坡青年书局

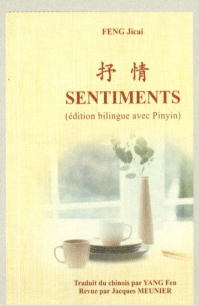

◎《抒情》中法文对照版 2009 法国友丰书店

◎《冯骥才中短篇小说集》法文版 1995 法国 Seuil

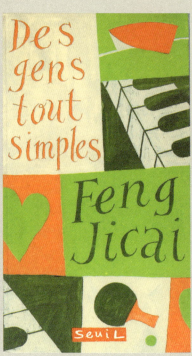

我的小说库

（自序）

作家出版社要帮助我以出版方式建立起我的小说库。这想法我不曾有过。

从字面上解，库是存放或收藏东西之处。"我的小说库"应是专放我的小说的地方。可是我的小说都在哪里呢？还不清楚。

和多数作家一样，每写完一篇小说，发表或出版后，便不会再去顾及。写作时与小说的情节、人物、细节、语言死死纠缠，以至"语不惊人死不休"。待写完发表后，便与小说的一切再无瓜葛，很少去翻看，有的甚至一眼也没再看过。为什么？作家竟如此无情吗？当然不是，是因为作家把自己的全部心灵、精神与创造力，都放在下一部小说里了。

作家的工作就是不断拿出对生活的新发现、对文学的新理解，创造出具有新的审美价值与思想深度的作品来。作家永远属于将要写作或正在写作的作品。这样，一路写下来，一边把一篇篇小说交给读者，一边随手放在身边什么地方。丰子恺说放在身边一个篮子里。我没有篮子，我随手乱放。

断断续续写了四十多年小说，究竟写了多少，都是哪些小说，我不大清楚了，以致今天整理我的小说库时，充满了好奇——我怎么写过这篇小说？那篇小说又写了什么？时隔久了，记不清楚，这很自然，就像分别太久的老朋友们。

但谁还需要这些在岁月里长了胡子的小说？

前些天法国一位艺术家把我一个短篇改编成话剧，要在戏剧节上演。据说她很喜欢这个叫人发笑、自谑性、黑色幽默的故事。这小说名叫《我这个笨蛋》，是我 1979 年写的小说。细节大多记不得了，只记得这小说充满了批判性的调侃和那时代的勇气。还有一次，我收到一位意大利读者寄来的一支名贵的石楠木刻花的烟斗。他是看过《雕花烟斗》后受了感动寄给我的。《雕花烟斗》是我的第一个短篇，写于上世纪七十年代末。

我很奇怪，这些早期的小说还有人会读吗？读者没有把它当作陈谷子烂芝麻吗？其实对于读者来说，没读过的书永远是新的。或者说，书不分新旧，只是有没有阅读价值。有的小说会过时，有的小说可以跨时空。好小说是不长胡子的。

由于这次对"小说库"做整理，我才知道几十年里我写了一百多部长长短短的小说。现在，当我触摸它们时，我仿佛碰到了一个个阔别已久的朋友，感到一种老友重逢的欢悦，我很快拥抱起它们！我闻到了它们曾经的动人的气息，看见了它们昔日的光影与表情，甚至感受到那些过往生活特有的一切。尽管昔日里年轻、单纯还幼稚，但是我被自己昨日的真诚与情感打动了。我从中发现我曾经苦苦的追求、曲折的探索、种种思考，以及得与失，它们原来全在我的小说库里。

只有我离开过它们，它们从来没有离开过我。

在写作中，小说是其中一种；但小说不同于其他写作，它是一种特殊的写作，是虚构的、无中生有的、想象的、创造的。它通过现实主义的写作，对社会现实做出一己的判断；采用浪漫主义的写作，张扬生活情感与想象；凭借荒诞主义写作，强烈地表达生活与人性中的假恶丑与愚昧。一个作家不会只用一种手法写作。何况我生活和写作的城市又是一座"天下无二"的"双城"：一半本土，一半洋化。我是吃着两种食品——煎饼果子和黄油面包长大的。我在两种文化的融合又撞击中生存，我不同于任何人。因之，我的小说世界错综复杂，我的探索之路辗转迂回；尽管小说是纯虚构的，但它或隐或显地折射出我身处的时代的变迁、特异的地域和我人生与精神多磨的历程。

本小说库凡八卷，长篇两卷中篇三卷短篇三卷。虽非全集，略做取舍，但它是我迄今为止小说作品最为齐全的版本。其本意为二：一是为读者提供我小说作品的全貌；二是为自己漫长的小说人生留下一份见证。

为了这个小说库，我的工作室同仁和作家出版社编辑们对我散布各处的小说广为搜集，严格整理，勘误改正，悉心尽力；此事此意，有感于心，在此一并深表谢意。

是为序。

目录

雕花烟斗

一 老花农

他被这大盆光灿灿的凤尾菊迷住了。

这菊花从一人多高的花架上喷涌而出，闪着一片辉煌夺目的亮点点儿，一直泻到地上，活像一扇艳丽动人的凤尾，一条给舞台的灯光照得熠熠发光的长裙，一道瀑布——一道静止、无声、散着浓香的瀑布，而且无拘无束，仿佛女孩子们洗过的头发，随随便便披散下来。那些缀满花朵的修长的枝条纷乱地穿插垂落，带着一种山林气息和野味儿。在花的世界里，唯有凤尾菊才有这样奇特的境界。他顶喜欢这种花了。

大自然的美使他拜倒和神往。不知不觉间他一只手习惯地、下意识地从衣兜里掏出一个挺大的核桃木雕花烟斗，插在嘴角，点上火，才抽了几口，突然意识到花房里不准吸烟，他慌忙想找个地方磕灭烟火，一边四下窥探，看看是否被看花房的人瞧见了。

花房里静悄悄，幸好没有旁人，他暗自庆幸。可就在这时，忽见身旁几片肥大浓绿的美人蕉叶子中间，有一张黑黑的老汉的脸直对着他。这张脸长得相当古怪，竟使他吓了一跳。显然这是看花房的人，不知什么时候站在这里的，而且没出一声，好像一直躲在叶子后边监视着他。一双灰色的小眼睛牢牢盯着他嘴上的烟斗。烟斗正冒着烟儿。他刚要上前承认和解释自己的过错，那老汉却出乎他的意料，对他招招手，和气地说："没关系，到这边来抽吧！"

他怔了一下，不觉从眼前几片蕉叶下钻过去。老汉转过身引着他走了几步，停住；这里便是花房的一角。

这儿，靠墙是条砖砌的土炕，上边的铺盖卷成卷儿，炕上只铺一张苇席；炕旁放着一堆短把儿的尖头锄、长柄剪子、喷水壶、水桶、麻绳和细竹棍之类；炕前潮湿的黄土地扫得干干净净。中间摆一个矮腿的方木桌，只有一尺多高，像炕桌；隔桌相对放两把小椅子——实际上是凳子，不过有个小靠背，像幼儿园孩子们用的那种小椅子。桌椅没有涂漆，光光的木腿从地上吸了水分，都有半截的湿痕。桌面上摊开一张旧报纸，晾着几片焦黄的烟叶子……看来，这看花房的老汉，还是个收拾花的老花农呢！以前他来过这里几次，印象中似乎有这么个人，但从未注意过。

"您自管抽吧，这儿透气。"

老花农指指床上边一扇打开的小玻璃窗说，并请他坐下，掰了一碗热水，居然还恭恭敬敬放在他面前，使他这个犯了错的人非常不安，也更加不明白老汉为什么如此对待他。

随后，老花农坐在他对面，打腰里拿出一杆小烟袋和一个圆圆的磨得锃亮的洋铁烟盒，打开烟盒盖儿，动手装烟叶。但这双手痉挛似的抖着，装了一阵子才装满。点上火抽起来，也不说话，却不住地对他露出笑容，还总去瞟他叼在嘴上的烟斗。他从老花农古怪的脸上，很难看出是何意思。是善意地讥笑他刚才的过失，还是对他表示好感呢？自己能引起别人什么好感来？他百思莫解，老花农却开了口："唐先生，您还画画不？"

他怔住了。"您怎么知道我姓唐？还知道我画画？"他问。

"啥？"老花农侧过右耳朵。

他大点声音又说一遍。

老花农两颊上的皱纹全都对称地弯成半圆形的曲线，笑眯眯地说："先前，您带学生到这儿来画过花儿，咋不知道。您模样又没变……"

唐先生想了想，才想起这是六十年代中期"文化大革命"的狂潮到来之前的事。由于这儿的花开得特别好，他曾带学生们来上写生课，而且是在他喜欢的这凤尾菊盛开的时节。事隔六七年，老花农居然还记得。尤其近几年的骤变，过去的事对于他犹如隔世的事，去之遥远。像他这样的一个红极一时的大画家，好比高高悬挂的闪烁辉煌的大吊灯，如今被一棒打落下来，摔得粉粉碎。那些五光十色、光彩照人的玻璃片片，被人踩在脚下，无人顾惜。他落魄了，被人遗忘了，无人问津了。原先整天门庭若市，现在却"门前冷落车马稀"；那些终日缠在他身旁的名流、贵客、记者、编辑、门生、慕名而来的崇拜者，以及附庸风雅的无聊客，一概都不见了。他就是一张盖了戳的邮票，没有用处。而当下，居然被这老汉收集在记忆的册子里。他心里不禁泛起一阵酸楚和温暖的感动的微波。"您居然还记得我，好记性呀！可我，我现在……不常画了。"他因感慨万端，声调低沉下来。

"啥？"老花农又是那样偏过右耳朵。

"不常画了。"

"明白，明白。"老花农像个知心的人那样，深有所感似的、会意地点了点头，跟着加重语气说，"不过，还是该画，该画。您画得美，美呀……"

"我？可您并没见过我的画呀！"他想自己在这儿给学生们上写生课时，并没动手画过。一刹那，他觉得老花农在对自己客套，拉近乎。

"不！"老花农说，"您的画印出过画片，俺见过，画得美呀！"

老花农赞美的语气是由衷的，好像回味吃过的一条特别美味的鱼似的。看来，这老汉不只是在花房认识自己的，还注意过自己的作品，耳闻过自己的声名。难道在这奇花异卉中间，在这五彩缤纷的花的天地里，隐藏着一个知音吗？好似深山幽谷之间的钟子期？他惊异地望着对方。当他的目光在老花农古怪的脸上转了两转，这些离奇的猜想便都飞跑了——

谁能从这老花农身上、脸上和奇形怪状的五官中间找到聪慧、美的知识的影子呢？瞧，他穿一身皱巴巴的黑裤褂，沾满污痕，膝头和领口的部分磨得油亮；像老农民那样打着裹腿，脚上套一双棉鞋篓子；面色黧黑，背光的暗部简直黑如锅底，这颜色和衣服混成一色；满脸深深的皱纹和衣服的皱褶连成一气。他身子矮墩墩，微微驼背；罗圈腿，明显地向里弯曲。坐在那里，抱成一团，看上去像一个汉代的大黑陶炉，也只有汉代人才有那种奇特的想象，把器物塑造得如此怪异——他的脑门向外凸成一个球儿；球儿下边，便是两条猿人一般隆起的眉骨，眉毛稀少；眼睛小，眼圈发红，眸子发灰，有种上年纪人褪尽光泽而黯淡的眼神。下半张脸差不多给乱杂杂的短髭全盖上了。那双扇风耳，像假的，或者像唯恐听不清声音而极力挎开。尤其总偏过来的右耳朵，似乎更大一些……就这样一个老汉，给人一种不舒展、执拗和容易固守偏见的感觉，好似一个老山民，一辈子很少出山沟，不开通，没文化，恐怕连自己的名字都不会写；而且岁数大了，耳朵又背，行动迟缓而不灵便。他往烟袋里塞满烟叶子，一半掉落在外，也不去拾。掉多了，就垂下一只又黑又厚又粗糙的手，连地上的土渣一齐捏起来，按在烟锅里，并不在意。老年的邋遢使他显得有些愚笨。由于语言少，他夸耀唐先生的画时，除了"美，美呀！"之外，好像再没有其他词语了。唐先生很少听人用"美"这个字眼儿来称赞画。这个字眼儿本身就含着很深的内容，尤其是现在给这样一个黑老汉的嘴里说出来，就显得很特别，不和谐，不可思议。这个"美，美呀！"究竟是指什么而言，是何内容，难道是对自己的艺术发自内心的一种感受？唐先生心想，或许这老汉听人说过自己的大名，偶然还见过自己大作的印刷品，碰巧发生了一时兴趣，但仅仅是一种直觉的喜爱，与对艺术的理解无关。这种喜爱即便有理由，也是出于无知和对艺术幼稚的曲解。仿佛我们听鸟叫，觉得婉转动听，但完全不懂鸟儿们说些什么；两只鸟儿对叫，可能在相互生气谩骂，我们却以为它们在亲昵地召唤或对歌……

他俩坐了一阵子。老花农似乎无话可说，默默抽着烟。老花农烟抽得厉害，铜烟嘴一直没离开嘴唇。唐先生呢，也没有更多的话可说。不过，他不再像刚才那样——由于自己犯了花房的规矩而不安和发窘了。心里舒坦，滋滋有味儿地抽着自己的烟斗。可是他发现老花农仍在不时瞅他嘴上的烟斗。他不明其故。"您来尝尝我的烟斗丝吗？"他问。

"不！"老花农笑眯眯地说，他笑得又和善又难看，"俺是瞧您的烟斗挺特别……"

他的烟斗比一般的大。上边雕着一只肥胖的猫头鹰，栖息在一段粗粗的秃枝上，整个图形是浮雕的，凸出表面；背后是一个线刻的圆圆的大月亮，实际上只是一个大圆圈，却十分洗练，和浮雕的部分形成对比，画面显得十分别致和新颖。他把烟斗磕灭火，递给老花农。

"这烟斗是我自己刻的。"他说。

老花农接过烟斗，双手摆弄着，目不转睛地瞧着。然后仰起脸对唐先生赞不绝口："美，美，美呀！"那双灰色的小眼睛竟流露出真切的钦慕之情，使他见了，深受感动。这烟斗是他得意的精神产儿呵！但他跟着又坚信，烟斗上那些奇妙的变形和线条的趣味，绝不在老花农的理解之中。此时，他脑袋里还闪过一种对老花农并非善意的猜疑。他疑心老花农对他如此敬重，如此赞美，是看上了他的烟斗，想要这烟斗。他瞅着老花农对这烟斗爱不释手的样子，便说："您要是喜欢这烟斗，就送给您吧！"

不料，老花农听了一怔，脸上的表情变得郑重又严肃，赶忙把烟斗双手捧过来，说："不，不，俺要不得，要不得！"

"您拿去玩吧！我家里还有哪！"

"您有是您的。俺不能要！"

老花农一个劲儿地固执地摇脑袋，坚决不肯要。他客气再三，老花农竟有些急了，脸色很难看，黑黑的下巴直打战，好像被人家误以为自己贪爱他人之物，自尊心受不了似的。老花农激动得站起身，把烟斗用力塞回到唐先生的手掌里。唐先生只得作罢，将烟斗装上烟斗丝，重新插在嘴角，点上火。

这样，唐先生对陌生的怪模怪样的老花农的认识便进了一步。除了感到他个性十分固执之外，还感到他很质朴和诚实。对自己的敬重是实心实意的，没有任何利欲的杂质。尽管他依然确信老花农对艺术一窍不通，仅仅出自一种外行的欣赏方式，与自己毫无共同语言。但由于自己长时间受尽歧视，饱尝冷淡和受排斥的苦滋味，在这里所得到的敬重对于他便是十分珍贵的了。尤其这一片单纯、温厚、自然而然的人情，好比野火烧过的荒原上的花儿、寒飙吹过的绿叶那样难得。

从此以后，尽管这花房离他家不算太近，他却常来坐坐，特别是在凤尾菊盛开的时刻。他来，看过花，便和老花农相对而坐。两碗冒着热气儿的开水，两个冒着白烟儿的烟锅。周围是艳丽缤纷的花的海洋，静静地吐着芬芳。没有一丝风儿，但可以一阵阵闻到牡丹的浓香，一会儿又有一股兰花的幽馨暗暗飘来。两人的话很少，常常默默地坐到薄暮。窗子还挺亮，花房内已经晦暗，到处是模模糊糊的色块，对面只能见到一个朦胧的人影。这时，老花农完全变成一尊大黑陶炉子。只有在一闪一闪的烟火里，才隐隐闪现出那副古怪的面孔。

从偶然、不多的几句话里，他得知老花农姓范，唐山北边的丰润县人，上几代都是花农；从三十多岁他就来到这属于郊区公社的小花房工作，为市区各机关的会场增添色彩，给许许多多家庭点缀生活的美。他老伴早已病故，有个儿子，在附近的农场修水渠。这间充满阳光、花气和潮湿的泥土气味的小花房便是他的家。除此，再不知道旁的，似乎老花农再没有什么可以告诉他的了。两人默默对坐，并不因为无话可说而觉得尴尬，相反，却互相感受到一种满足。至于老花农以什么为满足，他很难知道。但他从老花农凝视着他和他嘴上的烟斗的含笑的目光里，已经明确地感觉到了——老花农难道真的懂得他的艺术，只是不善于表达？不，不！这雕花的烟斗，目前在他生活中、在他精神的天地里的位置，旁人是很难想象得到的。

二　画家

一些巴黎的穷画家，曾经由于买不起画布和颜料，或者被饥肠饿肚折磨得坐卧不宁，就去给酒吧间的墙上画金月亮，换取一点甜酒、酸黄瓜、面包和亚麻布，跑到家，趁肚子里的食物没消化完，赶紧把心中渴望表达出来的美丽的形象涂在画布上。

我们的唐先生则不然。现在，所有的画家都靠边站，又没有课教，待在家无事可做。他每月十五日可以到画院的财务室领到足够的薪金。天天把肚子塞得鼓鼓的，像实心球；精力有余，时间多得打发不出去。画瘾时时像痒痒虫弄得他浑身难受，但他不敢去摸一摸笔杆。

这是当时我们的文学艺术家们共同的苦恼。文坛上拉满带电的铁丝网，画苑里遍处布雷；笔杆好像炸弹里的撞针，摆弄不好，就会引来杀身之祸。

时间久了，锡管中黏稠的颜色硬结成粉块，好似昆虫学家标本盒里的死蚂蚱；画布被尘埃抹了厚厚的一层；笔筒中长长短短的画笔中间结上了亮闪闪的蛛丝……

他整天无所事事，又很少像从前那样有客来访，无聊得很。他怀念往事，怀念失去的一切，包括那飞黄腾达的岁月里种种出风头和得意的事情。那时，不用他去找，好事会自己跑上门来，还是请求他接受。如今却只有寂寞陪伴着他。但他总不能浸在回忆里，要摆脱。他曾同别人学过钓鱼、下棋、打牌，借以消磨时光；他却发现自己缺乏耐性，计算、推理和抽象认识的能力极差，无论怎样努力也养不成这些嗜好。他还学过一阵木工。虽然他五十余岁，身子蛮壮，结实的肌骨里还蕴藏着不少力量，拉得了大锯，推得动大刨子。前几年的大风暴里，他的家具被抄去不少，自己动手做些应用的家具，倒还不错。经过努力，他的木工活学到能粗粗制成一张桌子或一只碗橱的程度，但没有一件家具能够最后完成，总是设计得好，做得差不多就没兴致了。草草装配上，刷一道漆色；往往是这里剩下一个抽屉把儿没安，那里还有一扇玻璃柜门没有装上去，就扔在一边，像一件件半成品，无精打采地站在屋子四边……他不能画画，就如同一个失恋的人，一时做什么事都打不起精神来。

一次，他闲坐着，嘴上叼一只大烟斗。无意间，目光碰到又圆又光滑、深红色的烟斗上。他忽然觉得上边深色的木纹，隐隐像一双敦煌壁画中的飞天人物；他灵机一动，找到一把木刻刀，依形雕刻出来，再用金漆复勾一遍，竟收到了意想之外的效果。这飞天，衣袂飞举，裙带飘然旋转，宛如在无极的太空中款款翱翔，并给阳光照得辉煌耀目。真有在莫高窟里翘首仰望时所得的美妙的感觉。那些刀刻的线条还含着一种他从未感受过的浓厚又独特的趣味。如此一来，一只普普通通的烟斗便变成一件绝妙的艺术品。一下子，他就像在难堪的囚居中找到一个新天地，在焦渴的荒漠中发现一汪清泉；像孩子突然拾到一个可以大大发挥一下想象的木头轮子似的，兴致勃勃、欣喜若狂地摆弄起这玩意儿来。

　　他钻到床底下，从一只破篮子里翻出好几个旧烟斗，几天内全刻了出来。有的刻上一大群扬帆的船；有的雕出一只啁啾不已、活灵活现、毛茸茸的小雏雀；有的仅仅划几条春风吹动的水纹，几颗淡淡的星；有的则仿照汉画中带篷子的战车，线条也逼真地模拟出汉画拓片上那种浑古苍拙的味道。现成的烟斗刻完了，他就找来一些硬木头、干树根、牛角料，自制烟斗。雕刻的技术愈来愈精，从线刻到浮雕、高浮雕，有的还在表层打孔和镂空。再加上煮色、磨光、烫蜡和涂漆，精美无比。它和一般匠人们雕刻的烟斗迥然不同。匠人们靠熟练得近似油滑的技术，式样千篇一律，图形也都有规定的程式，严格地讲那仅仅算是玩意儿，不是艺术品。而唐先生的烟斗，造型、图纹、形象、制法，乃至风格，无一雷同。他把每只烟斗都当作一件创作，倾尽心血，刻意经营。在每一个两三公分高的圆柱体上，都追求一种情趣，一种境界……他把雕好的烟斗摆满一个玻璃书柜——里边的书早被抄去，原是空的——这简直是一柜琳琅满目、绝美的艺术珍品。在这里，可以见到世纪前青铜器上怪异的人形，彩陶文化所特有的酣畅而单纯的花纹，罗马建筑，蒙娜丽莎，日本浮世绘中的武士，北魏佛像，昭陵六骏，凯旋门，武梁祠石刻，韩干的马，韩滉的牛，郑板桥的竹子，埃及的狮身人面像，华特·迪士尼的卡通人物。这些图形都保持原来的艺术风格和趣味，不因模仿而失真。有的原是宏幅巨制，缩小千分之一刻在烟斗上，毫不丢掉原作的风神、气势和丰富感。还有些用怪模怪样的老树根雕成的烟斗，随形刻成嶙峋的山石，古鼎或兽头，海浪或飞云。文明世界的宝藏，人间的万千景象，都是他摄取的题材。他的变形大胆而新奇。为了传神，常常舍弃把握得很准确的物象的轮廓；他在艺术上向来反对单纯地记录视网膜上的影像；在调色板上，他主张融进内心感受的调子。此时，他把这一切艺术理想都实现了。

他如同真正从事创作时那样，有时一干就是一整天。半夜里，有了想法也按捺不住跳下床来，操起雕刻刀。得意之时，还要把老伴推醒共同欣赏。老伴与他三十年前同毕业于一座艺术院校，有一样的理想和差距不大的才华。结婚后，老伴为了他，把个人的抱负收拾起来，或者说是全部地加入到他的理想中。瘦削单薄的肩膀挑起生活的重担，却以他的成功为欢乐。默默与他一起分享荣誉的快感和事业上的收获。当有人宣布他的前程已经被毁灭时，老伴表面上比他不在乎，心里反比他更沉重、更灰心失望。现在，老伴见他从多年的苦闷里找到一种精神的寄托，心中深感安慰。不管怎样，在旁人眼里烟斗是个玩物，不被留意。画画的，不去画画，还有什么麻烦？有时，老伴见他居然从这么一个小东西上获得如此之多的快乐，还忍不住偷偷掉泪呢！

想想看，这一切老花农哪里懂得。如果说老花农是他的知音，恐怕是自寻安慰吧！然而，艺术家需要的不是家庭承认，而是社会承认。也许由于唐先生的周围万籁俱寂，无人赏识，无人喝彩，无人搭理他，太寂寞了；老花农这里发出的一个孤孤单单的苍哑的回声，多多少少使他得到一点充实。

三　时来运转

秋风一吹，大自然单调的绿色顷刻变得黄紫斑驳。又是一番姿色，又是赏菊的好时节。可是唐先生却没有到那离家较远的小花房去。他已经半年多没去了。

半年前，他被落实了政策，名画家的桂冠重新戴在头上。家里的客人渐渐多起来。好像堪堪枯谢的枝头又绽开花蕾，引来一群群蜜蜂、蝴蝶、小虫。编辑们来要稿，记者来采访，名流们穿梭不已。前几年销声匿迹的门生，又来登门求教。求画的人更是接踵不绝。他整天迎进送出，开门关门，忙得不亦乐乎。有时一群群闯进来，坐满一屋子，闹得他的画室像刚刚开业的小饭铺。

他给这些人缠着，什么也干不了。还有些人纯粹来泡时间，一坐就是半天。要不是他们自己坐得厌烦了，还不肯走呢！他对这些不知趣的人，尤其没有办法。有时他不说话，想把来访者冷淡走，偏偏这种人不善察言观色，甚至有人还对他说："你的客人太多了，把你的时间都占去了，还怎么画画？你不能不搭理他们吗？"说话的人往往把自己除外，弄得他啼笑皆非。

然而，他被这么多人捧在中间，像众星捧月似的，毕竟很高兴。这是自己地位、名望、荣誉和价值的见证。前些年失掉的荣誉，像一只跑掉的鸟儿，又带着一连串响亮的鸣叫飞回来了。整天，喜悦如同一对小漩涡旋在他嘴角上，连睡觉时也停在他嘴角上缓缓转动。因此，人来人往，又使他得意、满足、引以为荣。此时，他忙得早把那无足轻重的老花农淡忘了。

烟斗呢，却非刻不可。因为来访者搞不到他的画，都设法要一只烟斗去。大凡这些要烟斗的人，其中没有几个真正懂得他寄寓在这小东西上奇妙的语言，也并非喜欢得不得了（尽管装得珍爱如狂），不过因为这是大名鼎鼎的"唐先生"刻的烟斗而已。好比有人向大作家要书，拿回去可能翻也不翻，要的是作家在扉页上的亲笔签名——但他必须应付这种事。几个月里，他摆在玻璃书柜里的烟斗被人们要去大半。他还要抽时间不断地雕出一些新的来，刻得却不那么尽心了，草草了事，人家照样抢着要。除非对方是艺术内行或什么大人物，他在构思用意和刻法上才着意和讲究一些。

他可以画画了，反而画不成，没时间。一时他的烟斗倒比他的画更出名。他快成烟斗艺术大师了。

一天，打一早就是高朋满座。一个矮胖胖，是位通晓些绘画常识的名作家；另两个身材一般高，都戴圆眼镜，若不是一个长脸盘，一个小脸盘，简直是一对儿。这两个是出版社比较有些资格的编辑，来催稿件；还有一位瘦高、长腿、像只鹳鸟的大个子，是位画家。大家当着他的面讨论他的绘画风格，自然都是赞美之词。那位长腿画家曾是唐先生的画友，多年来也曾登门，近来又成了座上客。此刻竟以唐先生的贴己和知音的口气说话。

唐先生虽然听得挺舒服，但他要画画，并不希望这些人总坐着不走。昨晚他勾了一张草图，本想今天完成，但客人们一早就鱼贯而入，他又不好谢客，只得作陪。此时，大家已经抽掉一包带过滤嘴的香烟了，浓烟满室，都还没有告辞的意思。正在无可奈何之际，外边又有人敲门。他心里厌烦地说："又来一个，今天算报销掉了！"便去开门。

打开门，不觉双目一亮。面前一大盆光彩照人的凤尾菊。一个人抱着这盆花，面部被花遮住。他怔了，是谁给自己送花来了呢？这么漂亮的花！

"谁？快请进！"

来人没吭声，慢吞吞走进来，把花儿放在地上。待来人直起腰一看，原来是半年多未见的老花农。是他把自己喜爱的花儿送到家里来了。

"唷，老范，是您呀！您怎么来的？抱来的吗？"

矮墩墩的老花农笑眯眯地站在他面前，前襟沾着土，他抱着这盆花走了很长的路，累了，额上沁出亮闪闪的汗珠，微微直喘，说不出话，只频频点头。

客人们都起身过来，围着地上这盆凤尾菊欣赏起来，兼有为主人助兴的意思。

唐先生请老花农坐下歇歇。老花农扭身本想就近坐在一张带扶手的沙发椅上，但他迟疑一下没坐，似乎嫌自己一身衣服太脏。他见墙角的书柜前有个小木凳，就过去蹲下去坐在木凳上。唐先生没跟他客气，让座位。倒了一杯热水给他，问道："怎么样，忙吗？"

"啥？"老花农还是那样偏过右耳朵。

"我问您忙吗？"唐先生放大音量又问一遍。

"噢，没啥忙的。半年没见您了。您不是爱凤尾菊吗？您要是再不来，花就开败了。今儿俺歇班，给您抱一盆来，您就在家瞧吧！"

老花农说着，打腰里掏出小烟袋和那个圆圆的洋铁烟盒，打开盖儿放在地上，装上烟叶末子，点了火抽起来。

客人们看过花，重新落座。唐先生也坐回到自己的一张大靠背的皮软椅上去，接着谈天。大家谁也没有把这个送花来的、蹲坐在一边的黑老汉当作一回事。也没人和他说话，问他什么。唐先生也没和他搭腔，任他一旁抽烟、喝水，只是间或朝他无声地笑一笑，点一下头。老花农丝毫没有怨怪这些人不理他。他津津有味地听着这些人海阔天空地谈天。为了听清这些人的话，他把那右耳朵偏过来，时而皱起满脸皱纹，仿佛感到费解；时而又舒展面容，似乎领略到这些人话中的奥妙。他不声不响地坐在一旁，黑黑的脸上露出满足的神情，好像在享受着什么，如同当年在小花房里，与唐先生相对而坐、默默抽着烟时所表现出的那种满足。

后来他发现了身后陈列烟斗的玻璃柜，便站起身，面对柜子，见到这么多雕着花、千奇百怪的烟斗，他看呆了。而且距离柜门的玻璃面那么近，好像要挤进柜里去。嘴里呼出的热气把柜门弄污了，不断用手去抹。还禁不住发出一声声——对于他是唯一的、很特别的——赞叹声："美，美，美呀……"

屋内的几位客人听到这声音，不以为然，并觉得这个傻里傻气、怪模怪样的黑老汉挺可笑。这使得唐先生感觉自己认识这么一位无知的缺心眼的怪老头很难为情。因此，没敢和老花农说话，生怕引他说出更无知可笑的话来，栽自己的面子。他尽力说些话扯开贵客们对老花农的注意，心里却巴望老花农快快告辞回去。

没人搭理老花农。待了会儿，老花农向唐先生告辞要回去了。唐先生一边和他客气着，一边送他到了大门外。

"耽误你们谈话了。"老花农歉意又发窘地说。

"哪的话！您给我送花来，跑了这么远的路。"他说着客套话。

"您怎么一直没来呢？今年的凤尾菊开得盆盆好。您很忙吧！"

唐先生听了，马上想到如果自己说"不忙"，说不定这老花农没事就要来，便说："何止忙呢，忙得不可开交呀！这些人整天没事，到这儿来泡时间，弄得我一点时间也没有。他们还找我要画，我哪来的时间画?！半年来，我一共才画了四张画，多半还是夜里画的。照这么下去，我非得跑到深山里躲躲去不可，否则什么也干不成！"他一边显得很烦恼，一边还透出两分得意的神色。

"呀！不画哪成！该画、该画……"老花农好像比唐先生更为忧虑，沉了片刻，他诚恳又认真地说，"要不，您到我的花房画去吧！"

"不，不……我，我离不开这儿。有时，有人找我，也确实是有事。您甭为我操心了，我自己慢慢再想些别的办法。"

老花农听罢，怔了怔，便说："那我走了。您这儿还有客人哪！"随即转身慢吞吞地走去。

此后，老花农又来送过两次花，却没有露面，连门也没敲，而是悄悄把花儿放在门口，悄悄去了。这两次都是唐先生送客出来，发现了花，摆在门旁边。他便知是老花农送来的。他领会到老花农的用心，心里也受了感动。本想去看看老花农，但川流不息的来客，以及更重要的事情把这些念头冲跑了。

有一次，他送走几位来客，正打开窗子放放屋里的烟。忽听门外"咚"的一声，好像有人把一件沉重的东西放在地上。他忙走到门前，拉开门，只见门外台阶上又放了一盆美丽的花。一个矮墩墩、穿一身黑裤褂的老汉的背影，正离开这里走去。一看那微微驼背，慢吞吞迈着弧形步子的罗圈腿，立即认出是老花农。他招呼一声："老范！"便赶上去。

他请老花农屋里坐，老花农说什么也不肯，摇着手说："不，不，别耽误您的时间。"

"屋里没人。您坐坐，喘一喘再走。"

"不，您正好可以画画。俺不累，溜溜达达就回去了。"

"往后您别再跑这么远的路了。这一盆花得十多斤重。我要是看花，到花房去看好了。"唐先生说。

"您哪里有空呢？"老花农说。他牢牢记着上次唐先生埋怨没有时间工作的话，才一次次把花儿送来。

"可是……您送花，也不要我付钱，怎么成呢？哪能叫您白送。"

老花农摇着一双又厚又黑、短粗的手，说："没啥，没啥。俺就一个儿子，他做事，不要我的钱。我的钱用不了，没嗜好，也没处花，连烟叶子也是自己种的……您干啥要提钱呢！"

"可我怎么谢谢您呢？"

"啥？"

"我说，我总得谢谢您。"

老花农听了，在他黑黑发亮的铁球一般的鼓脑门下，两只无神的灰色的小眼睛直怔怔地盯着唐先生。

"您真的要谢谢俺？"

"是呵……"

"那……"老花农变得犹豫不决，然后他像下了决心那样地说，"您就送俺一只您刻的烟斗吧！"这时，他的表情既是一种诚恳的请求，也好像因为开口找人家要东西而不好意思，甚至挺窘。

"噢？行，没问题，我给您去拿一只去！"

唐先生说着，转身走进屋。一边想，这老范的性格真够怪的。自己刚和他认识那次，曾经要送给他一只烟斗，他怎么不要呢？

唐先生打开玻璃柜门，里边的烟斗不多了，最上边的一格仅仅还有五只。其中两只是他的杰作，一直没肯给人。另外三只是新近雕的，也属精品，但都有主儿了。这是一位诗人、一位市艺术处处长、一位电影大导演请他雕的。这几只烟斗完全可以摆在博物馆的陈列柜里。他没动这些，而从下边一层内一堆属于一般水平的烟斗中，选择一只刻工比较简单的，刻的是五朵牡丹花。还是他刚刚开始刻烟斗时的作品，艺术上还不太纯熟。但他以为，这对于不懂艺术的老花农来说，足可以了。便拿着这只烟斗，在手心里揉擦干净，走出去，给老花农。

老花农一见这烟斗，眼睛像一对灰色的小灯泡亮了起来。唐先生没注意到，这双小眼睛居然有这样的神采。

"您……"老花农欢喜得声音都震颤了，"您真的把这么好的烟斗送给俺吗？"

唐先生见老花农如此喜爱，心里也挺满意。这么一来，总算还了所欠对方送花的情。"是呵，您拿去吧！"说着，把烟斗递给老花农。

老花农双手郑重地接过烟斗，激动得吭吭巴巴地说："谢谢您，唐先生，真谢谢您，俺回去了……"

他的目光一直没离开双手捧着的烟斗，走去了。

四　寂寞中的叩门声

唐先生坐在那张高背的皮椅子上，抽着烟斗。他显得疲惫不堪，软弱无力，身子坐得那么低，好像要陷进椅子里似的。那样子，仿佛一连干了三天三夜的重活，撑不住了，瘫在了这儿。

他的眸子黯淡无神，嘴角上那一对喜悦的漩涡不见了。天才入秋，他就套上两件厚毛衣，当下还像怕冷似的缩着脖子。屋里静得很，家具上蒙了一层薄薄的尘土，显然好几天没有擦抹过，没有客人来。

他的一幅画被莫名其妙地定为黑画——还是那个曾请他刻烟斗的艺术处处长定的。那位处长本来挺喜欢他的画，但为了迎合上边某种荒谬的理论，为了自己在权力的台阶上再登一级，亲手搞掉他。一下子，他又失去了一切。在受到一连串批判斗争之后，被撇在一边，听候处理。于是，他再一次落魄了，无人理睬了，每天从大门进出的又只剩下他和老伴两个。喧闹的人声从屋内消失，好似午夜后关了门的小饭铺，静得出奇。而玻璃书柜的第一层上，还摆着几只名人和要人请他雕刻的烟斗。这几只烟斗刻得精美极了，却放在那里，没人来取。他重新领略到被歧视和冷漠的滋味；至于寂寞，他反而觉得挺舒服，挺难得，和这一次反复之前的感受大不一样。生活的变化使他获得多少积极和消极的处世哲理。反正他再不把那重新被夺去的荣誉、那众星捧月般虚幻的荣华，当作生活中失落的最宝贵的东西了。

这时，他听到有人轻轻叩门。已经许久没听过这声音了。他撂下烟斗，趿拉着鞋去开门。

打开门，不禁惊奇地扬起眉毛。原来一个人抱着一盆特大的金光灿烂的凤尾菊正堵在门口。因花枝太长，抱花盆的人努力耸着肩，把花盆抱得高高的，遮住他的脸，但枝梢还是一直拖到地上。

呵，是老花农——老范！不用说，肯定是他来了。他总是在这种时候出现；而在自己春风得意之时，他却悄悄避开了。并且总是不声不响地用一片真心诚意对待自己。唐先生感到一阵浓郁的花香，混着一股醇厚的人情扑在身上，心中有种说不出的乱糟糟的感触，嘴里忙乱地说："老范，老范，快请进，请进……好，好，就放在地上吧！这花儿开得多好！好大的一盆，重极了吧！"

来人把花儿放在地上，直起腰。他看了不由得一怔，来人竟不是老范。他不认得。是一个中等个子的青年人，穿件黑布夹袄，装束和气质都像个农民。手挺大，宽下巴，一双吊着的小眼睛，皮肤黑而粗糙；鞋帮上沾着黄土。

"你？"

"俺是您认得的那老范的儿子。"

唐先生听了，忽觉得他脸上某些地方确实挺像老范。忙请他坐，并给他斟了杯热茶。"你爹还好吧！这两天，我还正想去看他呢！"唐先生这话真切不假，毫无客套的意思。

不料这青年说："俺爹今年夏天叫雨淋着，得了肺炎，过世了。"他的声音低沉。但好像事情已过了多日，没有显得强烈的悲痛与难过。

"什么？他?！"唐先生怔住了。

"俺爹病在炕上时，总对俺念叨说，唐先生最爱瞧凤尾菊。这盆是他特意给您栽的。他嘱咐俺说，开花时，他要是不在了，叫俺无论如何也得把花儿给您送来。"

唐先生听呆了。他想不到生活中还有这样的事。一个对于他无足轻重的人，竟是真正尊重他、真心相待于他的人……他心里一阵凄然，不知该说些什么话。他下意识地习惯地从茶几上拿起烟斗，可是划火柴时，手抖颤着，怎么也划不着。那青年一见到烟斗，忽然像想起什么似的说："唐先生，您知道，俺爹爹多喜欢您刻的烟斗吗？您曾经送给过他一只烟斗吧！他临终时对俺说：'你记着，俺走的时候，身上的衣服穿得像样不像样都不要紧，千万别忘了把唐先生那只烟斗给俺插在嘴角上。'"

"什么？"唐先生惊愕地问。他好像没听清这句话，其实他都听见了。

那青年又说一遍。他的脑袋嗡嗡响，却一个字儿也没听见。

直到现在，唐先生的耳边还常常响着那傻里傻气的"美，美呀！"苍哑的赞叹声。于是，一个难解的问题便纠缠着他：这个曾用一双粗糙的手培植了那么多千姿万态的奇花异卉的老花农，难道对于美竟是无知的吗？那死去的黑老汉在他的想象中，再不是怪模怪样的了，而化作一个极美的灵魂，投照在他心上，永远也抹不去。每每在此时，他还感到心上像压了一块沉重的大石板似的，怀着深深的内疚。他后悔，当初老花农向他要烟斗时，他没有把雕刻得最精美的一只拿出来，送给他……

老夫老妻

为我们唱一支暮年的歌儿吧！

他俩又吵架了。年近七十的老夫老妻，相依为命地共同生活了四十多年，也吵吵打打地一起度过了四十多年。一辈子里，大大小小的架，谁也记不得打了多少次。但是不管打得如何热闹，最多不过两个小时就能和好，好得像从没吵过架一样。他俩仿佛两杯水倒在一起，怎么也分不开。吵架就像在这水面上划道儿，无论划得多深，转眼连条痕迹也不会留下。

可是今天的架打得空前厉害，起因却很平常——就像大多数夫妻日常吵架那样，往往是从不值一提的小事上开始的——不过是老婆儿把晚饭烧好了，老头儿还趴在桌上通烟嘴，弄得纸块呀、碎布条呀，粘着烟油子的纸捻子呀，满桌子都是。老婆儿催他收拾桌子，老头儿偏偏不肯动儿。老婆儿便像一般老太太们那样叨叨起来。老婆儿们的唠唠叨叨是通向老头儿们肝脏里的导火线，不会儿就把老头儿的肝火引着了。两人互相顶嘴，翻起对方多年来一系列过失的老账，话愈说愈狠。老婆儿气得上来一把夺去烟嘴塞在自己的衣兜里，惹得老头儿一怒之下，把烟盒扔在地上，还嫌不解气，手一撩，又将烟灰缸子打落地上。老婆儿则更不肯罢休，用那嘶哑、干巴巴的声音说:"你摔呀!把茶壶也摔了才算有本事呢!"

老头儿听了,竟像海豚那样从座椅上直蹿起来,还真的抓起桌上沏满热茶的大瓷壶,用力叭的摔在地上,老婆儿吓得一声尖叫,看着满地碎瓷片和溅在四处的水渍,直气得她那年老而松垂下来的两颊的肉猛烈抖颤起来,冲着老头大叫:"离婚!马上离婚!"

这是他俩还都年轻时,每次吵架吵到高潮,她必喊出来的一句话。这句话头几次曾把对方的火气压下去,后来由于总不兑现便失效了;但她还是这么喊,不知是一时为了表示自己盛怒已极,还是迷信这话最具有威胁性。六十岁以后她就不知不觉地不再喊这句话了。今天又喊出来,可见她已到了怒不可遏的地步。

同样的怒火也在老头儿的心里撞着,就像被斗牛士手中的红布刺激得发狂的牛,在看池里胡闯乱撞。只见他嘴里一边像火车喷气那样不断发出嘻嘻的声音,一边急速而无目的地在屋子中间转着圈。转了两圈,站住,转过身又反方向地转了两圈,然后冲到门口,猛拉开门跑出去,还使劲叭的一声带上门。好似从此一去就再不回来。

老婆儿火气未消,站在原处,面对空空的屋子,还在不住地出声骂他。骂了一阵子,她累了,歪在床上,一种伤心和委屈爬上心头。她想,要不是自己年轻时候得了肠结核那场病,她会有孩子的。有了孩子,她可以同孩子住去,何必跟这愈老愈执拗、愈急躁、愈混账的老东西生气?可是现在只得整天和他在一起,待见他,给他做饭,连饭碗、茶水、烟缸都要送到他跟前,还得看着他对自己耍脾气……她想得心里酸不溜丢,几滴老泪从布满一圈细皱的眼眶里溢出来。

过了很长时间，墙上的挂钟当当响起来，已经八点钟了。他们这场架正好打过了两个小时。不知为什么，他们每次打架过后两小时，心情就非常准时地发生变化，好像大自然的节气一进"七九"，封冻河面的冰片就要化开那样。刚刚掀起大波大澜的心情渐渐平息下来，变成浅浅的水纹一般。她耳边又响起刚才打架时自己朝老头儿喊的话："离婚！马上离婚！"她忽然觉得这话又荒唐又可笑。哪有快七十的老夫老妻还打离婚的？她不禁"扑哧"一下笑出声来。这一笑，她心里一点皱褶也没了；连一点点怒意、埋怨和委屈的心情也都没了。她开始感到屋里空荡荡的，还有一种如同激战过后的战地那样出奇的安静，静得叫人别扭、空虚、没着没落的。于是，悔意便悄悄浸进她的心中。她想，俩人一辈子什么危险急难的事都经受过来了，像刚才那么点儿小事还值得吵闹吗？——她每次吵过架冷静下来时都要想到这句话。可是……老头儿总该回来了；他们以前吵架，他也跑出去过，但总是一个小时左右就悄悄回来了。但现在已经两个小时仍没回来。他又没吃晚饭，会跑到哪儿去呢？外边正下大雪，老头儿没戴帽子、没围围巾就跑了，外边地又滑，瞧他临出门时气冲冲的样子，别不留神滑倒摔坏吧？想到这儿，她竟在屋里待不住了，用手背揉揉泪水干后皱巴巴的眼皮，起身穿上外衣，从门后的挂衣钩儿上摘下老头儿的围巾、棉帽，走出房子去了。

雪下得正紧，积雪没过脚面。她左右看看，便向东边走去。因为每天早上他俩散步就先向东走，绕一圈儿，再从西边慢慢走回家。

夜色并不太暗，雪是夜的对比色，好像有人用一支大笔蘸足了白颜色把所有树枝都复勾一遍，使婆娑的树影在夜幕上白茸茸、远远近近、重重叠叠地显现出来。雪还使路面变厚了，变软了，变美了；在路灯的辉映下，繁密的大片大片的雪花纷纷而落，晶晶莹莹地闪着光，悄无声息地加浓它对世间万物的渲染。它还有种潮湿而又清冽的气息，有种踏上去清晰悦耳的咯吱咯吱声；特别是当湿雪蹭过脸颊时，别有一种又痒、又凉、又舒服的感觉。于是这普普通通、早已看惯了的世界，顷刻变得雄浑、静穆、高洁，充满活鲜鲜的生气了。

她一看这雪景，突然想到她和老头儿的一件遥远的往事。

五十年前，她和他都是不到二十岁的欢蹦乱跳的青年，在同一个大学读书。老头儿那时可是个有魅力、精力又充沛的小伙子，喜欢打排球、唱歌、演戏，在学生中属于"新派"，思想很激进。她不知是因为喜欢他、接近他，自己的思想也变得激进起来，还是由于他俩的思想常常发生共鸣才接近他、喜欢他的。他们在一个学生剧团。她的舞跳得十分出众。每次排戏回家晚些，他都顺路送她回家。他俩一向说得来，渐渐却感到在大庭广众中间有说有笑，在两人回家的路上反而没话可说了。两人默默地走，路显得分外长，只有脚步声，那是一种甜蜜的尴尬呀！

她记得那天也是下着大雪，两人踩着雪走，也是晚上八点来钟，她从多少天对他的种种感觉中，已经又担心又期待地预感到他这天要表示些什么。在沿着河边的那段宁静的路上，他突然仿佛抑制不住地把她拉到怀里去。她猛地推开他，气得大把大把抓起地上的雪朝他扔去。他呢？竟然像傻子一样一动不动，任她用雪打在身上，直打得他浑身上下像一个雪人。她打着打着，忽然停住了，呆呆看了他片刻，忽然扑向他身上。她感到，他有种火烫般的激情透过身上厚厚的雪传到她身上。他们的恋爱就这样开始了。——从一场奇特的战斗开始的。

多少年来，这桩事就像一张画儿那样，分外清楚而又分外美丽地收存在她心底。每逢下雪天，她就不免想起这桩醉心的往事。年轻时，她几乎一见到雪就想到这事；中年之后，她只是偶然想到，并对他提起，他听了都要会意地一笑，随即两人都沉默片刻，好像都在重温旧梦。自从他们步入风烛残年，即使下雪天气也很少再想起这桩事。是不是一生中经历的事太多了，积累起来就过于沉重，把这桩事压在底下拿不出来了？但为什么今天它却一下子又跑到眼前，分外新鲜而又有力地来撞她的心……

现在她老了，与那个时代相隔半个世纪了。时光虽然依旧带着他们往前走，却也把他们的精力消耗得快要枯竭了。她那一双曾经蹦蹦跳跳、多么有劲的腿，如今僵硬而无力；常年的风湿病使她的膝头总往前屈着，雨雪天气里就隐隐发疼；此刻在雪地里，每一步踩下去都是颤巍巍的，每一步抬起来都费力难拔。一不小心，她滑倒了，多亏地上是又厚又软的雪。她把手插进雪里，撑住地面，艰难地爬起来，就在这一瞬间，她又想起另一桩往事——

啊！那时他俩刚刚结婚，一天晚上去平安影院看卓别林的《摩登时代》。他们走进影院时，天空阴沉沉的。散场出来时一片皆白，雪还下着。那时他们正陶醉在新婚的快乐里，内心的幸福使他们把贫穷的日子过得充满诗意。瞧那风里飞舞的雪花，也好像在给他们助兴；满地的白雪如同他们的心境那样纯净明快。他们走着走着，又说又笑，跟着高兴地跑起来。但她脚下一滑，跌在雪地里。他跑过来伸给她一只手，要拉她起来。她却一打他的手，"去，谁要你来拉！"

她的性格和他一样，有股倔劲儿。

她一跃就站了起来。那时是多么轻快啊，像小鹿一般，而现在她又是多么艰难呀，像衰弱的老马一般。她多么希望身边有一只手，希望老头儿在她身边！虽然老头儿也老而无力了，一只手拉不动她，要用一双手才能把她拉起来。那也好！总比孤孤单单一个人好。她想到楼上邻居李老头，"文化大革命"初期老伴被折腾死了。尽管有个女儿，婚后还同他住在一起，但平时女儿、女婿都上班，家里只剩李老头一人；星期天女儿、女婿带着孩子出去玩，家里依旧剩李老头一人。——年轻人和老年人总是有距离的。年轻人应该和年轻人在一起玩，老人得有老人为伴。

真幸运呢！她这么老，还有个老伴。四十多年如同形影，紧紧相随。尽管老头儿爱急躁，又固执，不大讲卫生，心也不细，等等，却不失为一个正派人，一辈子没做过一件亏心的、损人利己的、不光彩的事。在那道德沦丧的岁月里，他也没丢弃过自己奉行的做人的原则。他迷恋自己的电气传动专业，不大顾及家里的事。如今年老退休，还不时跑到原先那研究所去问问、看看、说说，好像那里有什么事与他永远也无法了结。她还喜欢老头儿的性格，真正的男子气派，一副直肠子，不懂得与人记仇记恨；粗心不是缺陷，粗线条才使他更富有男子气……她愈想，老头儿似乎就愈可爱了。两小时前能够一样样指出来、几乎无法忍受的老头儿的可恨之处，也不知都跑到哪儿去了。此刻她只担心老头儿雪夜外出，会遇到什么事情。她找不着老头儿，这担心就渐渐加重。如果她的生活里真丢了老头儿，会变成什么样子？多少年来，尽管老头儿夜里如雷一般的鼾声常常把她吵醒，但只要老头儿出差外地，身边没有鼾声，她反而睡不着觉，仿佛世界空了一大半……想到这里，她就有一种马上把老头儿找到身边的急渴的心情。

她在雪地里走了一个多小时，大概快有十点钟了，街上没什么人了，老头儿仍不见，雪却稀稀落落下小了。她两脚在雪里冻得生疼，膝头更疼，步子都迈不动了，只有先回去了，看看老头儿是否已经回家了。

她往家里走。快到家时，她远远看见自己家的灯亮着，灯光射出，有两块橘黄色窗形的光投落在屋外的雪地上。她心里怦的一跳，"是不是老头儿回来了？"

她又想，是她刚才临出家门时慌慌张张忘记关灯了，还是老头儿回家后打开的灯？

走到家门口，她发现有一串清晰的脚印从西边而来，一直拐向她楼前的台阶。这是老头儿的吧？跟着她又疑惑这是楼上邻居的脚印。

她走到这脚印前弯下腰仔细地看，这脚印不大不小，留在踏得深深的雪窝里。她却怎么也辨认不出是否是老头儿的脚印。

"天呀！"她想，"我真糊涂，跟他生活一辈子，怎么连他的脚印都认不出来呢？"

她摇摇头，走上台阶打开楼门。当将要推开屋门时，心里默默地念叨着："愿我的老头儿就在屋里！"这心情只有在他们五十年前约会时才有过。初春时曾经撩拨人心的劲儿，深秋里竟又感受到了。

屋门推开了，啊！老头儿正坐在桌前抽烟。地上的瓷片都扫净了。炉火显然给老头儿捅过，呼呼烧得正旺。顿时有股甜美而温暖的气息，把她冻得发僵的身子一下子紧紧地搂住。她还看见，桌上放着两杯茶，一杯放在老头儿跟前，一杯放在桌子另一边，自然是斟给她的……老头儿见她进来，抬起眼看她一下，跟着又温顺地垂下眼皮。在这眼皮一抬一垂之间，闪出一种羞涩的、发窘、歉意的目光。每次他俩闹过一场之后，老头儿眼里都会流露出这目光。在夫妻之间，打过架又言归于好，来得分外快活的时刻里，这目光给她一种说不出的慰安。

她站着，好像忽然想到什么，伸手从衣兜里摸出刚才夺走的烟嘴，走过去，放在老头儿跟前。一时她鼻子一酸，想掉泪，但她给自己的倔劲儿抑制住了。什么话也没说，赶紧去给空着肚子的老头儿热菜热饭，还煎上两个鸡蛋……

1981 年 6 月 17 日

雪夜来客

"听，有人敲门。"我说。

"这时候哪会有人来，是风吹得门响。"妻子在灯下做针线活，连头也没抬。

我细听，外边阵阵寒风呼呼穿过小院，只有风儿把雪粒抛打在窗玻璃上的沙沙声，掀动蒙盖煤筐的冻硬的塑料布的哗哗啦啦声，再有便是屋顶上那几株老槐树枝丫穿插的树冠，在高高的空间摇曳时发出的嘎嘎欲折的摩擦声了……谁会来呢？在这个人们很少往来的岁月里，又是暴风雪之夜，我这两间低矮的小屋，快给四外渐渐加厚的冰冷的积雪埋没了。此刻，几乎绝对只有我和妻子默默相对，厮守着那烧红的小火炉和炉上咝咝叫的热水壶。台灯洁净的光，一闪闪照亮她手里的针和我徐徐吐出的烟雾。也许我们心里想的完全一样就没话可说，也许故意互不打扰，好任凭想象来陪伴各自寂寞的心。我常常巴望着有只迷路的小猫来挠门，然而飘进门缝的只有雪花，一挨地就消失不见了……

咚！咚！咚！

"不——"我要说确实有人敲门。

妻子已撂下活计，到院里去开门。我跟出去。在那个充满意外的年代，我担心意外。

大门打开。外边白茫茫的雪地里站着一个挺宽的黑乎乎的身影。谁？

"你是谁？"我问。

那人不答，竟推开我，直走进屋去。我和妻子把门关上，走进屋，好奇地看着这个莫名其妙的不速之客。他给皮帽、口罩、围巾、破旧的棉衣包裹得严严实实。我刚要再问，来客用粗拉拉的男人浊重的声音说："怎么？你不认识，还是不想认识？"

一听这声音，我来不及说，甚至来不及多想一下，就张开双臂，同他紧紧拥抱在一起。哟哟，我的老朋友！

我的下巴在他的肩膀上颤抖着，"你……怎么会……你给放出来了？"

他没答话。我松开臂膀，望着他。他摘下口罩后的脸颊水渍斑斑，不知是外边沾上的雪花融化了，还是冲动的热泪。只见他嘴角痉挛似的抽动，眼里射出一种强烈的情绪。看来，这个粗豪爽直、一向心里搁不住话的人，一准要把他的事全倒出来了。谁料到，他忽然停顿一下，竟把这情绪收敛住，手一摆，"先给我弄点吃的，我好冷，好饿！"

"呵——好！"我和妻子真是异口同声，同时说出这个"好"字。

我点支烟给他。跟着我们就忙开了——

家里只有晚饭剩下的两个馍馍和一点白菜丝儿，赶紧热好端上来。妻子从床下的纸盒里翻出那个久存而没舍得吃掉的一听沙丁鱼罐头，打开放在桌上。我拉开所有抽屉柜门，恨不得找出山珍海味来，但被抄过的家像战后一样艰难！经过一番紧张的搜索，只找到一个松花蛋，一点木耳的碎屑，一束发黄并变脆的粉丝，再有便是从一个瓶底"磕"下来的几颗黏糊糊的小虾干了。这却得到妻子很少给予的表扬。她眉开眼笑地朝着我,"你真行,这能做一碗汤!"随后她像忽然想到一件宝贝似的对我说:"你拿双干净筷子夹点泡菜来。上边是新添上的,还生。坛底儿有不少呢!"

待我把冒着酸味和凉气的泡菜端上来时,桌上总算有汤有菜,有凉有热了。

"凑合吃吧!太晚了,没处买去了。"我对老朋友说。

"汤里再有一个鸡蛋就好了。"妻子含着歉意说。

他已经脱去棉外衣,一件不蓝不灰、领口磨毛、袖口耷拉线穗儿的破绒衣,紧紧裹着他结实的身子,被屋里的热气暖和过来的脸微微泛出好看的血色。

他把烟掐灭,搓着粗糙的大手。眼瞪着这凑合起来的五颜六色的饭菜,真诚地露出惊喜,甚至有点陶醉的神情,"这,这简直是一桌宴席呀!"然后咽一口口水,说:"不客气了!"就急不可待地抓起碗筷,狼吞虎咽起来。他像饿了许多天,东西到嘴里来不及尝一尝、嚼一嚼,就吞下去。却一个劲儿、无限满足、呜噜呜噜地说:"好极了,真是好极了,真香!"

这仅仅是最普通、最简单,以至有点寒酸的家常饭呀,看来他已经许久没吃到这温暖的人间饭食了。

女人最敏感。妻子问他:"你刚刚给放出来,还没回家吧!"

我抢过话说:"听说你爱人曾经……"我急着要把自己知道的情况说出来。

他听了,脸一偏,目光灼灼直对我。我的话立即给他这奇怪却异常冷峻的目光止住了,嘴巴半张着。怎么?我不明白。

妻子给我一个眼色，同时把话岔开："年前，我在百货大楼前还看见嫂子呢！"

谁知老朋友听了，毫无所动。他带着苦笑和凄情摇了摇头，声调降到最低："不，你不会看见她了……"

怎么？他爱人死了，还是同他离婚而远走高飞了？反正他的家庭已经破碎，剩下孤单单的自己，那么他从哪儿来，到哪儿去？

一时，我和妻子不知该说什么，茫然无措地望着他，仿佛等待他把自己那非同寻常的遭遇说出来。

他该说了！若在以前，他早就说了——

我等待着……然而，当他的目光一碰到冒着热气儿的饭呀菜呀，忽然又把厚厚的大手一摆，好像把聚拢在面上的愁云拨开，脸颊和眸子顿时变得清亮，声调也升高起来："哎，有酒吗？来一杯！"

"酒？"我和妻子好像都没反应过来。

"对！酒！这么好的菜哪能没酒？"他说。脸上露出一种并非自然的笑容。但这笑容分明克制住刚才那浸透着痛楚的愁容了。

"噢……有，不过只有做菜用的绍兴酒。"妻子说，"咱北方人可喝不惯这种酒。"

"管它呢！是酒就行！来，喝！"他说。话里有种大口痛饮、一醉方休的渴望。

"那好。"妻子拿来酒，"要不要温一下？"

"不不，这就蛮好！"他说着伸手就拿酒。

还是妻子给他斟满。他端起酒叫道："为什么叫我独饮？快两年没见了，还能活着坐在一起，多不易！来来来，一起来！"

真应该喝一杯！我和妻子有点激动，各自斟了一杯。当这漾着金色液体的酒杯一拿起来，我感觉，我们三人心中都涌起一种患难中老友相逢热烘烘、说不出是甜是苦的情感。碰杯前的刹那，我止不住说："祝你什么呢？一切都还不知道……"

他这张宽大的脸腾的变红，忽闪闪的眸子像在燃烧，看来他要依从自己的性格，倾吐真情了。然而当他看到我这被洗劫过而异常清贫的小屋，四壁凄凉，他把厚厚的嘴唇闭上，只见他喉结一动一动，好像在把将要冲出喉咙的东西强咽下去。他摆了摆手，用一种在他的个性中少见的深沉的柔情，瞅了瞅我和妻子，声音竟然那么多愁善感："不说那些，好吧！今儿，这里，我，你们，这一切就足够了。还有什么比这一切更好？就为眼前这一切干杯吧！"

一下子，我理解了他此时的心情。我妻子——女人总是更能体会别人的心——默默朝他点头表示同意。

我们把酒朝他举过去，好像两颗心，"当"地碰响了他那微微却强烈地抖动的杯子。

我们各饮一大口。

酒不是水，它不能把心中燃起的情感熄灭，相反会加倍地激起来。

瞧他——抓起身边的帽子戴上头又扔下，忙乱的手把外边的绒衣直到里边衬衫的扣子全解开了。他的眉毛不安地跳动着，目光忽而侧视凝思，忽而咄咄逼人地直对着我；心中的苦楚给这辛辣的液体一激，仿佛再也遏止不住而要急雨般倾泻出来……

我和妻子赶忙劝他吃菜、饮酒，不给他说话的机会。只要他张开嘴，不等他说，就忙抓起酒杯堵上去。

我们又像在水里拦截一条来回奔跑的鱼，手忙脚乱，却又做得不约而同。

他，忽然用心地瞧我们一眼。这眼肯定对我们的意图心领神会了。他便安静下来，表情变得松弛平和，只是吃呀，饮呀，连连重复一个"好"字……随后就乐陶陶地摇头晃脑。我知道他的酒量，他没醉，而是尽享着阔别已久的人间气息，尽享着洋溢在我们中间纤尘皆无的透明的挚诚……不用说，我们从生活的虚伪和冷酷的荆棘中穿过，当然懂得什么是最宝贵的。生活是不会亏待人的。它往往在苦涩难当的时候，叫你尝到最甜的蜜。这时，我们已经互相理解，完全默契了。我给他点上烟。抽着烟，我们相对不语，只是默然微笑着。隔着徐徐的发蓝的烟雾，对方可亲的笑容或隐或现。是呵，现在似乎只有微笑才能保住这甜蜜的情景。由于这微笑是给予对方的，才放进去那么多关切、痛惜、抚慰和鼓励，才笑得这么倾心、这么充实、这么痴醉，一直微笑得眼眦里颤动着发涩的泪水来。

如果任何美好的事物都是有限的，我们今天的相见就应该到此为止。恰恰这时，老朋友拿起帽子扣在头上，起身告辞了。呵，我们可是真正懂得怎样爱惜生活了！

外边依旧大风大雪，冰天冻地。

在冷风呼啸的大门口分手的一瞬，他见我嘴唇一动，忙伸手打个手势止住我。我朝他点头，也算作告别吧！他便带着一种真正的满足，拉高衣领，穿过冰风冷雪去了。

他至走什么也没说。

那天，我和妻子不知在寒风里站了多久。

大风雪很快盖住他的脚印。一片白茫茫，好像他根本没来过。

这却是他，留给我的一块最充实的空白……

1984 年 2 月

逛娘娘宫

一

那时，像我们这些生长在天津的男孩子，只要听大人们一提到娘娘宫，心里仿佛有只小手抓得怪痒痒的。尤其大年前夕，娘娘宫一带是本地的年货市场，千家万户预备过年用的什么炮儿啦、灯儿啦、画儿啦、糕儿啦等，差不多都是从那里买到的。我猜想这些东西在那里准堆成一座座花花绿绿的小山似的。我多么盼望能去娘娘宫玩一玩！但一直没人带我去，大概那时我家好歹算个富户，不便出没于这种平民百姓的集聚之地。我有个姑表哥，他爸爸早殁，妈妈有疯病，日子穷窘；他是个独眼——别看他独眼，他反而挺自在。他那仅剩下单独一只的、又小又细、用来看世界的右眼，却比我的一双黑黑的、正常的大眼睛视野更广，福气更大，行动也更自由——像什么钓鱼逮蟹、到鸟市上听说书、捅棋、买小摊上便宜又好玩的糖稀吃等等，他样样能做，我却不能。对于世上的快乐与苦恼，大人和孩子的标准往往不同。大人们是属于社会的，孩子们则属于大自然，这些话不必多说，就说我这独眼表哥吧！他不止一次去过娘娘宫，听他描绘娘娘宫的情景，看耍猴呀，抖空竹呀，逛炮市呀等，再加上他口沫横飞、扬扬得意的神气，我都真有私逃出家、随他去一趟的念头。此刻饭菜不香，糖不甜，手边的玩具顷刻变得索然无味了。我妈妈立刻猜到我的心事，笑眯眯对我说："又惦着逛娘娘宫了吧！"

说也怪，我任何心事她都知道。

二

我的妈妈是我的奶妈。

我娘生下我时，没有奶，便坐着胶皮车到估衣街的老妈店去找奶妈。我这奶妈是武清县落垡人，刚生过孩子，乡下连年闹灾荒没钱花，她就撇下自己正吃奶的孩子，下到天津卫来做奶妈。我娘一眼就瞧上了她，因为她在一群待用的奶妈中十分惹眼，个子高大，人又壮实，一双大脚，黑里透红、亮光光的一张脸，看上去"像个男人"，很健康——这些情形都是后来听大人们说的。据说她的奶很足，我今天能长成个一米九〇的大汉，大概就是受了她奶汁育养之故。

她姓赵。我小名叫"大弟"。依照天津此地的习惯，人们都叫她"大弟妈"。我叫她"妈妈"。

在我依稀还记得的童年的那些往事中，不知为什么，对她的印象要算最深了。几乎一闭眼，她那样子就能穿过厚厚的岁月的浓雾，清晰地显现在眼前。她是个尖头顶、扁长的大嘴、一头又黑又密的头发的女人，每天早上都对着一面又小又圆的水银镜子，把头发放开，篦过之后，涂上好闻的刨花油，再重新绾到后颈，卷成一个乌黑油亮、像个大烧饼似的大抓髻，外边套上黑线网；只在两鬓各留一绺头发，垂在耳前。这是河北武清那边妇女习惯的发型。她的脸可真黑，嘴唇发白，而且在脸色的对比下显得分外的白。大概这是她爱喝醋的缘故。人们都说醋吃多了，就会脸黑唇白。她可真能喝醋！每吃饭，必喝一大碗醋，有时菜也不吃，一碗饭加一碗醋，吃得又香又快。她为什么这样爱喝醋呢？有一次，我见她吃喝正香，嘴唇咂咂直响，不觉嘴里发馋，非向她要醋喝不可，她把醋碗递给我，叫我抿一小口，我却像她那样喝了一大口。天哪！真是酸死我了。从此，我一看她吃饭，听到她吮咂着唇上醋汁的声音，立即觉得两腮都收紧了。

再有，便是她上楼的脚步异乎寻常地轻快。她带着我住在三楼的顶间，每天楼上楼下不知要跑多少趟，很少歇憩，似有无穷精力。如果她下楼去拿点什么，几乎一转眼就回到楼上。直到现在，我还没有遇见过第二个人把上下楼全然不当作一回事呢。

那时，我并不常见自己的父母。他们整天忙于应酬，常常在外串门吃饭。只是在晚间回来时，偶尔招呼她把我抱下楼看看，逗逗，玩玩，再给她抱上楼。我自生来日日夜夜都是跟随着她。据说，本来她打算我断了奶，就回乡下去。但她一直没有回去，只是年年秋后回去看看，住上十天半个月就回来。每次回来都给我带一些使我醉心的东西，像装在草棍编的小笼子里的蝈蝈啦，金黄色的小葫芦啦，村上卖的花脸和用麻秆做柄的大刀啦……她一走，我就哭，整天想她；她呢，每次都是提前赶回来，好像她的家不在乡下，而在我家这里。在我那冥顽无知稚气的脑袋里，哪里想得到她留在我家，全然是为了我。

我在家排行第三，上边是两个姐姐。我却算作长子。每当我和姐姐们发生争执，她总是明显地、气啾啾地偏袒于我。有人说她"以为照看人家的长子就神气了！"或者说她这样做是"为了巴结主户"。她不以为然，我更不懂得这种家庭间无聊的闲话。我是在她怀抱里长大的。她把我当作自己亲生孩子那样疼爱，甚至溺爱；我从她身上感受到的气息反比自己的生母更为亲切。

每每夏日夜晚，她就斜卧在我身旁，脱了外边的褂子，露出一个大红布的绣着彩色的花朵和叶子的三角形兜肚儿，上端有一条银亮的链子挂在颈上。这时她便给我讲起故事来，像什么《傻子学话》《狼吃小孩》《烧火丫头杨排风》等等。这些故事不知讲了多少遍，不知为什么每听起来依然津津有味。她一边讲，一边慢慢摇着一把大蒲扇，把风儿一下一下地凉凉快快扇在我身上。伏天里，她常常这样扇一夜，直到我早晨醒来，见她眼睛困倦难张，手里攥着蒲扇，下意识地，一歪一斜地、停停住住地摇着……

如果没有下边的事，对于一个八岁的孩子，所能记下的某一个人的事情也只能这些了。但下边的事使我记得更清楚，始终忘不了。

一年的年根底下，厨房一角的灶王龛里早就点亮香烛，供上又甜又脆、粘着绿色蜡纸叶子的糖瓜。这时，大年穿戴的新装全都试过，房子也打扫过了，玻璃擦得好像都看不见了。里里外外，亮亮堂堂。大门口贴上一副印着披甲戴盔、横眉立目的古代大将的画纸。妈妈告诉我那是"门神"，有他俩把住大门，大鬼小鬼进不来。楼里所有的门板上贴上"福"字，连垃圾箱和水缸也都贴了，不过是倒着贴的，借着"到"和"倒"的谐音，以示"福气到了"之意。这期间，楼梯底下摆一口大缸，我和姐姐偷偷掀开盖儿一看，全是白面的馒头、糖三角、豆馅包和枣卷儿，上边用大料蘸着品红色点个花儿，再有便是左邻右舍用大锅烧炖年菜的香味，不知从哪里一阵阵悄悄飞来，钻入鼻孔；还有些性急的孩子等不及大年来到，就提早放起鞭炮来。一年一度迷人的年意，使人又一次深深地又畅快地感到了。

独眼表哥来了。他刚去过娘娘宫，带来一包俗名叫"地耗子"的土烟火送给我。这种"地耗子"只要点着，就"刺刺"地满地飞转，弄不好会钻进袖筒里去。他告诉我这"地耗子"在娘娘宫的炮市上不过是寻常之物，据说那儿的鞭炮烟火至少有上百种。我听了，再也止不住要去娘娘宫一看的愿望，便去磨我的妈妈。

我推开门，谁料她正撩起衣角抹泪。她每次回乡下之前都这样抹泪，难道她要回乡下去？不对，她每次总是大秋过后才回去呀！

她一看见我，忙用手背抹干眼角，抽抽鼻子，露出笑容，说："大弟，我告诉你一件你高兴的事。"

"什么事？"

"明儿一早，我带你去逛娘娘宫！"

"真的?！"心里渴望的事突然来到眼前，反叫我吃惊地倒退两步，"我娘叫我去吗？"

"叫你去！"她眯着笑眼说，"我刚对你娘打了保票，保险丢不了你，你娘答应了。"

我一下子扑进她的怀抱。这怀抱里有股多么温暖、多么熟悉的气息呵！就像我家当院的几株老槐树的气味，无论在外边跑了多么久，多么远，只要一闻到它的气味，就立即感到自己回到最亲切的家中来了。

可这时，我感到有什么东西"啪、啪"落在我背上，还有一滴落在我后颈上，像大雨点儿，却是热的。我惊奇地仰起面孔，但见她泪湿满面。她哭了！她干吗要哭？我一问，她哭得更厉害了。

"孩子，妈今年不能跟你过年了。妈妈乡下有个爷儿们，你懂吗？就像你爸和你娘一样。他害了眼病，快瞎了，我得回去。明儿早晌咱去娘娘宫，后晌我就走了。"

我仿佛头一次知道她乡下还有一些与她亲近的人。

"瞎了眼，不就像独眼表哥了？"我问。

"傻孩子，要是那样，他还有一只好眼呢！就怕两眼全瞎了。妈就……"她的话说不下去了。

我也哭起来。我这次哭，比她每次回乡下前哭得都凶，好像敏感到她此去就不再来了。

我哭得那么伤心、委屈、难过，同时忽又想到明儿要去逛娘娘宫，心里又翻出一个甜甜的小浪头。谁知我此时此刻心里是股子什么滋味？

三

我们一进娘娘宫以北的宫北大街，就像两只小船被卷入来来往往的、颇有劲势的人流里，只能看见无数人的前胸和后背。我心里有点紧张，怕被挤散，才要拉紧妈妈的手，却感到自己的小手被她的大手紧紧握着了。人声嘈杂得很，各种声音分辨不清，只有小贩们富于诱惑的吆喝声，像鸟儿叫一样，一声声高出众人嗡嗡杂乱的声音，从大街两旁传来：

"易德元的吊钱呵，眼看要抢完了，还有五张！"

"哪位要皇历，今年的皇历可是套片精印的，整本道林纸。哎，看看节气，找个黄道吉日，家家缺不了它呵！"

"哎、哎、哎，买大枣，一口一个吃不了……"

但什么也瞧不见，人们都是前胸贴着后背，偶有人缝，便花花绿绿闪一下，逗得我眼睛发亮。忽然，迎面一人手里提着一个五彩缤纷的盒子，盒子上印着两个胖胖的人儿，笑嘻嘻挤在一起，煞是有趣，可是没等我细瞧，那人却往斜刺里去了。跟着听到一声粗鲁的喝叫："瞧着！"我便撞在一个软软的、热乎乎的、鼓鼓囊囊的东西上。原来是一个人的大肚子。这人袒敞着棉袄，肚子鼓得好大，以致我抬头看不见他的脸。这时，只听到妈妈的怨怪声："你这么大人，怎么瞧不见孩子呢，快，别挤着孩子呀！"

那人嘟囔几声什么。说也好笑，我几乎在他肚子下边，他怎么看得见我？这时，只觉得这人在我前面左挪右挪，大肚子热烘烘蹭着我的鼻尖，随后像一个软软的大肉桶，从我右边滑过去了。我感到一阵轻松畅快，就在这一瞬，对面又来了一个老头，把一个大金鱼灯举过头顶；这是条大鲤鱼，通身鲜红透明，尾巴翘起，伸着须，眼睛是两个亮晃晃，又圆又鼓的大金球儿……

"妈妈，你看……"我叫着。

妈妈扭头，大金鱼灯却不见了。

又是无数人的前胸和后背。

我真担心娘娘宫里也是如此，那就什么也看不见了。

"妈妈，我要看，我什么也瞧不见哪！"

"好！我抱你到上边瞧！"

妈妈说着，把我抱起来往横处挤了几步，撂在一个高高的地方。呀！我真又惊又喜，还有点傻了！好像突然给举到云端，看见了一个无法形容的、灿烂辉煌、热闹非凡的世界。我首先看到的是身前不远的地方有两根旗杆，高大无比，尖头简直碰到天。我对面是一座戏台，上边正在敲锣打鼓，唱戏的人正起劲儿地叫着，台下一片人头攒动。我再扭身一看，身后竟是一座美丽的大庙。在这中间，满是罩棚、满是小摊、满是人。各种新奇的东西和新奇的景象，一下子闯进眼帘，我好像什么也看不清了。在这之后，我才明白自己站在庙前一个石头砌的高台上……

　　"妈妈，妈，这就是娘娘宫吗？"我叫着。

　　"可不是吗？"妈妈笑眯眯地说。每逢我高兴之时，她总是这样心花怒放地笑着。她说："大弟，你能在这儿站着别动吗？妈到对面买点东西。那儿太挤，你不能去。你可千万别离开这儿。妈去去就来。"

　　我再三答应后，她才去。我看着她挤进一家绒花店。

　　这时，我才得以看清宫门前的全貌。从我们走来的宫北大街，经过这庙前，直奔宫南大街，千千万万小脑袋蠕动着，街的两旁全是店铺，张灯结彩，悬挂着五色大旗，写着"大年减价""新年连市"等等字样，一直歪歪斜斜、蜿蜒地伸向锅店街那边而去，好像一条巨大的鳞光闪闪的巨蟒，在地上，慢慢摇动它笨拙的身躯，真是好看极了。我禁不住双腿一蹦一蹦，拍起手来。

　　"当心掉下来！"有人说着并抓住我的腰。

　　原来妈妈来了，她喜笑颜开，手里拿着一个方方的花纸盒，鬓上插着一朵红绒花。这花儿如此艳丽，映着她的脸，使她显得喜气洋洋，我感到她从来没有像今天这样好看。

"妈，你好看极了！"

"胡说！"妈羞笑着说，"快下来，咱们到娘娘宫里去看看。"

我随她跨进了多年梦思夜想的娘娘宫。心里还掠过一种自豪与得意之情，心想，回头我也能像独眼表哥那样对别人讲讲娘娘宫的事了。而我的姐姐们还没有我今天这种好福气呢！

庙里好热闹，楼宇一处连一处，香烟缭绕，到处是棚摊。这宫院里和外边一样，也成了年货集市。小贩、香客、游人挤成一团，各色各样的神仙图画挂满院墙，连几株老树上也挂得满满的。

一束束红蓝黄绿的气球高过人头，在些许的微风里摇颤着，仿佛要摆脱线的牵扯，飞上碧空……宫院左边是卖金鱼的，右边的摊上多卖空竹。内中有一个胖子，五十多岁，很大一顶灰兔皮帽扣在头上。四四方方一张红脸，秤砣鼻子，鼻毛全支出来，好像废井中长出的荒草。他上身穿一件紧身元黑罩衫，显出胖大结实的身形，正中一行黄布裹成的疙瘩扣，排得很密，像一条大蜈蚣爬在他当胸上。下边是肥大黑裤，青布缠腿，"云"字样的靴头。他挽着袖管，抖着一个脸盆大小的空竹。如此大的空竹真是世所罕见。别看他身胖，动作却不迟笨，胳膊一甩，把那奇大的空竹抖得精熟，并且顺着绳子，一忽儿滚到左胳膊上，一忽儿滚到右胳膊上，一忽儿猫腰俯背，让转动的空竹滚背而过，一忽儿又把这沉重的家伙抛上半空，然后用手里的绳子接住。这时他面色十分神气。那空竹发出的声音也如牛吼一般。他的货摊上悬着一个朱红漆牌，写着三个金字："空竹王"。旁边有行小字"乾隆老样"。摊上的空竹所贴的红签上，也都印着这些字样，并有"认清牌号，谨防假冒"八个字。他的货摊在同行中显得很阔绰，大大小小的空竹，式样不一，琳琅满目，使得左右的邻摊显得寒碜、冷落和可怜。他一边抖着空竹，一边嘴里叨叨不绝，说他的空竹是祖传的。他家历来不但精于制作，又善于表演空竹。他祖宗曾进过宫，给乾隆爷表演过，乾隆爷看得"龙颜大悦"，赐给他祖宗黄金百两、白银一千，外加黄马褂一件，据说那是他祖祖祖祖爷爷的事。后来他家有人又进宫给慈禧太后表演空竹，便是他祖祖爷的事了。祖辈的那黄马褂没有留下，却传下这只巨型的空竹……说到这儿，他把空竹用力抖两下，嘴里的话锋一转，来了生意经，开始夸耀自家空竹的种种优长，直说得嘴角溢出白沫。本来他的空竹不错，抖得也蛮好，不知为什么，这样滔滔不绝的自夸和炫耀，尤其他那股剽悍和霸气劲儿反叫人生厌。这时，他大叫一声，猛一用力，把空竹再次抛上半空，随着脑袋后仰过猛，头上那顶大兔皮帽被抛掉身后，露出一个青皮头顶，见棱见角，并汗津津冒着热气，好似一只没有上锅的青光光的蟹盖儿，大家忍不住笑了。我妈妈笑了一下，便领我到邻处小摊上，买了一个小号的空竹给我。那摊贩对妈妈十分客气，似有感激之意。妈妈为什么不买"空竹王"那里漂亮的空竹，而偏偏买这小摊上不大起眼的东西？这事一直像个谜存在我心里，直到我入了社会，经事多了，才打开这积存已久的谜。

四

大庙里的气氛真是神秘、奇异、可怖。那气氛是只有庙堂里才有的。到处黑洞洞的，到处又闪着辉煌的亮光；到处是人，到处是神。一处处庙堂，一尊尊佛像，有的像活人，有的像假人，有的逗人发笑，有的瞪眼吓人，有的莫名其妙。妈妈在我耳边轻轻告诉我，哪个是娘娘，哪个是四大门神，哪个是关帝，还有雷公、火神、疙疸刘爷、傻哥和张仙爷。给我印象最突出的要算这张仙爷了。他身穿蓝袍，长须飘拂，张弓搭箭，斜向屋角，既威武又洒脱。妈妈告诉我，民人住宅常有天狗从烟囱钻进来，兴妖作怪，残害幼儿。张仙爷专除天狗，见了天狗钻进民宅就将弓箭射去，以保护孩童。故此，人都称他为"射天狗的张仙爷"……

在我不自觉地望着这护佑儿童们的泥神时，妈妈向一个人问了几句话，就领着我穿过两重热闹闹的小院，走到一座庙堂前。她在门口花了几个小钱买了一把香，便走进去。里边一团漆黑，烟雾弥漫，香的气味极浓。除去到处亮着的忽闪忽闪的烛火，别的什么都看不见。我才要向前迈步，妈妈忽把我拉住，我才发现眼前有几个人跪伏着，随后脑袋一抬，上身直立；跟着又俯身叩首做拜伏状。这些人身前是张条案，案上供具陈列，一尊乌黑的生铁香炉插满香，香灰撒落四边，四座烛台都快给烛油包上了……就在这时，从条案后的黑黢黢的空间里，透现出一个胖胖的、端庄的、安详的妇女的面孔。珠冠绣衣，粉面朱唇，艳美极了。缭绕的烟缕使她的面孔忽隐忽现，跳动的烛光似乎使她的表情不断变化着，忽而严肃，忽而慈爱，忽而冷峻，忽而微笑。她是谁？如何这样妄自尊崇，接受众人的叩拜？我想到这儿时，已然发现她也是一尊泥塑彩画的神像。为什么许多人要给这泥人烧香叩头呢？我拉拉妈妈的衣袖，想对她说话，她却不搭理我。我抬头看她时，只见妈妈脸上郑重又虔诚，一双眼呆呆的，散发出一种迟缓又顺从的光来。我真不懂妈妈何以做出如此怪异的神情。但不知为什么，我忽然不敢出声，不敢随意动作，一股庄重不阿的气氛牢牢束缚住我。心里升起一种从未有过的敬畏的感觉，不觉悄悄躲到妈妈的身后。

在条案一旁，立着一个老头，松形鹤骨，神情肃穆，穿黄袍子。我一直以为也是个泥人。此刻他却走到妈妈身前，把妈妈手里的香接过去，引烛火点着，插在香炉内。这时妈妈也像左右的人那样屈腿伏身，叩头作揖。只剩下我直僵僵地站着。这当儿，一个新发现竟使我吓得缩起脖子：原来条案后那泥神身上满是眼睛，总有几十只，只只眼睛都比鞋子还大，眼白极白，眼球乌黑，横横竖竖，好像都在瞧着我。我一惊之下，忙蹲下来，躲在妈妈背后，双手捂住了脸。后来妈妈起了身，拉着我走出这吓人的庙堂。我便问："妈妈，那泥人怎么浑身都是眼睛呀？"

"哎哟，别胡扯，那是千眼娘娘，专管人得眼病的。"

我听了依然莫解，但想到妈妈给她叩头，是为了她丈夫的病吧！我又想发问，却没问出来，因为她那满是浅细皱纹的眼皮中间似乎含着泪水。我之所以没再问她，是因为不愿意勾起她心中的烦恼和忧愁，还是怕她眼里含着的泪流出来，现在很难再回想得清楚，谁能弄清楚自己儿时的心理？

五

在宫南大街，我们又卷在喧闹的人流中。声音愈吵，人们就愈要提高嗓门，声音反倒愈响。其实如果大家都安静下来，小声讲话，便能节省许多气力，但此时、此刻、此地谁又能压抑年意在心头上猛烈的骚动？

宫南大街比宫北大街更繁华，店铺挨着店铺，罩棚连着罩棚，五行八作，无所不有。最有趣的是年画店，画儿贴满四壁，标上号码，五彩缤纷，简直看不过来。还有一家画店，在门前放着一张桌，桌面上码着几尺高的年画，有两个人，把这些画儿一样样地拿给人们看，一边还说些为了招徕主顾而逗人发笑的话，更叫人好笑的是这两个人，一般高，穿着一样的青布棉袍，驼色毡帽，只是一胖一瘦，一个难看，一个顺眼，很像一对说相声的。我爱看的《一百单八将》《百子闹学》《屎壳郎堆粪球》等等这里都有。

由此再往南去，行人渐少，地势也见宽阔。沿街多是些小摊，更有可怜的，只在地上放一块方形的布，摆着一些吊钱、窗花、财神图、全神图、彩蛋、花糕模子、八宝糖盒等零碎小物。这些东西我早都从妈妈嘴里听到过，因此我都能认得。还有些小货车，放着日用的小百货，什么镜儿、膏儿、粉儿、油儿的。上边都横竖几根杆子，拴着女孩子们扎辫子用的彩带子，随风飘摇，很是好看；还有的竖立一棵粗粗的麻秆儿，上面插满各样的绒花，围在这小车边的多是些妇女和姑娘们。在这中间，有一个卖字的老人的表演使我入了迷。一张小木桌，桌上一块大紫石砚，一把旧笔，一捆红纸，还立着一块小木牌，写着"鬻字"。这老人瘦如干柴，穿一件土黄棉袍，皱皱巴巴，活像一棵老人参。天冷人老，他捉着一支大笔，跷起的小拇指微微颤抖。但笔道横平竖直，宛如刀切一般。四边闲着的人都怔着，没人要买。老人忽然左手也抓起一支大笔，蘸了墨，两手竟然同时写一副对联。两手写的字却各不相同。字儿虽然没单手写得好，观者反而惊呼起来，争相购买。

看过之后，我伸手一拉妈妈，"走！"

她却摆胳膊。

"走——"我又一拉她。

"哎，你这孩子怎么总拉人哪?！"

一个陌生的爱挑剔的女人尖厉的声音传来。我抬头一看，原来是一位矮小的黄脸女人，怀里抱着一篓鲜果。她不是妈妈！我认错人了！妈妈在哪儿？我慌忙四下一看，到处都是生人，竟然不见她了！我忙往回走。

"妈妈，妈妈……"我急急慌慌地喊，却听不见回答，只觉得自己喉咙哽咽，喊不出声来，急得要哭了。

就在这当口，忽听"大弟"一声。这声简直是肝肠欲裂、失魂落魄的呼喊。随后，从左边人群中钻出一人来，正是妈妈。她张大嘴，睁大眼，鬓边那两绺头发直条条奔拉着，显出狼狈与惊恐的神色。她一看见我，却站住了，双腿微微弯曲下来，仿佛要跌在地上。手里那绒花盒儿也捏瘪了。然后，她一下子扑上来把我紧紧抱住，仿佛从五脏里呼出一声："我的爷爷，你是不想叫我活了！"

这声音，我现在回想起来还那样清晰。

我终于看见了炮市，它在宫南大街横着的一条胡同里。胡同中有几十个摊儿，这摊儿简直是一个个炮堆。"双响"都是一百个盘成一盘。最大的五百个一盘，像个圆桌面一般大。单说此地人最熟悉的烟火——金人儿，就有十来种。大多是鼓脑门、穿袍拄杖的老寿星，药捻儿在脑顶上。这里的金人高可齐腰，小如拇指。这些炮摊的幌子都是用长长的竹竿挑得高高的一挂挂鞭炮。其中一个大摊，用一根杯口粗的竹竿挑着一挂雷子鞭，这挂大鞭约有七八尺，下端几乎擦地，把那竹竿压成弓形。上边粘着一张红纸条，写了"足数万头"四个大字。这是我至今见到的最威风的一挂鞭。不知怎样的人家才能买得起这挂鞭。

为了防止火灾，炮市上绝对不准放炮。故此，这里反而比较清静，再加上这条胡同是南北方向，冬日的朔风呼呼吹过，顿感身凉。像我这样大小的男孩子们见了炮都会像中了魔一样，何况面对着如此壮观的鞭炮的世界，即使冻成冰棍也不肯看几眼就离开的。

"掌柜的，就给我们拿一把双响吧！"妈妈和那卖炮的说起话来，"多少钱？"

妈妈给我买炮了。我多么高兴！

我只见她从怀里摸出一个旧手巾包，打开这包儿，又是一个小手绢包儿，手绢包里还有一个快要磨破了的毛头纸包儿，再打开，便是不多的几张票子，几枚铜币。她从这可怜巴巴的一点钱中拿出一部分，交给那卖炮的，冷风吹得她的鬓发扑扑地飘。当她把那把"双响"买来塞到我手中时，我感到这把炮像铁制的一般沉重。

"好吗，孩子？"她笑眯着眼对我说，似乎在等着我高兴的表示。

本来我应该是高兴的，此刻却是另一种硬装出来的高兴。但我看得出，我这高兴的表示使她得到了多么大的满足啊！

六

我就是这样有生以来第一次、令人难忘地逛过了娘娘宫。那天回到家，急着向娘、姐姐和家中其他人，一遍又一遍讲述在娘娘官的见闻，直说得嘴巴酸疼，待吃过饭，精神就支撑不住，歪在床上，手里抱着妈妈给买的那把"双响"和空竹香香甜甜地睡了。懵懵懂懂间觉得有人拍我的肩头，擦眼一看，妈妈站在床前，头发梳得光光，身上穿一件平日用屁股压得平平的新蓝布罩衫，臂肘间挎着一个印花的土布小包袱，她的眼睛通红，好像刚哭过，此刻却笑眯着眼看我。原来她要走了！屋里的光线已经变暗了。我这一觉睡得好长啊，几乎错过了与她告别的时刻。

我扯着她的衣襟，送她到了当院。她就要去了，我心里好像塞着一团委屈似的，待她一要走，我就像大河决口一般，索性大哭出来。家里人都来劝我，一边向妈妈打手势，叫她乘机快走，妈妈却抽抽噎噎地对我说："妈妈给你买的'双响'呢？你拿一个来，妈妈给你放一个；崩崩邪气，过个好年……"

我拿一个"双响"给她。她把这"双响"放在地上。然后从怀里摸出一盒火柴划着火去点药捻。院里风大，火柴一着就灭，她便划着火柴，双手拢着火苗，凑上前，猫下腰去点药捻。哪知这药捻着得这么快。不知是谁叫了一声"当心！"，这话音才落，嗵！嗵！连着两响，烟腾火苗间，妈妈不及躲闪，炮就打在她脸上。她双手紧紧捂住脸。大家吓坏了，以为她炸了眼睛。她慢慢直起身，放下双手，所幸的是没炸坏眼，却把前额崩得一大块黑。我哭了起来。

妈妈拿出块帕子抹抹前额，黑烟抹净，却已鼓出一个栗子大小的硬疙瘩。家里人忙拿来"万金油"给她涂在疙瘩处，那疙瘩便愈发显得亮而明显了。妈妈眯着笑眼对我说："别哭，孩子，这一下，妈妈身上的晦气也给崩跑了！"

我看得出这是一种勉强的、苦味的笑。

她就这样去了。挎着那小土布包袱、顶着那栗子大小的鼓鼓的疙瘩去了。多年来，这疙瘩一直留在我心上，一想就心疼，挖也挖不掉。

她说她"过了年就回来"，但这一去就没再来。听说她丈夫瞎了双眼，她再不能出来做事了。从此，一面也不得见，音讯也渐渐寥寥。我十五岁那年，正是大年三十，外边鞭炮正响得热闹，屋里却到处能闻到火药燃烧后的香味。家里人忽叫我到院里看一件东西。我打着灯笼去看，挨着院墙根放着一个荆条编的小箩筐。家里人告诉我，这是我妈妈托人从乡下捎给我的。我听了，心儿陡然地跳快了，忙打开筐盖，用灯一照，原来是个又白又肥的大猪头，两扇大耳，粗粗的鼻子，脑门上点了一个枣儿大的红点儿，可爱极了……看到这里，我不觉抬起头来，仰望着在万家灯火的辉映中反而显得暗淡了的寒空，心儿好像一下子从身上飞走，飞啊，飞啊，飞到我那遥远的乡下的老妈妈的身边，扑在她那温暖的怀中，叫着："妈妈，妈妈，你可好吗？"

1981 年 4 月 25 日天津

高女人和她的矮丈夫

一

你家院里有棵小树，树干光溜溜，早瞧惯了，可是有一天它忽然变得七扭八弯，愈看愈别扭。但日子一久，你就看顺眼了，仿佛它本来就应该是这样子。如果某一天，它忽然重新变直，你又会觉得说不出多么不舒服。它单调、乏味、简易，像根棍子！其实，它不过恢复最初的模样，你何以又别扭起来？

这是习惯吗？嘿，你可别小看"习惯"！世界万事万物中，它无所不在。别看它不是必须恪守的法定规条，惹上它照旧叫你麻烦和倒霉。不过，你也别埋怨给它死死捆着，有时你也会不知不觉地遵从它的规范。比如说，你敢在上级面前喧宾夺主地大声大气地说话吗？你能在老者面前放肆地发表自己的主见吗？在合影时，你能叫名人站在一旁，你却大模大样站在中间放开笑颜？不能，当然不能。甭说这些，你娶老婆，敢娶一个比你年长十岁，比你块头大，或者比你高一头的吗？你先别拿空话呛火，眼前就有这么一对——

二

她比他高十七厘米。

她身高一米七五，在女人们中间算作鹤立鸡群了；她丈夫只有一米五八，上大学时绰号"武大郎"。他和她的耳垂儿一般齐，看上去却好像差两头！

再说他俩的模样：这女人长得又干、又瘦、又扁，脸盘像没上漆的乒乓球拍儿。五官还算勉强看得过去，却又小又平，好似浅浮雕，胸脯毫不隆起，腰板细长僵直，臀部瘪下去，活像一块硬挺挺的搓板。她的丈夫却像一根短粗的橡皮辊儿；饱满，轴实，发亮；身上的一切——小腿啦，脚背啦，嘴巴啦，鼻头啦，手指肚儿啦，好像都是些溜圆而有弹性的小肉球。他的皮肤柔细光滑，有如质地优良的薄皮子。过剩的油脂就在这皮肤下闪出光亮，充分的血液就从这皮肤里透出鲜美微红的血色。他的眼睛简直像一对电压充足的小灯泡；他妻子的眼睛可就像一对乌乌涂涂的玻璃球儿了。两人在一起，没有谐调，只有对比。可是他俩还好像拴在一起，整天形影不离。

有一次，他们邻居一家吃团圆饭时，这家的老爷子酒喝多了，乘兴把桌上的一个细长的空酒瓶和一罐矮墩墩的猪肉罐头摆在一起，问全家人："你们猜这像嘛？"他不等别人猜破就公布谜底："就是楼下那高女人和她的矮爷儿们！"

全家人哄然大笑，一直笑到饭后闲谈时。

他俩究竟是怎么凑成一对的？

这早就是团结大楼几十户住家所关注的问题了。自从他俩结婚时搬进这大楼，楼里的老住户无不抛以好奇莫解的目光。不过，有人爱把问号留在肚子里，有人忍不住要说出来罢了。多嘴多舌的人便议论纷纷。尤其是下雨天气，他俩出门，总是那高女人打伞。如果有什么东西掉在地上，矮男人去拾便是最方便了。大楼里一些闲得没事儿的婆娘们，看到这可笑的情景，就在一旁指指画画。难禁的笑声，憋在喉咙里咕咕作响。大人的无聊最能纵使孩子们的恶作剧。有些孩子一见到他俩就哄笑，叫喊着："扁担长，板凳宽……"他俩闻如未闻，对孩子们的哄闹从不发火，也不搭理。可能为此，也就与大楼里的人们一直保持着相当冷淡的关系。少数不爱管闲事的人，上下班碰到他们时，最多也只是点点头，打一下招呼而已。这便使那些真正对他俩感兴趣的人们，很难再多知道一些什么。比如，他俩的关系如何？为什么结合一起？谁将就谁？没有正式答案，只有靠瞎猜了。

这是座旧式的公寓大楼，房间的间量很大，向阳而明亮，走道又宽又黑。楼外是个很大的院子，院门口有间小门房。门房里也住了一户，户主是个裁缝。裁缝为人老实，裁缝的老婆却是个精力充裕、走家串户、爱好说长道短的女人，最喜欢刺探别人家里的私事和隐秘。这大楼里家家的夫妻关系、姑嫂纠纷、做事勤懒、工资多少，她都一清二楚。凡她没弄清楚的事情，就要千方百计地打听到；这种求知欲能使愚顽成才。她这方面的本领更是超乎常人，甭说察言观色，能窥见人们藏在心里的念头；单靠嗅觉，就能知道谁家常吃肉，由此推算出这家收入状况。不知为什么，六十年代以来，处处居民住地，都有这样一类人被吸收为"街道积极分子"，使得他们对别人的干涉欲望合法化，能力和兴趣也得到发挥。看来，造物者真的不会荒废每一个人才的。

尽管裁缝老婆能耐，她却无法获知这对天天从眼前走来走去的极不相称的怪夫妻结合的缘由。这使她很苦恼，好像她的才干遇到了有力的挑战。但她凭着经验，苦苦琢磨，终于想出一条最能说服人的道理：夫妻俩中，必定一方有某种生理缺陷。否则谁也不会找一个比自己身高逆差一头的对象。她的根据很可靠：这对夫妻结婚三年还没有孩子呢！于是团结大楼的人都相信裁缝老婆这一聪明的判断。

事实向来不给任何人留情面，它打败了裁缝老婆！高女人怀孕了。人们的眼睛不断地瞥向高女人渐渐凸出来的肚子。这肚子由于离地面较高而十分明显。不管人们惊奇也好，质疑也好，困惑也好，高女人的孩子呱呱坠地了。每逢大太阳或下雨天气，两口子出门，高女人抱着孩子，打伞的事就落到矮男人身上。人们看他迈着滚圆的小腿、半举着伞儿、紧紧跟在后面滑稽的样子，对他俩居然成为夫妻，居然这样形影不离，好奇心仍然不减当初。各种听起来有理的说法依旧都有，但从这对夫妻身上却得不到印证。这些说法就像没处着落的鸟儿，啪啪地满天飞。裁缝老婆说："这两人准有见不得人的事。要不他们怎么不肯接近别人？身上有脓早晚得冒出来，走着瞧吧！"果然一天晚上，裁缝老婆听见了高女人家里发出打碎东西的声音。她赶忙以收大院扫地费为借口，去敲高女人家的门。她料定长久潜藏在这对夫妻间的隐患终于爆发了，她要亲眼看见这对夫妻怎样反目，捕捉到最生动的细节。门开了，高女人笑吟吟迎上来，矮丈夫在屋里也是笑容满面，地上一只打得粉碎的碟子——裁缝老婆只看到这些。她匆匆收了扫地费出来后，半天也想不明白这对夫妻之间到底发生了什么事。打碎碟子，没有吵架，反而像什么开心事一般快活。怪事！

后来，裁缝老婆做了团结大院的街道居民代表。她在协助户籍警察挨家查对户口时，终于找到了多年来经常叫她费心的问题答案，一个确凿可信、无法推翻的答案。原来这高女人和她的矮丈夫，都在化学工业研究所工作。矮男人是研究所总工程师，工资达一百八十元之多！高女人只是一名普普通通的化验员，收入不足六十元，而且出生在一个辛苦而赚钱又少的邮递员家庭。不然她怎么会嫁给一个比自己矮一头的男人？为了地位，为了钱，为了过好日子，对！她立即把这珍贵情报，告诉给团结大楼里闲得难受的婆娘们。人们总是按照自己的思维方式去解释世界，尽力把一切事物都和自己的理解力拉平。于是，裁缝老婆的话被大家确信无疑。多年来留在人们心里的谜，一下子被打开了。大家恍然大悟：原来这矮男人是个先天不足的富翁，高女人是个见钱眼开、命里有福的穷娘儿们。当人们谈到这个模样像匹大洋马却偏偏命好的高女人时，语调中往往带一股气。尤其是裁缝老婆。

三

人命运的好坏不能看一时，可得走着瞧。

一九六六年，团结大楼就像缩小了的世界，灾难降世，各有祸福，楼里的所有居民都到了"转运"时机。生活处处都是巨变和急变。矮男人是总工程师，迎头遭到横祸，家被抄，家具被搬得一空，人挨过斗，关进牛棚。祸事并不因此了结，有人说他多年来，白天在研究所工作，晚上回家把研究成果偷偷写成书，打算逃出国，投奔一个有钱的远亲。把国家科技情报献给外国资本家——这个荒诞不经的说法居然有很多人信以为真。那时，世道狂乱，人人失去常态，宁肯无知，宁愿心狠，还有许多出奇的妄想，恨不得从身旁发现出希特勒。研究所的人们便死死缠住总工程师不放，吓他，揍他，施加各种压力，同时还逼迫高女人交出那部谁也没见过的书稿，但没效果。有人出主意，把他俩弄到团结大楼的院里开一次批斗大会；谁都怕在亲友熟人面前丢丑，这也是一种压力。当各种压力都使过而无效时，这种做法，不妨试试，说不定能发生作用。

那天，团结大楼有史以来这样热闹——

下午研究所就来了一群人，在当院两棵树中间用粗麻绳扯了一道横标，写着有那矮子的姓名，上边打个叉；院内外贴满口气咄咄逼人的大小标语，并在院墙上用十八张纸公布了这矮子的"罪状"。会议计划在晚饭后召开。研究所还派来一位电工，在当院拉了电线，装上四个五百烛光的大灯泡。此时的裁缝老婆已经由街道代表升任为治保主任，很有些权势，志得意满，人也胖多了。这天可把她忙得够呛，她带领楼里几个婆娘，忙里忙外，帮着刷标语，又给研究所的革命者们斟茶倒水，装灯用电还是从她家拉出来的线呢！真像她家办喜事一样！

晚饭后，大楼里的居民都给裁缝老婆召集到院里来了。四盏大灯亮起来，把大院照得像夜间球场一般雪亮。许许多多人影，好似放大了数十倍，投射在楼墙上。这人影都是肃然不动的，连孩子们也不敢随便活动。裁缝老婆带着一些人，左臂上也套上红袖章。这袖章在当时是最威风的了。她们守在门口，不准外人进来。不一会儿，化工研究所一大群人，也戴袖章，押着高女人和她的矮丈夫，一路呼着口号，浩浩荡荡地来了。矮男人胸前挂一块牌子，高女人没挂。他俩一直给押到台前，并排低头站好。裁缝老婆跑上来说："这家伙太矮了，后边的革命群众瞧不见。我给他想点办法！"说着，带着一股冲动劲儿扭着肩上两块肉，从家里抱来一个肥皂箱子，倒扣过来，叫矮男人站上去。这样一来，他才与自己的老婆一般高，但此时此刻，很少有人对这对大难临头的夫妻不成比例的身高发生兴趣了。

大会依照流行的格式召开。宣布开会，呼口号，随后是进入了角色的批判者们慷慨激昂的发言，又是呼口号。压力使足，开始要从高女人嘴里逼供了。于是，人们围绕着那本"书稿"，唇枪舌剑地向高女人发动进攻。你问，我问，他问；尖声叫，粗声吼，哑声喊；大声喝，厉声逼，紧声追……高女人却只是摇头，真诚恳切地摇头。但真诚最廉价，相信真诚就意味着否定这世界上的一切。

无论是脾气暴躁的汉子们跳上去，挥动拳头威胁她，还是一些颇有攻心计的人，想出几句巧妙而带圈套的话问她，都给她这恳切又断然的摇头拒绝了。这样下去，批判会就会没结果，没成绩，甚至无法收场。研究所的人有些为难，他们担心这个会开得虎头蛇尾；乘兴而来，败兴而归。

裁缝老婆站在一旁听了半天，愈听愈没劲。她大字不识，既对什么"书稿"毫无兴趣，又觉得研究所这帮人说话不解气。她忽地跑到台前，抬起戴红袖章的左胳膊，指着高女人气冲冲地问："你说，你为什么要嫁给他？"

这句突如其来的问话使研究所的人一怔。不知道这位治保主任的问话与他们所关心的事有什么奇妙的联系。

高女人也怔住了。她也不知道裁缝老婆为什么提出这个问题。这问题不是这个世界所关心的。她抬起几个月来被折磨得如同一张皱巴巴的枯叶的瘦脸，脸上满是诧异神情。

"好啊！你不敢回答，我替你说吧！你是不是图这家伙有钱，才嫁给他的？没钱，谁要这么个矮子！"裁缝老婆大声说。声调中有几分得意，似乎她才是最知道这高女人根底的。

高女人没有点头，也没摇头。她好像忽然明白了裁缝老婆的一切，眼里闪出一股傲岸、嘲讽、倔强的光芒。

"好，好，你不服气！这家伙现在完蛋了，看你还靠得上不！你心里是怎么回事，我知道！"裁缝老婆一拍胸脯，手一挥，还有几个婆娘在旁边助威，她真是得意到达极点。

研究所的人听得稀里糊涂。这种弄不明白的事，就索性糊涂下去更好。别看这些婆娘们离题千里地胡来，反而使会场一下子热闹起来。没有这种气氛，批判会怎好收场？于是研究所的人也不阻拦，任使婆娘们上阵发威。只听这些婆娘们叫着：

"他总共给你多少钱？他给你买过什么好东西？说！"

"你一月二百块钱不嫌够，还想出国，美的你！"

"邓拓是不是你们的后台？"

"有一天你往北京打电话，给谁打的，是不是给'三家村'打的？"

会开得成功与否，全看气氛如何。研究所主持批判会的人，看准时机，趁会场热闹，带领人们高声呼喊了一连串口号，然后赶紧收场散会。跟着，研究所的人又在高女人家搜查一遍，撬开地板，掀掉墙皮，一无所获，最后押着矮男人走了，只留下高女人。

高女人一直待在屋里，入夜时竟然独自出去了。她没想到，大楼门房的裁缝家虽然闭了灯，裁缝老婆却一直守在窗口盯着她的动静。见她出去，就紧紧尾随在后边，出了院门，向西走了两个路口，只见高女人穿过街在一家门前停住，轻轻敲几下门板。裁缝老婆躲在街这面的电线杆后面，屏住气，瞪大眼，好像等着捕捉出洞的兔儿。她要捉人，自己反而比要捉的人更紧张。

咔嚓一声，那门开了。一位老婆婆送出个小孩。只听那老婆婆说："完事了？"

没听见高女人说什么。

又是老婆婆的声音："孩子吃饱了，已经睡了一觉。快回去吧！"

裁缝老婆忽然想起，这老婆婆家原是高女人的托儿户，满心的兴致陡然消失。这时高女人转过身，领着孩子往回走，一路无话，只有娘俩的脚步声。裁缝老婆躲在电线杆后面没敢动，待她们走出一段距离，才独自怏怏地回家了。

第二天一早，高女人领着孩子走出大楼时眼圈明显的发红，大楼里没人敢和她说话，却都看见了她红肿的眼皮。特别是昨晚参加过批斗会的人们，心里微微有种异样的、亏心似的感觉，扭过脸，躲开她的目光。

四

矮男人自批判会那天被押走后，一直没放回来。此后据消息灵通的裁缝老婆说，矮男人又出了什么现行问题，进了监狱。高女人成了在押囚犯的老婆，落到了生活的最底层，自然不配住在团结大楼内那种宽敞的房间，被强迫和裁缝老婆家调换了住房。她搬到离楼十几米远孤零零的小屋去住。这倒也不错，省得经常和楼里的住户打头碰面，互相不敢搭理，都挺尴尬。但整座楼的人们都能透过窗子，看见那孤单的小屋和她孤单单的身影。不知她把孩子送到哪里去了，只是偶尔才接回家住几天。她默默过着寂寞又沉重的日子，三十多岁的人，从容貌看上去很难说她还年轻。裁缝老婆下了断语："我看这娘儿们最多再等上一年。那矮子再不出来，她就得改嫁。要是我啊——现在就离婚改嫁，等那矮子干吗，就是放出来，人不是人，钱也没了！"

过了一年，矮男人还是没放出来，高女人依旧不声不响地生活，上班下班，走进走出，点着炉子，就提一个挺大的黄色的破草篮去买菜。一年三百六十五天，天天如此……但有一天，矮男人重新出现了。这是秋后时节，他穿得单薄，剃了短平头，人大变了样子，浑身好似小了一圈儿，皮肤也褪去了光泽和血色。他回来径直奔楼里自家的门，却被新户主、老实巴交的裁缝送到门房前。高女人蹲在门口劈木柴，一听到他的招呼，唰的站起身，直怔怔看着他。两年未见的夫妻，都给对方的明显变化惊呆了。一个枯槁，一个憔悴；一个显得更高，一个显得更矮。两人互相看了一忽儿，赶紧掉过头去，高女人扭身跑进屋去，半天没出来，他便蹲在地上拾起斧头劈木柴，直把两大筐木块都劈成细木条。仿佛他俩再面对片刻就要爆发出什么强烈而受不了的事情来。此后，他俩又是形影不离地一起上班，一起下班回家，一切如旧。大楼里的人们从他俩身上找不出任何异样，兴趣也就渐渐减少。无论有没有他俩，都与别人无关。

一天早上，高女人出了什么事。只见矮男人惊慌失措从家里跑出去。不会儿，来了一辆救护车把高女人拉走。一连好些天，那门房总是没人，夜间也黑着灯。二十多天后，矮男人和一个陌生人抬一副担架回来，高女人躺在担架上，走进小门房。从此高女人便没有出屋。矮男人照例上班，傍晚回来总是急急忙忙生上炉子，就提着草篮去买菜。这草篮就是一两年前高女人天天使用的那个，如今提在他手里便显得太大，底儿快蹭地了。

转年天气回暖时，高女人出屋了。她久久没见阳光的脸，白得像刷一层粉那样难看。刚刚立起的身子左倒右歪。她右手挂一根竹棍，左胳膊弯在胸前，左腿僵直，迈步困难，一看即知，她的病是脑血栓。从这天起，矮男人每天清早和傍晚都挽扶着高女人在当院遛两圈。他俩走得艰难缓慢。矮男人两只手用力端着老婆打弯的胳膊。他太矮了，抬她的手臂时，必须向上耸起自己的双肩。他很吃力，但他却掬出笑容，为了给妻子以鼓励。高女人抬不起左脚，他就用一根麻绳，套在高女人的左脚上，绳子的另一端拿在手里。高女人每要抬起左脚，他就使劲向上一提绳子。这情景奇异，可怜，又颇为壮观，使团结大楼的人们看了，不由得受到感动。这些人再与他俩打头碰面时，情不自禁地向他俩主动而友善地点头了……

五

高女人没有更多的福气在矮小而挚爱她的丈夫身边久留。死神和生活一样无情。生活打垮了她，死神拖走了她。现在只留下矮男人了。

偏偏在高女人离去后，幸运才重新来吻矮男人的脑门。他被落实了政策，抄走的东西发还给他了，扣掉的工资补发给他了。只剩下被裁缝老婆占去的房子还没调换回来。团结大楼里又有人眼盯着他，等着瞧他生活中的新闻。据说研究所不少人都来帮助他续弦，他都谢绝了。裁缝老婆说："他想要什么样的，我知道。你们瞧我的！"

裁缝老婆度过了她的极盛时代，如今变得谦和多了。权力从身上摘去，笑容就得挂在脸上。她怀里揣一张漂亮又年轻的女人照片，去到门房找矮男人。照片上这女人是她的亲侄女。

她坐在矮男人家里，一边四下打量屋里的家具物件，一边向这矮小的阔佬提亲。她笑容满面，正说得来劲，忽然发现矮男人一声不吭，脸色铁青，在他背后挂着当年与高女人的结婚照片，裁缝老婆没敢掏出侄女的照片，就自动告退了。

几年过去，至今矮男人还是单身寡居，只在周日，从外边把孩子接回来，与他为伴。大楼里的人们看着他矮墩墩而孤寂的身影，想到他十多年来一桩桩事，渐渐好像悟到他坚持这种独身生活的缘故……逢到下雨天气，矮男人打伞去上班时，可能由于习惯，仍旧半举着伞。这时，人们有种奇妙的感觉，觉得那伞下好像有长长一大块空间，空空的，世界上任什么东西也填补不上。

1982 年 2 月 16 日天津

抬头老婆低头汉

一

这世上的事说复杂就复杂，说简单就简单。要说复杂，有一堆现成的词儿摆在这儿，比方千形万态、千奇百怪、千头万绪、千变万化等等等等，它们还互不相干地混成一团，复不复杂？要说简单——那得听咱老祖宗的。咱老祖宗真够能耐，总共不过拿出两个字，就把世上的事掰扯得清清楚楚明明白白。这俩字是：阴阳。

老祖宗说，日为阳，月为阴，天为阳，地为阴，火为阳，水为阴，男为阳，女为阴，对不对？大白天，日头使足力气晒着，热热乎乎，阳气十足，正好捋起袖子干活；深夜里，月光没有什么劲儿，又凉又冷，阴气袭人，只能盖上被子睡觉。日，自然是阳；月，自然是阴。至于天与地、水与火、男与女，更是阴阳分明，各有各的特性。何谓特性？阳者刚，阴者柔。然而单是阳，太刚太硬不行；单是阴，太柔太弱也不行。阴阳就得搭配一起，还要各尽其能，各司其职。比方男女结为夫妻，向例都是男主外，女主内；男人养家，女人持家；男人搬重，女人弄轻……每每有陌生人敲门，一准是男人起身迎上去开门问话，哪有把老婆推在前头的？男人的天职就是保护女人，不能反过来。无论古今中外全是这样。这叫作天经地义。

可是，世上的事也有格路的、另类的、阴阳颠倒的、女为阳男为阴的，北方人对这种夫妻有个十分形象的俗称，叫作"抬头老婆低头汉"。

二

这对夫妻家住在平安街八号一楼那里外间房。两人同岁，都是四十五。

先说抬头老婆。姓于，在街办的一家袜子厂当办公室主任。但从来没人叫她"于主任"，不论袜子厂上上下下还是家门口的邻居都喊她"于姐"。这么叫惯了，叫久了，连管界的户籍警也说不出她的名字来。

于姐精明强干。鼓鼓一对球眼，像总开着的一对小灯亮闪闪。她身上的一切都和这精明外露的眼睛相配。四十开外的人，没一根白发，满头又黑又亮齐刷刷。嘴唇薄，话说得干脆利索；手瘦硬，干活正得用；两条直腿走路快，骑车也快，上下车骗腿时动作像个骑兵。别小看了这个连初中也没毕业的女人家，论干活她才是袜子厂的一把手。凭着她勤快能干，办法多，又不惜力气，硬叫这小厂子一百来号人有吃有喝有钱看病一直挨到今天。

再说低头汉，姓龚。他可不如他老婆，不单名字——连他的"姓"也没人知道。所有熟人，包括他老婆都叫他"老闷儿"。

他人闷，模样也闷，好像在罐里盒里箱子里捂久了，抽抽巴巴，乌里乌涂。黑脸的人本来就看不清楚，一双小眼再藏在反光的镜片后边，就很难看出他的心思。他从不张嘴大笑，不知他的嘴是大是小。虽然没听说他有什么病，但身子软绵绵，站直了也是歪的。多少年来，他一直像个小学生那样斜挎着一个长背带的黑色的人造革公文包上下班。他在大沽路那边的百货公司做会计。有人说他这样挎包是因为包里边装的全是账本，提在手里不保险，会丢，会被抢，套在身上才牢靠。他走路很慢，不会骑车，每天走路要用很多时间，他为什么不学骑车呢？不爱说话的人的道理是无法知道的。

他的脚步极轻，没有声音。这脚步就像他本人，从不打扰别人，碰上邻坊最多抿嘴一笑，不像他老婆兴冲冲的步伐像咚咚敲鼓。老婆喜欢和人搭讪，喜欢主动说话，不在乎对方是不是生人，也不在乎别人什么想法，求人帮忙时也一样，就像工厂派活时，一下子就交到人家手里。可是老闷儿不行，逢到必须开口求人帮忙时，嘴上就像贴了胶带。于是家里所有要和外边打交道的事就全落在老婆身上。

老婆在门外边，他在门后边；老婆与人谈判，他站在一边旁观，也绝不插嘴。可户主是他老闷儿呀。

其实不只是家外边的事，家里边的事也都摊在老婆身上。

老婆急性子，老闷儿慢性子；性急的人遇事主动抢着干。老婆能干，他不会干；能干的人遇事不放心交给别人干。这就是为什么世上的事总是往急性子和能干的人身上跑的缘故。

久而久之，这个家庭形成的分工别有风趣。老婆做饭，老闷儿洗碗；老婆登梯爬高换灯泡换保险丝，老闷儿扶梯子；老婆搬蜂窝煤，老闷儿扫煤渣，老婆还总嫌他扫不干净一把将扫帚夺过去重扫。这个家里给老闷儿只留下一件正事，就是给不识数的儿子补习数学。所以，老婆常常会对人说，我在家是两个人的"妈"。在这个老婆万能的家庭里，老闷儿常常找不到自己。从属者的位置是可悲的。这是不是老闷儿总那么闷闷不乐的根由？

于是平安街上的人家，常常可以看到这对抬头老婆低头汉儿近滑稽的形象——

于姐习惯地仰着脸儿、挺着胸脯走在前边。一个在家里威风惯了的女子会不知不觉地男性化。她闪闪发光的眼睛左顾右盼，与熟人热情和大声地打招呼。老闷儿则像一个灰色的影子不声不响紧紧跟在后边。老婆不时回过头来叫一声："你怎么也不帮我提提这篮子，多重！"

这一瞬，老闷儿恨不得有个地沟眼没盖盖儿，自己一下掉进去。

改变这种局面是一天夜里。老婆突然大喊大叫把老闷儿惊醒。老闷儿使劲睁开睡眼才明白，一只大蝙蝠钻进屋来，受惊蝙蝠找不到逃路便在屋里像轰炸机那样呼呼乱飞，飞不好就会撞在头上。

老婆胆子虽大，但她怕一切活物。从狗、猫、老鼠到壁虎、蟑螂、屎壳郎全怕。更怕这种嗞嗞尖叫、乱飞乱撞的蝙蝠。儿子叫道："老师说，叫蝙蝠咬着就得狂犬症！"吓得老婆用被子蒙头，一手拉着儿子，光脚跳下床，拉开门夺路跑到外屋。动作慢半拍的老闷儿跟在后边也要逃出去，被老婆使劲一推，随手把门拉上，将老闷儿关在里边。只听老婆在外屋叫着："该死，你一个大男人也怕蝙蝠，不打死它你别出来！"

老闷儿正趴在地上打哆嗦，老婆的话像根针戳在他的脊梁骨上。他忽然浑身发热，脸颊发烧，扭身抓过立在门后的长杆扫帚，一声喊打，便大战起蝙蝠来。他一边挥舞扫帚，一边呀呀呀地喊着。这叫喊其实是一种恐惧，也为了驱赶心中的恐惧。

然而，于姐在门外看呆了。她隔着门上的花玻璃看见丈夫抡动扫帚的身影，动作虽然有些僵硬，但从未有过如此的英勇。伴随着丈夫的英姿，那一闪一闪的东西就是发狂的蝙蝠的影子。只听几声哗哗啦啦瓷器碎裂的声音，跟着像是什么重东西摔在地上，随即没了声音。于姐怕老闷儿出什么事，正疑惑着，突然屋里爆发一阵大叫："我打死它啦，我胜啦，我胜啦！"

老婆和儿子推门进去，只见满地的碎壶、碎碗、糖块、闲书、破玻璃，老闷儿趴在中间，手里的扫帚杆直捅墙根。一只可怕的黑乎乎的非鼠非鸟的家伙被扫帚杆死死顶住，直顶得蝙蝠的肚肠带着鲜血从长满尖牙的嘴里冒出来。

老婆说："老闷儿，你还真把它弄死了。"伸手把他拉起来。

儿子兴奋极了，说："我爸真棒，我爸是巨无霸！"

老闷儿一身是土，满头是汗，眼镜不知掉在哪儿了；抖动的手还在紧握着扫帚杆。过度的紧张和兴奋，使他的表情十分怪异。他对老婆说："我行——"

然后，直盯着老婆，似是等待她的裁决。

老婆第一次听到他用"我行"这两个字表白自己，心里一酸，流下泪来，对他哽咽地说："是、是，你行，真的行！"

三

进入二十一世纪的第一个月，老闷儿流年不利，下岗了。一辈子头一遭没事干，或者说干了一辈子的事忽然没了，人也就空了。

这并不奇怪。公司亏损，无力强撑，便卖给私企老板，老板精兵简员，选人择优汰劣，这都是在理的。但老板只讲效益，不讲人情，人裁得极狠，下去一半，老闷儿自然在这一刀切下的一堆一块里边。

老闷儿和他老婆慌了神，着实忙了一阵，托人找事，看报找事，到人才中心找事，在大街上贴条找事；用会计的单位倒是有，但那种像模像样的企业一见老闷儿就微笑着说拜拜。小店小铺小买卖倒也用人，可就是另一层天地另一番人间景象了。经老婆的袜子厂一位同事介绍，有三家店铺都想用人，铺子不大，财务上的事都不多，想合用一个会计，月薪不算低。说要老闷儿和他们"会会"。老婆怕老闷儿不会说话，好事弄坏，便和他同去。这两口一前一后走进人家的店铺，很像家长领着一个老实的孩子来串门。

待和这三家的小老板一一见过谈过，才知道在这种店铺里，会计这行当原来只是一台数字的造假机器。前两家的小老板说得直截了当，不管他用偷税漏税加大成本还是开花账造假账等等什么花活，只要保证账面上月月"收支平衡"就行。小老板对老闷儿龇着黄牙笑道："您是见过世面的老手，这种事对于您还不是小菜一碟？"

这话叫老闷儿冒一头冷汗。

第三家是一家国营的贸易公司下边的实体。老板的左眼是个斜眼，眼神挺怪，话却说得更明白："我们这买卖就是为领导服务。领导的招待费礼品费出国费用全要糅到账里。"他用食指戳戳账本，"你的工作是在这里边挖口井。"

老板的话是对老闷儿说的，眼睛却像瞅着于姐。老闷儿听不懂他的意思，没等他问，于姐便问："什么井？您说白了吧。"

老板一笑，目光一扫他俩，一时弄不清他的眼睛对着谁，只听他说："你们怎么连这话也听不懂？小金库嘛！井里不管怎么掏，总得有水呀！"

这话叫于姐也冒出冷汗。走出门来，于姐对老闷儿说："咱要干这个，等于把自己往牢里送！"

打这天，于姐不再忙着给老闷儿找事，老闷儿便赋闲在家了。

在旁人眼里，老闷儿坐着吃，享清福，整天没事，有人管饭，多美！但世上的美事浮在表面，谁都能看见；人间的苦楚全藏在心里，唯有自知。为了表示自己的存在价值，老闷儿把接送儿子上下学、采买东西、洗碗烧饭、收拾屋子全揽在自己身上。一天两次用湿布把桌椅板凳擦得锃亮。

可是老婆并不满意他做的事，干惯了活的人的手闲不住，随手会把不干净不舒服的地方再收拾收拾。这在老闷儿看来，都是表示对他价值的否定。

老闷儿便悄悄地通过他有限的熟人，为他介绍工作。邻居万大哥也是下岗人员，靠卖五香花生仁度日。五香花生仁是他自己炒的，又脆又酥又香，卖得相当不错，有时还能挣到些烟钱酒钱零花钱。

万大哥对他说："哪有老爷们儿吃老娘们儿的，这不坐等着别人说闲话？跟我卖花生去！喂不饱自己的肚子，起码也能堵住别人的嘴。"

老闷儿跟着万大哥来到不远的大超市那条街上，按照万大哥的安排，两人一个在街东口，一个在街西口。可是老闷儿总怕碰见熟人，不敢抬头，抬起头又吆喝不出口。不像卖东西，倒像站在街头等人的。直等到天色偏暗，万大哥笑嘻嘻叼根烟，手里甩着个空口袋过来了。老闷儿这口袋的花生仁却一粒不少。

就这一次，万大哥决定把自己的义气劲儿收回了。

一天，老闷儿上街买菜。一个黄毛小子叫他，说一会儿话才知道是七八年前到他们百货公司会计科实习过的学生，只记得姓贾，名字忘了。小贾听说老闷儿下岗陷入困境，很表同情，毅然要为老闷儿排忧解纷。他说，卖东西最来钱的是卖盗版光盘。卖光盘这事略有风险，但对老闷儿最合适，不但无须吆喝也根本不能吆喝，一吆喝不就等于招呼"扫黄打非"那帮人来抓自己吗？只要悄悄往商店门口台阶上一坐，拿三五张光盘放在脚边，就有人买，卖一张赚两块。其余光盘揣在书包里，背在身上。万一看到有人来查光盘，拾起地上的那几张就走，如果查光盘的人来得太急，拔腿便跑，地上的光盘不要了，几张光盘也不值几个钱。

不等老闷儿犹豫，小贾就领着老闷儿到不远一家商店门口，亲眼看见一个人半小时就卖掉五六张光盘。十多元钱的票子已经装进口袋。

身在绝境中的老闷儿决心冒险一搏，晚上就向老婆伸手借钱。家里的钱从来都在老婆的手里攥着。老婆听说他要干这种事，差点笑出声来。可是老闷儿今儿一反常态，老婆反对他坚持，老婆吓他他不怕，看上去又有点当年大战蝙蝠的气概。老婆带着一点风险意识，给了他三百块本钱。转天一早老闷儿就在菜市场等来小贾。小贾答应帮他去进货，还帮他挑货选货。他把钱掏出来，留下一百，其余二百交给小贾，一个小时后，小贾就提来满满一塑料兜花花绿绿的光盘，对他说："您运气真够壮。正赶上一批最新的美国大片，还有希区柯克的悬念片呢！都是刚到的货。保您半天全出手！"

老闷儿把光盘悉数塞满那个当年装账本的黑公文包，斜垮肩上，自个儿跑到就近的一家商店门口坐在台阶上。伸手从包里掏出五张光盘，亮闪闪放在脚前边。没等他把光盘摆好，几只又黑又硬的大皮鞋出现在视线里。查光盘的把他抓个正着。他想解释，想争辩，想求饶，却全说不出口来。人家已经把他所有光盘连同那公文包全部没收。只说了一句："看样子你还不是老手。你说吧，是认罚，还是跟我们走？"说话这声音，在老闷儿听来像老虎叫。

他的腿直打哆嗦，走也走不动了。只好把身上剩下的一百块钱掏出来，人家接过罚款，把他训斥一番，警告他"下不为例"，便放了他。他竟然没找人家要罚单，剩下的只有两手空空和一个吓破了的胆。

当晚，老婆气得大脸盘涨得像个红气球，半天说不出话来。待了一会儿，她眼皮忽然一动，目光闪闪地问道："没罚单怎么知道他们是扫黄打非的？他们穿制服了吗？别是冒牌的吧？"

老闷儿怔着，发傻。他当时头昏脑涨，根本没注意人家穿什么，只记得那几只又黑又硬的大皮鞋。

老婆突然大叫："我明白了。这两个人和你那个小贾是一伙的。他们拴好套，你钻进去了。老闷儿呀——"这回老婆气得没喊没骂，反倒咯咯笑起来，而且笑得停不住也忍不住。

老闷儿像挨了一棒。这一棒很厉害，把他彻底打垮。

世上有些事，不如不明白好。

四

小半年后的一天晚饭后，于姐的弟弟于老二引一个胖子到他们家来。

胖子姓曹，人挺白，谢顶，凸起的秃脑壳油光贼亮，像浇了一勺油。这人过去和于老二同事，在单位里伙房的灶上掌勺，手艺不错，能把大锅菜做出小灶小炒的味儿来。近来厂子挺不住，刚刚下岗。于老二想到姐夫老闷儿在家闲着，而姐夫家在不远的洋货街上还空着一间小破屋，不如介绍他们合伙干个露天的"马路餐馆"，屋里砌个灶做饭，屋外摆几套桌椅板凳，下雨时扯块苫布，就是个舒舒服服的小饭摊了。于老二还说，洋货街上的人多，买东西卖东西的人累了饿了，谁不想吃顿便宜又好吃的东西？

"你给人家吃什么？"于姐问曹胖子。

曹胖子满脸满身是肉，肚子像扣个小盆。一看就是常在灶上偷吃的吃出来的。他神秘兮兮地说出三个讨人喜欢的字来："欢喜锅。"

"从来没听过这菜名。"于姐说，脸上露出颇感兴趣的样子。

于老二插话说，听说过去南方有个地方乞丐挺多，讨来的饭菜都是人家剩的，没有吃头儿，只能填肚子。可这帮乞丐里有个能人，出一个主意，叫众乞丐把讨来的饭菜倒在一个锅里煮。别看这些东西烂糟糟，可有鱼尾有虾头有肉皮有鸡翅膀有鸭脖子，一煮奇香，好吃还解馋，从此众乞丐迷上这菜食，还给它起个好听的名字，叫"欢喜锅"。

"瞎说八道！我听怎么有点像'佛跳墙'呢，是你编出来的吧。"

于姐笑道。

曹胖子接过话说:"还不都是种说法。那'李鸿章杂碎'呢,不也是把各种荤的、腥的、鲜的全放在一锅里烩?要紧的是得把里边特别的味道煮出来。"

"这些东西放在一块煮说不定挺香的,就像什锦火锅。再说鸡脖子鱼头猪肉皮都是下脚料,不用多少钱,成本很低。"于姐说。

"您算说对了!"曹胖子说,"其实这锅子就是'穷人美',专给干活的人解馋的,连汤带菜热乎乎一锅,再来两个炉干烧饼,准能吃饱。"

"怎么卖法?"于姐往下问。

"我先用大锅煮,再放在小砂锅里炖。灶台上掏一排排火眼,每个火眼放上一个砂锅,使小火慢慢炖,时候愈长,东西愈烂,味愈浓。客人一落座,立马能端上来,等也不用等。一人吃的是小号砂锅,八块;两人吃,中号,十二块;三人吃,大号,十五块。添汤不要钱,烧饼单算。"曹胖子说。看来他胸有成竹。

这话把于姐说得心花怒放。凭她的眼光,看得出这欢喜锅有市场,有干头。合伙的事当即就拍板了。往细处合计,也都是你说我点头,我说你点头。于姐和曹胖子全是个痛快人,不费多时就谈成了。小饭店定位为露天的马路餐馆。单卖一样欢喜锅,一天只是晚上一顿,打下午六点至夜里十一点。两家入伙的原则是各尽所有,各尽所能。老闷儿家出房子和桌椅板凳,曹胖子手里有成套的灶上的家伙。两家各拿出现金五千,置办必不可少的各类杂物。人力方面,各出一人——老闷儿和曹胖子。曹胖子负责灶上的事,老闷儿担当端菜送饭,收款记账。谈到这里,老闷儿面露难色,于老二一眼瞧见了。他知道，姐夫是会计，不怵记账，肯定是怕那些生头生脸的客人不好对付，因说："姐夫，反正你们这马路餐馆只是晚上一顿，晚上只要我没事就来帮你忙乎。"

于姐斜睨了老闷儿一眼，心里恨丈夫戾、怕事，但还是把事接过来说道："我晚上把儿子安顿好也过来。"

老闷儿马上释然地笑了。老婆在身边，天下自安然。

曹胖子却将这一幕记在心里。这时，于姐提出一个具体的分工，把餐厅买菜的事也交给老闷儿。曹胖子一怔。不想老闷儿马上答应下来："买菜的事，我行。"

老闷儿因为刚刚看出老婆不高兴，是想表现一下，却不知于姐另有防人之心。曹胖子老经世道，心里明明白白。他懂得，眼前的事该怎么办，今后的事该怎么办，因说道："那好，我只管一心把欢喜锅做成——人人的喜欢锅！"说完哈哈大笑，浑身的肉都像肉球那样上下乱窜。

在分红上，于姐的表态爽快又大方，主动说十天一分红，一家一半。这种分法，曹胖子原本连想都不敢想，连房子带家具都是人家的呢！可是曹胖子反应很快，赶紧说了一句："我这不是占便宜了吗？"便把于姐这分法凿实了。随后，他们给这将要问世的小饭铺起了一个好听好记又吉利的名字：欢喜餐厅。

于姐这人真是给点阳光就灿烂，给个舞台就光彩，而且说干就干！打第二天，一边到银行取钱和凑钱，一边找人刷浆收拾屋子，办工商税务证，打点洋货街的执法人员，购置盘灶用的红砖、白灰、沙子、麻精子、炉条、煤铲、烟囱，还有灯泡、电门、蜡烛、面缸、菜筐、砂锅、竹筷子、油盐酱醋、记账本、手巾、蝇拍、水桶、水壶、暖壶、冲水用的胶皮管子、扫马路的竹扫帚和插销门锁等等。但是，能将就的、家里有的、可买可不买的，于姐一律不买。桌椅板凳都是袜子厂扩建职工食堂时替换下来的，一直堆在仓库里，她打个借条从厂里借出七八套，连厨房切菜用的条案也弄来一张，并亲手把这些东西用推车从厂里推到洋货街。她干这些活时，老闷儿跟在后边，多半时候插不上手，跟着来跟着去，像个监工的。

于姐还请厂里的那位好书法的副厂长，给她写个牌匾，又花钱请人使油漆描到一块横板子上，待挂起来，有人说字写错了。把餐厅的"厅"上边多写了一点，成了"庁"字。这怎么办？曹胖子不认字，他摆摆肉蛋似的手说，多一点总比少一点强，凑合吧。偏有个退休的小学教师很较真，他说繁体的"廳"字上边倒有个点，简体的"厅"字绝没点，没这个字，怎么认？怎么办？于姐忽然灵机一动，拿起油漆刷子踩凳子上去。挥腕一抹，将上边多出来那一点抹到下边的一横里边。虽说改过的这一横变得太粗太愣，但错字改过来了，围看的人都叫好。老闷儿也很高兴，不觉说："她还真行。"

站在一旁的曹胖子说："你要有你老婆的一半就行了。"

老闷儿不知怎样应对。于姐听到这话，狠狠瞪曹胖子一眼。对于老闷儿，她不高兴时自己怎么说甚至怎么骂都行，可别人说老闷儿半个不字她都不干。这一眼瞪过去之后，还有一种隐隐的担忧在她心里滋生出来。这时，一阵噼噼啪啪的声音打断她的思索。两挂庆祝买卖开张的小钢鞭冒着烟儿起劲地响起来。洋货街不少小贩都来站脚助威，以示祝贺。

不出所料，欢喜锅一炮打响。

人嘴才是最好的媒体。十天过去，欢喜锅的名字已经响遍洋货街，跟着又蹿出洋货街，像风一样刮向远近各处。天天都有人来寻欢喜锅，一头钻进这勾人馋虫的又浓又鲜的香味中。自然，也有些小饭铺的老板厨师扮作食客来偷艺，但曹胖子锅子里边这股极特别的味道，谁也捉摸不透。

老闷儿头一次掉进这么大的阵势里，各种脾气各种心眼各种神头鬼脸，好比他十多年前五一节单位组织逛北京香山时，在碧霞寺见到的五百罗汉。他平时甭说脑袋，连眼皮都很少抬着，现在怎么能照看这么多来来往往的人？两眼全花了，心一急就情不自禁地喊："老曹。"

曹胖子忙得前胸后背满是汗珠。光着膀子，大背心像水里捞出来似的湿淋淋贴在身上。灶上一大片砂锅中冒出来的热气，把他熏得两眼都睁不开。这当儿，再听老闷儿一声声叫他，又急又气回应一嗓子："老子在锅里煮呢，要叫就叫你老婆去吧。"

外边吃饭的人全乐了。

人和人之间，强与弱之间，都是在相互的进退中寻找自己的尺度。本来曹胖子对他还是客客气气的，可是冒冒失失噎了他一句，他不回嘴，就招来了一句更不客气的。渐渐的，说闲话时拿他找乐，干活憋手时拿他撒气，特别是曹胖子一个心眼想把买菜的权利拿过去，老闷儿偏偏不给——他并不是为了防备曹胖子，而是多年干会计的规矩。曹胖子就暗暗恨上了他。开始时，拿话戗他、损他、撞他，然后是指桑骂槐说粗话；曹胖子也奇怪，这个窝囊废怎么连底线也没有。这便一天天得寸进尺，直到面对面骂他，以至想骂就骂，骂到起劲时摔摔打打，并对老闷儿推推搡搡起来。老闷儿依旧一声不吭，最多是伸着两条无力的瘦胳膊挡着曹胖子的来势汹汹的肉手，一边说："吱吱，别，别这样。"他懦弱，他胆怯，不敢也不会对骂对打；当然也是怕闹起来，老婆知道了，火了，砸了刚干起来的买卖。

每次曹胖子对老闷儿闹大了，都担心老闷儿回去向于姐告状。可是转天于姐来了，见面和他热情地打招呼，有说有笑，什么事儿没有，看来老闷儿回去任嘛没说。这就促使曹胖子的胆子愈来愈大，误以为这两口子不一码事呢。

洋货街上的人都是人精，不干自己的事躲在一边，没人把老闷儿受欺侮告诉于姐，相反倒是疑惑于姐有心于这个做一手好饭菜并且一直打着光棍的胖厨子。有了疑心就一定留心察看，连她对曹胖子的笑容和打招呼的手势也品来品去。终于一天看出眉目来了。这天收摊后，歇了工的老闷儿夫妇和曹胖子坐在一起，也弄了一个欢喜锅吃。不止一人看到于姐不坐在老闷儿一边，反倒坐在曹胖子一边。吃吃喝喝说说笑笑之间，曹胖子竟把一条滚圆的胳膊搭在于姐的椅背上，远看就像搂着老闷儿的老婆一样。可老闷儿叫人当面扣上绿帽子也不冒火，还在一边闷头吃。

人们暗地里嘻嘻哈哈议论开了。一个说，看样子不是曹胖子欺侮他，是他老婆也拿他不当人，当王八。

另一个说，八成是这小子不行。干那活儿的时候，这小子一准在下边。

前一个说，等着瞧好戏吧，不定哪天收了摊，这女人把他支回家，厨房的门就该在里边销上了。

后一个说，那"欢喜锅"不变成了"欢喜佛"？

打这天，人们私下便把欢喜锅叫成"欢喜佛"，而且一说就乐，再说还乐，越说越乐。

可是世上的事多半非人所料。一天收摊后，老闷儿动手收拾桌椅板凳，曹胖子站在一边喝酒，他嫌老闷儿慢，发起火来。老闷儿愈不出声他的火反而愈大。到后来竟然带着酒劲给老闷儿迎面一拳。老闷儿不经打，像个破筐飞出去，摔在桌子上，桌面一斜，反放在上边的几个板凳，劈头盖脸全砸在老闷儿身上，立时头上的血往下流。曹胖子醉烘烘，并不当事，看着老闷儿爬起来回家，还在举着瓶子喝。

不会儿，于姐突然出现，二话没说，操起一根木棍抢起来扑上来就打。曹胖子已经醉得不省人事，却知道双手抱着头，蜷卧在地，像个大肉球，任凭于姐一阵疯打，洋货街上没人去劝阻，反倒要看看这里边是真是假谁真谁假。于姐一直打累了，才停下来，呼呼直喘，只听她使劲喊了一嗓子："别以为我家没人！"

这话倒是像个男人说的。

打这天起，欢喜餐厅关门十天。第十一天的中午曹胖子来卸了门板，收拾厨房，从里边往外折腾炉灰炉渣，不会儿黑黑的烟就从小屋顶上的烟囱眼儿里冒出来，看样子欢喜餐厅要重新开业。

下午时分，于姐就带着老闷儿来了。于姐仰着头满面红光走在前边，老闷儿提着两筐肉菜跟在后边——抬头老婆低头汉也来了。

洋货街的小贩们都把眼珠移到眼角，冷眼察看。不想这三人照旧有说有笑，奇了，好像十天前的事是一个没影儿的传说。

五

一个卖袜子的程嫂听说，于姐已经在袜子厂停薪留职，来干欢喜锅了。她放着袜子厂的办公室主任不做，跑到街头风吹日晒，干这种狗食摊，为嘛？为了给她的宝贝老公撑腰，还是索性天天"欢喜佛"了？如果是后者，那天那场仗的真情就变成——曹胖子打老闷儿是给于姐看，于姐打曹胖子是给大伙看。这出戏有多带劲，里边可咀嚼的东西多着呢！

可是，于姐的为人打乱了人们的看法。她逢人都会热乎乎地打招呼，笑嘻嘻说话，有忙就帮，大小事都管，看见人家自行车放歪了也主动去摆好。最难得的是这人说话办事没假，一副热肠子是她天生的，很快于姐就成了洋货街上受欢迎的人物。这种人干饭馆人气必然旺，人愈多她愈有劲，那双天生干活的手从来没停过；从地面到桌面，从砂锅到竹筷，不管嘛时候都像刚刚洗过刷过擦过扫过一样，桌椅板凳叫她用碱水刷得露出又白又亮的木筋。而且老闷儿在外边听她指挥，曹胖子在厨房听她招呼，里里外外浑然一体。自打于姐来到这里，再不见曹胖子对老闷儿发火动气，骂骂咧咧。老闷儿那张黑黑的脸上竟然可以清晰地看到笑意。

她来了三个月，马路餐桌已经增加到十张，但还是有人找不到座位，把砂锅端到侧边那堵矮墙上吃；四个月过去，于姐给曹胖子雇个帮厨；半年过后，曹胖子买了辆二手九成新的春兰虎摩托，于姐和老闷儿各买一个小灵通。到了年底，于姐和曹胖子就合计把不远一连三间底层的房子租下来。那房子原是个药铺，挺火，后来几个穿制服的药检人员进去一查，一多半是假药，这就把人带走，里边的东西也掏净了。房子一直空着没用，房主就是楼上的住户。

于姐对曹胖子说："我已经和房主拉上关系了，前天还给他们送去一个欢喜锅呢，拿下这房子保证没问题。"

日子一天天阳光多起来，闪闪发亮，使人神往；但日子后边的阴气也愈聚愈浓，只不过这仨人都不知觉罢了。

六

天冷时候，露天餐馆变得冷清。这一带有不少大杨树，到了这节气焦黄的落叶到处乱飘，刚扫去一片又落下一片，有时还飘到客人的砂锅里，于姐打算请人用杉篙和塑料编织布支个大棚，有个棚子还能避风。不远一家卖衣服的小贩说，他们也想这么干，要不衣服摊上也都是干叶子，不像样。他们说西郊区董家台子一家建材店就卖这种杉篙，又直又挺，价钱比毛竹竿子还低。他们已经订了十根，今晚去车拉。于姐叫老闷儿晚上跟车去一趟，问问买五十根能打多少折。傍晚时车来了，是辆带槽的东风120，又老又破。马达一响，车子乱响；马达停了，车子还响。

卖衣服的小贩叫老闷儿坐在车楼子里，自己披块毯子要到车槽上去，老闷儿不肯。老闷儿绝不会去占好地方，他争着爬上了车槽。老闷儿走时，于姐在家里给孩子做饭。于姐来时，听说老闷儿跟车走了，心里一动，也不知哪里不对劲儿。是不是没必要叫老闷儿去？老闷儿即使去也没多大用处，他根本不会讨价还价，那么自己为什么叫老闷儿去呢？一时说不清楚是担心是后悔还是犯嘀咕，后脊梁止不住一阵阵发凉发瘆，打激灵子。她只当是自己有点风寒感冒。

　　这天挺冷挺黑，收摊后远远近近的灯显得异样的亮，白得刺眼。于姐、曹胖子和那个帮厨正在把最后几个砂锅洗干净，嘴里念叨着老闷儿该回来了，忽然天大的祸事临到头上。洋货街一家卖箱包的小贩上气不接下气地跑来报信，说老闷儿他们的车在通往西郊的立交桥上和一辆迎面开来的长途大巴迎头撞上，并一起栽到桥下！

　　于姐立时站不住了，瘫下来。曹胖子赶紧叫来一辆出租车，把她拉到车里。赶到出事的地方，两辆汽车硬撞成一堆烂铁，分不出哪是哪辆车。场面之惨烈就没法细说了，血淋淋的和屠宰场一样，横七竖八的根本认不出人。曹胖子灵机一动，用手机拨通老闷儿小灵通的号码，居然不远处的一堆黑乎乎的血肉里响起铃声。于姐拔腿奔去，曹胖子一把拉住，说嘛也不叫于姐去看，又劝又喊又拦又拽，用了九牛二虎的力气，又找人帮忙才强把她拉回来。看着她这披头散发、直眉瞪眼的样子，怕她吓着孩子，将她先弄到洋货街上。谁料她一看到欢喜餐厅的牌子，发疯一样冲进去把所有砂锅全扔出来，摔得粉粉碎。她嘶哑地叫着："是我毁了老闷儿呀，是我毁了你呀！"

　　她的喊叫撕心裂肺，灌满了深夜里漆黑空洞的整条洋货街。

　　曹胖子忽然跑到厨房把炖肉的大铁锅也端出来，叭的摔成八瓣。

欢喜餐厅的门板又紧紧关上。照洋货街上的人的看法，于姐一定会带着儿子嫁给光棍曹胖子，和他一起把这人气十足的饭馆重新开张干起来。但是，事违人愿，一个月后，于姐人没露面，却叫曹胖子来把那块牌匾摘下来扔了，剩下的炊具什物全给了曹胖子。

又过些日子来了一高一矮两个生脸的人，把小屋的门打开，门口挂几个自行车的瓦圈和轮胎，榔头改锥活扳子扔了一地，变成修车铺了。矮个子的修车匠说这房子花两万块钱买的。这才知道香喷喷的欢喜锅和那个勤快又热情的女人不会再出现了。

有人说，她没嫁给曹胖子，是因为曹胖子有老婆，人家还有个十三岁的闺女呢；也有人说，欢喜锅搬到大胡同那边去了，为了离开这块伤心之地，也为了避人耳目。

真正能见证于姐实情的还是平安街的老街坊们。于姐又回到袜子厂。据说不是她硬要回去的，而是厂里的人有人情，拉她回厂。她回厂后不再做那办公室主任，改做统计。倒不是因为办公室主任的位置已经有人，而是她不愿意像从前那样整天跑来跑去，抛头露面。

此事过去，她变了一个人。平安街的老街坊们惊奇地看到，从眼前走过的于姐不再像从前那样抬着下巴，目光四射，不时和熟人大声地打招呼。她垂下头来，手领着儿子默默而行。人们说，她这样反倒更有些女人味儿。

开始都以为她死了丈夫，打击太重，一时缓不过劲儿来。后来竟发现，先前那股子阳刚气已经从她身上褪去。难道她那种昂首挺胸的样子并非与生俱来？难道是老闷儿的懦弱与衰萎，才迫使她雄赳赳地站到前台来?

这些话问得好，却无人能答；若问她本人，则更难说清。人最说不好的，其实就是自己。

2006 年 1 月 19 日晚 11 时

胡子

有本时尚杂志说，胡子是男性美最鲜明的标志。还说男人的雄性、刚性、野性都在这黑乎乎糊满了下巴的胡楂子上——这话可不是真理！对于我认识的老蔡来说，胡子可不是什么美，而是他的命运。

老蔡从十三岁起唇上就长出软髭。这些早生的黑毛长长短短，稀稀拉拉，东倒西歪，短的像眉毛，长的像腋毛。他正为这些讨厌的东西烦恼时，黑毛开始变硬，渐渐像一根根针那样竖起来。一次和同学扭打着玩，这硬毛竟把同学的手背扎破，多硬的胡子能扎破人的手背？那不成刺猬的刺了吗？因而他得了一个外号，叫"刺猬"。从此再没人敢和他戏耍了。

他执意要把这个耻辱性的外号抹去，便偷用父亲的刮脸刀刮去唇上和下巴上的那些硬毛。头一次使刮脸刀，虽然笨手笨脚地划出几条血伤，但刮出来的光溜溜的瓷器一般的下巴叫他快乐无穷。这一下真顶用，刺猬的绰号不攻自废。可时过不久，一茬新生的胡子从他嘴唇四周冒出头来，反而变粗一些，也硬一些。他急了，再刮，更糟！原来胡子天生具有反抗性。愈刮愈长，愈刮愈硬。到了高中二年级，已经非得一天一刮不可了。

这时，他不得不在自己的胡子前低下头来。认头人家称他"刺猬"，不和他亲近。他呢，渐渐被别人这种惧怕"刺猬"的心理所异化，主动与别人保持距离。他是不是因此变得落落寡合，并在上大学时选择了远离世人的古生物研究专业，工作后主动到那种整天戴着口罩的试验室工作？

后来，这胡子还成为他和女友之间的障碍。一次看完电影，女友忽然把手中的电影票递给老蔡，说："你用它蹭蹭脸。"

"为什么？"他不明白她的用意，却还是这样做了。当电影票从脸颊上蹭过，发出非常清晰的嚓嚓声。

真是挺可怕。三个小时前他从家里出来时刚刮过脸。难道只是一场电影的工夫，胡子就冒出来了！

还能怪女友不准他凑过脸去吗？这位与他结交的第一位女友送给他一个比刺猬更具威胁的绰号，叫"铁蒺藜"。无疑，这绰号里边包含着一种恐惧。

从此他一天不止一次刮胡子了。一位同事笑他："这应上了那句俏皮话——一天刮三遍胡子——你不叫我露脸，我不叫你露头！"

老蔡面对镜子里黑乎乎的自己。真不明白这些坚硬的、顽强的、不可抑制的硬毛是从哪里来的。皮下边？肉里边？到底他身上多了些什么怪诞的元素，使他如此难堪与苦恼。他发现自己进入二十岁之后，胡子变得更加癫狂。不仅更黑更粗更硬更密，而且沿着两腮向上攀升，与鬓角连成一体。不可思议的是，有时面颊上也会蹿出油亮的一根。这别是有人类的"返祖"现象吧。他去看过医生，医生笑道："指甲长得快能治吗？汗毛儿长得多也能治吗？你这不是病！比你胡子多的人我也见过。你父亲胡子是不是也很盛？

要是遗传就谁也没办法了。你天生就得这样。"

没办法了。任凭这命中注定、霸气十足的胡子把他第一个女友打跑。虽然女友没说分手的原因是为了胡子，但谁会一辈子天天夜里睡在铁蒺藜旁边？用下巴上的胡子把女朋友吓跑，可谓天下少有，真算得上蝎子尾巴——毒（独）一份了。

从此老蔡变得自卑起来，甚至不敢主动去接近女人。至于他后来的妻子，完全是人家自己主动走进他这一团荆棘的。若说这段姻缘的起始，那可是再普通不过的一件小事——

一次老蔡出差杭州办完事，买了回程的车票在火车站等车。站台上有一个很长的水泥水池，上边一排七八个水龙头，这是为了方便来往的长途旅客洗洗涮涮的。可有的人只顾洗，完事不关龙头，三个龙头正在哗哗流水。过往的人没有一个人当回事儿。老蔡上去把这三个龙头全拧上——这个细节叫坐在车窗边的一个女子瞧见，心中生出敬意。老蔡上车后凑巧坐在这女子的斜对面。谁想这女子就主动和他交谈起来。这女子在杭州上大学，念中文，喜欢文学的女子都很看重人的心意。而真正的爱慕，往往是从对方身上感触到自己人生理想的准则开始的。还有比关水龙头再小的事吗？但对于这念文科的女子，它就像一束细细的光照亮一个世界。有了这样的来自心灵的因由，胡子就不会是任何障碍了。

如果爱一个人，一定爱这个人的一切，包括缺欠。缺欠甚至可以被美化。比如对老蔡的胡子，妻子称之为"温柔的锉"。

老蔡自己却很小心。刚结婚时，他怕在激情中扎伤妻子，每天睡觉前都把下巴刮得锃亮。一天早晨醒来，睡意未尽的妻子无意间伸过来的手触到他的脸，手马上闪开，好像触到一个硬棕刷，被扎一下。妻子不知道睡了一觉的老蔡的胡子竟会长成这样。

老蔡说："我马上起来刮脸。"

妻子笑道："不，这是你的识别物。如果摸不到胡子就不是你了，换别人了。"妻子逗他。

老蔡有点急。他赌气说："还有一种情况就是我死了，人一死就不会再长胡子了。"

妻子忽然翻身起来，使劲捂住他的嘴，朝他大声叫着："说什么混话呀，快敲木头，敲木头！"

老蔡很惊讶，娴静的妻子怎么会变得这样的气急败坏。

老蔡不是学文的。也许他没想过，爱的本质就是生命的相互依赖。

再往后，老蔡与胡子的关系不但不小，反而更大了。

比方六十年代末被关进"牛棚"时候，他最受不了的并不是那些逼供啦、写检查啦、批斗时"坐飞机"以及挨揍啦，等等，而是不能刮胡子。从十七岁起，他没有一天不刮胡子，可是"牛棚"里任何人都不准刮胡子，主要是怕他们用刮脸刀片自杀。饭碗也不用瓷的，怕他们摔碎碗用瓷片割脖子，他们用的饭碗都是搪瓷或铝的。此外也不给他们筷子，担心他们把筷子头磨尖，插进自己身体的要害处。据说一位老专家就用这种自己改制的筷子了结了自己。因此吃饭时发给他们每人一条硬纸片做代用品。

于是，被放纵的胡子便在老蔡的脸上像野草那样疯长起来。五天后像卡斯特罗，十天后就像张飞了。他感到下半张脸发热，捂得难受，好像扣着一个厚厚的棉帽。这时候正是八月天气，不时要用手巾去擦胡子中间的汗水——好似草里的露水。不久，他感到胡子根儿的地方奇痒，愈搔愈痒，大概生痱子了。

他原以为自己这么硬的胡子，长得太长会像四射的巨针。在他刚被关起来的头几天胡子还真是长得又长又硬，使他想起少年时代那个"刺猬"的绰号。但没料到，胡子过长，反而变软，就像柳枝愈长愈柔，最后垂了下来。可是他的胡子垂下来并不美，因为这胡子没经过修剪和梳理，完全是野生的。一脸乱毛，横竖纠结，在旁人看来像肩膀上扛着一个鸟窝。于是，他的胡子就成了被审讯时的主要话题——成了审讯他的那帮小子耍坏取乐的由头。

一次，一个小子居然问他："你怎么不说话，哑巴了？你那堆毛里边有嘴吗？那里边只会尿尿吗？"

他没生气，过后也没拿这句话当回事。如果他拿胡子不当回事，这世上就没什么可以特别较真的事了。

四个月后，他被宣布为"人民内部矛盾，但不平反，帽子拿在人民手中"。可以回家了。

他从单位的牛棚走出来，即刻拐向后街一家小理发店。由于在牛棚里没人看他，也不怕人看，整天仰着一脸胡子，已经惯了；此刻走在大街上，竟把一女孩子吓得尖叫起来，仿佛见了鬼。待进了理发店，坐下来，对镜子一瞧，俨然一个判官。一时把站在椅子后边的剃头师傅吓了一跳。自己也完全不认得自己了。

剃头师傅问他："怎么剃法？"

他说："全剃去。"

师傅放下椅背，叫他躺好。拿过一块热气腾腾的手巾捂在他下巴上，真是温暖！不会儿剃头师傅掀去手巾，用胡刷蘸着凉滋滋、冒着气泡的肥皂水涂在他的下巴上，好似清冽的溪水渗入久旱的荒草地。当大大小小的肥皂泡儿纷纷炸破时，每根胡子都感到了愉悦。跟着一刀刮去，便感到一股凉爽的风吹到那块刮去胡子的脸上。一刀刀刮去，一道道清风吹来。他闭上眼，享受着这种奇妙的快感。鼻子闻着肥皂的香气——其实只是一种最廉价的胰子而已；耳听着又薄又快的刀刃扫过面皮时清晰悦耳的声音，还有胖胖的剃头师傅俯下身来喘着暖乎乎的粗气……随后又一块湿漉漉的热毛巾如同光滑的大手在他整个脸上舒舒服服地抹来抹去。最后只听师傅说："好了。"他被推起来的椅背托直了身子。

睁眼一瞧，好似看到一个白瓷水壶摆在镜子中央——他更认不得自己了。

怎么？刚才有胡子的不是自己，此刻没胡子的也不是自己，究竟谁是自己呢？自己在哪儿呢？

他付了钱。口袋里有五六块钱，是两个月前妻子送衣服来时放在口袋里的。他跑到小百货店给妻子买了一瓶雪花膏，又跑到街口买了一小包五香花生，两支刚蘸着玻璃般亮晶晶糖汁的糖葫芦。这都是妻子平日最喜爱的东西。天已经暗下来，他回到家。一手举着糖葫芦，一手敲门，想给妻子一个突然的意外的惊喜。她并不知道他今天被放回来。他们已经四个月没见面，音讯断绝，好似生活在阴阳两极。

里边门一开。妻子看见他立即惊得一叫，声音极大，好像出了什么事。他说："你是不是不认识我了？我是老蔡呀。"

妻子把他拉进屋，关上门，扑在他怀里，哭起来，边说："你变成狗，我也认得你。你怎么不事先告我一声呀！"

老蔡说："我还以为我刮脸，刮得太白太光，你认不出我来呢！"

妻子抬头看他一眼，带着眼泪笑了，说："什么太白太光，你什么时候刮的脸，那些胡子又都出来了。"

他一怔，抬起手背蹭蹭下巴，这么短的时间已经又毛茸茸地冒出一层！但这一次他对胡子的感觉很例外，很美妙。就这层胡楂，使他忽然感到，往日往事，充溢着勃勃生机的生命，还有习惯了的生活，带着一种挺动人的气息又都回来了。

老蔡的病是八十年代开始得的。

先是视力下降，干不成他化验室的工作；后来是一根脑血管不畅，走道打斜，也无法在办公楼里传送文件和里里外外跑跑颠颠；跟着是负面的遗传基因开始发作——血糖高上来了，他父亲就是从这条道儿去天国的；随后是内分泌乱了套，他称自己的体内正在进行"文化大革命"。各大医院都去过了，各大名医也托人引荐见过了，最终还是躺在了床上。奇怪的是，虽然身体各部分都很弱，唯有胡子依然很旺，黑亮而簇密，生气盈盈。他依旧习惯地早一次晚一次刮两遍。一位朋友说："这表明老蔡生命力强。毛发乃人的精血呀！"

于是，胡子成了老蔡和妻子隐隐约约的一种希望与寄托。这期间经常挂在妻子嘴边的，是她从古诗中改出来的两句：

胡子除不尽，

剃刀刮又生。

然而，胡子从来就不听老蔡的，只给他找麻烦。

最早发现胡子发生变异的，不是他自己，而是妻子。

自从他躺到床上，一早一晚刮胡子的事就由妻子来做。自己刮自己的脸，脸蛋和刮刀相互配合，不会刮破脸；别人来刮就难了，常常会刮破。老蔡血糖高，伤口不好愈合，幸好那时市场上出现一种进口的电动刮脸刀，刀头上蒙着一种带网眼儿的铁罩，绝对安全。妻子赶紧买了一个，倒是十分得用。但一天，妻子发现老蔡下巴上有一根胡子怎么也刮不掉，奇怪了，怎么会刮不掉呢？戴上花镜一看，竟是一根很怪异的胡须，颜色发黄，又细又软，须尖蜷曲。它弯弯曲曲很难进入网罩上的细眼儿。老蔡的胡子向来都是又黑又硬，怎么冒出这么一根？好似土地贫瘠长出的荒草。妻子只当是偶然。谁料从此，这蜷曲的黄须就一根根甚至攒三聚五地出现。随后，她发现他下巴上的胡须变得稀疏，开始看见白花花的肉皮了。

她心里明白，却不敢吱声。反正老蔡很少照镜子，肯定不知道脸上所发生的变化。一天傍晚，妻子给他刮脸。迟暮的余晖由窗口射入，一缕夕阳正照在他的下巴上。妻子陡然觉得这日渐荒芜的下巴，好似晚秋时节杂草丛生的土岗子那样萧瑟而凄凉。她不觉落下泪来，泪水滴在老蔡的脸上。

老蔡闭着眼，却开口说："从小我就巴望它们长得慢点、慢点，现在终于遂了我的愿。你该高兴才是。"

妻子反而哭出声来。

从老蔡病倒卧床那天开始计算，七年后的一天，一个平平常常的春天的早晨，妻子醒来，习惯地用手去摸老蔡的下巴。手心抚处，奇异般的光滑，像一块卵石。她下意识地感到了什么，又摸一下，感觉更不对，老蔡的胡子呢？

此时此刻她分明听到一个声音，是老蔡的声音，很遥远，那是许久许久以前老蔡说过的一句话："人一死就不再长胡子了。"

她猛地翻过身，叫一声老蔡。老蔡极其刻板地仰面躺着，灰白而消瘦的脸一片死寂，没有一根胡子。她第一次看到老蔡不生胡子的脸。原来不生胡子的脸这样难看。

2006 年仲夏日

在早春的日子里

一

早春嘛，就是你放开眼寻不到一点绿意，小河依旧覆盖着亮闪闪的薄冰，阳光还无力驱尽空气中的冷冽。早晨，你坐着马车在村道上，耳朵竟然感到有些冻得发疼；马儿的鼻孔里喷出一股股蒸汽似的热气……可是，偶然不知从哪儿吹来一阵挺凉的风，却与冬天扫荡大地的寒风全然不同了。你分明觉得有一种清新、有力、醉人的气息扑在脸上，这是春天将临的讯息啊！就在这一瞬间，你曾经在这个季节里一些经受过的、久已忘怀的往事，会重新零零碎碎地飞快地从眼前一掠而过。它只是一掠而过，抓也抓不住，连同那风里的春天的味儿忽然出现，忽然消失。你却陡然地被感动了！你全身会像那些伸向天空的修长、纤细、变软的枝条，微微抖颤起来，并感受到一阵子又甜蜜、又伤感、又淡薄、又浓郁的情绪。这便是早春。

有位画家说，四季中有两个最富有诗意的节气，一是早春，一是晚秋。据说从晚秋的天地间可以找到深沉又丰富的调子；早春的景物总好像飘忽不定，把握不住它的色调与形影……唉，我扯这些做什么呢？

我要写的实际上是另一个意思。

二

我十二岁时的一天，记得那是天气刚刚有点暖和的时候。妈妈叫我把楼梯一侧的几扇窗子打扫一下，揭掉粘在窗缝的挡风的纸条，擦净玻璃。我正干得起劲，忽然从楼下走上来一个很漂亮的女孩子，看样子年龄与我差不多。脚步很轻快，当时我只觉得有点不自在。她从我身边走过时，身子侧了一下，就上楼去了。

她半天没下来。又过一会儿，我楼上的邻居朱丽下来，招呼我上去一趟。朱丽是个随和的胖姑娘，比我大一岁，爱唱歌，胆子小，说话却总像喊一样。她从小就被父母过继给姑妈。家里只有她和姑妈两个人。我和姐姐常同她在一起玩，十分要好。

在朱丽的屋里，我见到了刚才上来的那个女孩子。她靠着床边坐着，手里端本书，我走进来时她并没扭头看我，不知是给书的内容迷住了，还是故意装作这样。

"来来，我给你们介绍一下。"朱丽说，"这是我的同学路霞。他是我楼下的邻居，叫杜伟。"

路霞这才把书放下，转过脸来对我笑笑。她可真漂亮！

朱丽在她身边坐下，一条胳膊亲热地搭在她肩上，噘起厚厚的嘴唇凑在她耳边嘀咕几句什么，跟着，她俩一同看我，还笑，弄得我眼睛不知瞧哪儿才好，只得低下头来。我在和自己一般大小的孩子中间，还是头一次感到尴尬。是不是在一个陌生而漂亮的姑娘面前就会感到尴尬？我不知道。

"你在哪个学校？"路霞主动对我说了话。

"四十一中学。"

"上几年级？"

"初中一。"

"哎呀！你才上初一呀！你这么高，你十几岁？"

"十二。"我一直没敢正视她。

"噢！你才十二。比我还小两岁呢！怪不得你才上初中一。"她说。

"那你得叫她'路霞姐姐'啦！"朱丽在一旁嚷起来。她俩都笑了，愈发弄得我不好意思了。朱丽却叫得更加起劲："按规矩你也得叫我'朱丽姐'！"

要是在平时，我马上就会反驳朱丽，我的嘴也挺能气人哪！但我现在似乎什么能耐也没有了。又拘束、又老实，如果在老师面前也是这个样子，保准会使老师大吃一惊。

路霞倒挺大方，也爱说话，话题都很有趣。我们很快就兴致勃勃谈起天来，不知不觉也不那么拘谨了。这时我鼓足勇气，仔细地瞧了她两眼。原先我只想瞧她一眼，但她那张脸却迫使我再瞧一眼。

她长了一张鼓鼓的小脸儿，皮肤挺黑，却很细气，一双黑盈盈的大眼睛，富于表情，还有一个尖尖的小下巴，使这张脸儿愈发俊俏；嘴唇薄薄的，说话时显得伶俐；笑起来，两边的嘴角向上一翘，像只鲜红的小菱角。

她个子不高，但很精神。朱丽相形之下就显得粗糙，而且像水泡过那样太胖、太白、太松，没有光泽。

后来妈妈叫我下楼吃饭。在饭桌上我表现得有些心不在焉，总觉得有些什么事要做似的。赶紧吃过饭，便说朱丽找我有事要上楼去。妈妈说："什么要紧的事，像催命一样，看这顿饭把你赶的！"我没说话，到了楼上，屋里只有朱丽一个人。她随便地一说："路霞走了。"

噢……我站着。

三

路霞那次来过后，很长日子没再来。

天气很热的时候。一天我钓鱼回来，正在洗脸，朱丽忽然喊我上楼。我上去了，可是她站在屋门口，门是关着的。她脸上带着挺神秘的表情问我："你猜谁来了？"

"朱锐。"

"不对，你再猜。"

"冯宽？"

"也不对。你猜吧！是个女的。"

"女的？……你表妹林娜娜吧！"

"还是不对。你真笨！"

我忽然灵机一动——

"谁也没有，你骗我！"

屋里发出一阵清脆的笑声。朱丽把门推开，我完全没猜到，是路霞。她站在屋中央，一双黑亮亮的眼睛笑盈盈地看着我。她穿了一条深蓝色的背带裙，短短的，显得腿挺长。上边是旧白短衫，系着一条红绸领巾。那时我们都喜欢戴绸领巾，给风儿一吹，在胸前飘飘摆摆，滑溜溜地蹭着下巴和脸颊，非常神气。她的小辫儿好像比前次来时长了，细细的辫梢挨着肩头，显得又俏皮又精神。不知为什么，我一见到她，前次所感觉过的那股尴尬劲儿又来了。路霞却像遇到老朋友，马上和我说笑起来，很快就使我放松开。

我们快活地说着。忽然我觉得短裤的口袋里有什么东西在动。我立刻明白这是早晨在野地里捉到的一只大青头蚂蚱。我瞅了一眼胆小的朱丽，惯常所喜欢的恶作剧又触动起我的兴致。我双手插着口袋，一本正经地对朱丽说："朱丽，我送你点好东西。"

"什么东西？"胖姑娘睁大她的小眼睛。

"你必须先谢谢我——"我故意逗起她的好奇心。

"谢谢！"

"这不行！你说得不清楚，我没听明白！"

"谢——谢！"朱丽拖长声地叫着。她真要急坏了。

"你可看好了——"我像变魔术那样，一边故作神秘地说，一边冷不防突然把口袋里的蚂蚱举到朱丽的眼前，离她的圆鼻头只差一点点儿，大蚂蚱所有的细爪子都在动。

朱丽先是瞪大眼睛瞅着一下子来到面前、没来得及看清楚的东西，跟着就爆发出一声刺耳的尖叫，她捂着脸，满屋乱跑，都快吓哭了。

路霞却一点没有害怕，反而觉得我手里的玩意儿挺有趣。她向我要了过去。

"真有意思。这么大，你怎么捡的？呀，它的翅膀和腿怎么都坏了？"她说着，兴趣十足地摆弄着手里的蚂蚱。

"我怕它跑了，把它里面的红翅膀揪下来了。它的腿是在我口袋里揉搓坏的。现在不能蹦，也不能飞，只能爬了。"我说。

路霞把它放在手背上，大蚂蚱就顺着她滚圆的小胳膊慢慢往上爬，她感到非常好玩。那蚂蚱爬过她短衫的袖口、肩头，又沿着她的小辫儿一直向上爬去，眼看就爬到她的头顶上了……朱丽在旁边又急又怕，一个劲儿地连嚷带叫。这在我看来，路霞可不是个一般的女孩子！

四

暑假里，路霞来得勤一些。今天她又来了。朱丽的表妹林娜娜也来了。晚饭后，姐姐请她们下楼到我家来玩。

在我家，朱丽先扯着她那又尖又细的嗓子唱了几支歌。这几支歌她近来天天唱，几乎唱了半个夏天，连同院里的蝉叫，吵得四邻不安，早听腻了，因此大家都没有邀请她再唱下去，便一起研究怎么玩。路霞提议玩"藏人"。这大概是每个孩子都会玩的游戏。就是找一个人先到屋外去，把门关上，再关上灯，大家各自找个隐蔽处藏起来。等大家藏好，就把屋外的人叫进屋，任他寻找，先找到谁，谁就算输。输了的人到屋外去，大家重新再藏。

我的两个妹妹也会玩这种游戏，为了热闹也叫她们参加进来。妹妹们高兴得拍手跳。让哥哥姐姐带着玩是小孩子们的荣幸。

林娜娜自告奋勇先出去。大家就关上门，闭了灯，在漆黑的屋里摸索着钻进自己选好的角落。大家在黑暗里跑来跑去，难免互相碰撞，甚至撞个满怀。虽然都尽量抑制着自己，却还是忍不住发出笑声。我原想藏到门后，可是我恍惚看见路霞躲到书桌下面。不知什么缘故，我也摸到书桌，弯腰钻了进去。但马上就感到有只很热的小手往外推我，还咯咯地笑。这时不知谁喊了声："藏好了，进来吧！"门一响，林娜娜走进来，我只得蹲好，不敢出声，却听林娜娜的脚步直奔书桌这边来，脚步声就在我的身前。我忙往里倾身。这时我觉得路霞和我紧挨着，我的脸似乎感到了她呼出的热气，她的发丝蹭着我的耳朵。我很难形容当时的感觉，好像有点害怕、有点紧张，还有点快乐，并觉得自己一动也不能动了……

"找着了！叫我抓住了！快开灯！"林娜娜忽在大柜那边叫起来。灯亮了，原来是我最小又最笨的妹妹被发现了。她藏在柜子里，那是个最容易被想到和被发现的地方。这时我扭头一看，啊！身边的人哪里是路霞？原来是朱丽！她躲在里边，被挤得脸儿通红，汗淋淋的，头发都粘在额头上，还对我咪咪笑着。我却有点懊丧之感，路霞呢？她藏得真是巧妙极了——她站在窗台上，然后拉上窗帘，就是开着灯也不易发现。她这想法和做法是出人意料的。

这么玩了一阵子，有些腻了。路霞教给我们一个新玩法，实际上是捉迷藏的一种。就是随便指定个人，眼睛蒙上布去捉人。但这种玩法的唯一特别之处，就是捉人的人可以招呼被捉者的名字。被捉者听到招呼到自己的名字时必须出声应答。他一旦捉到人就可以揭去蒙眼的布，被捉到的人代替他，眼睛蒙上布再去捉别人。

姐姐、林娜娜她们都叫路霞先去捉人。大概这是她们对路霞刚才表现出的聪明机智的一种挑战吧！路霞笑了笑，似乎胸有成竹，她丝毫没有推却、扭捏和争让，而是从裙兜里掏出一块淡红色的小手绢，给自己蒙上眼睛。这时妈妈、爸爸和朱丽的姑妈都来了，他们站在屋门口，看我们玩。路霞先在屋子中间转了两圈，大家都屏住气，忍着笑，不敢出声，蹑手蹑脚地躲闪，向后边靠……路霞却忽然站住了，身子一动不动，只是小脑袋晃来晃去，也不召唤任何人的名字，我有点沉不住气了……

"你怎么不叫别人的名字呀！"我朝她叫。

她听见我的声音就扭过身来，那用淡红色手绢蒙住眼睛的脸儿直对着我，却不上来捉我，仍旧一动不动。

"哎，你怎么啦?！"

我刚刚又喊。她突然像猫儿那样异常敏捷地蹿过来，一伸手非常准确地把我抓住。她拉下蒙眼的手绢，脸上露出胜利者的愉快，还带着一点狡猾的劲儿。我上当了！在大家的笑声里显得挺狼狈。

朱丽的姑妈不住地夸赞路霞的机敏和聪颖。这位矮小、干瘦、和善的老妈妈只有林娜娜那般高。她靠着门框，手里拿杯茶，眯起的笑眼像一对小"逗号"。

这时，路霞跑到我身后，微微踮起脚，用她那条温馨而细软的手绢给我蒙上双眼。我眼前顿时一片漆黑。为了当众尽快挽回面子，急于捉到人，就张开胳膊胡乱抓起来。我太慌了，好几次撞在家具上。还有一次险些扑倒在床上。林娜娜这死丫头真坏，她几次绕到我身后，拍一下我的后背就躲起来。我听见她们的笑声，就是捉不到人。人呢? 人都在哪儿? 我站住了，一点声音也没有了，好像屋里只我自己。看来不用脑筋，单靠一股子情绪，什么事也做不成。我想了想，就开始挨着个儿呼叫大家的名字，但要叫路霞时总好像差口似的。后来冒冒失失地叫一声"路霞"，朱丽就嚷起来:"不行，你必须叫'路霞姐姐'，要不路霞就别答声！"

姐姐和林娜娜也都应和着，逼我非叫"路霞姐姐"不可，我还听见妈妈的声音："是应当叫人家'路霞姐姐'，大两岁呢！"

我只得叫"路霞姐姐"。我一叫，就听见她答应了。但手一伸过去就抓空了，总也抓不着她，要不手指就碰到什么东西上，引得左右和身后发出笑声。我好容易一把抓住她的衣袖，却听面前发出一个苍哑又温和的声音："这孩子，抓我做什么呀！"

原来是朱丽的姑妈！

我急了，索性就叫路霞一个人，而且叫得很快，一声紧接一声。她就一连串地答应着。我觉得她就在我眼前躲来躲去，听得见她蹦跳的脚步声，偶尔指尖还触到她的辫梢、衣角和裙带。我只管叫下去，并加快了两只手的动作。忽然路霞不出声了，谁都不再响动。我大声叫了两声，只听见林娜娜忍不住笑出了一声，路霞仍不出声音。我刚要问这是怎么回事，只听到："行了，算你抓着了。"

路霞的声音就在眼前。

我拉下手绢，屋子亮得晃眼。好像在大太阳地里，一切都异样的明亮。我发现路霞竟和我面对面站着，原来她被我逼进大柜和衣架之前的空隙间，跑不出来了。她的脸颊泛着一种羞红，黑盈盈的大眼睛显出不好意思的神情。

后来，姐姐说，那天晚上我叫"路霞姐姐"，叫得实在太多了，而且有几声的嗓音还挺怪呢！

五

在那个长长的、炎热的、轻松的暑期里，我和路霞结成了熟朋友。她很能玩，朱丽的姑妈称她为"玩将"。而且她与一般娇里娇气的女孩子不一样，玩起来则更像一个男孩子。男孩子们喜爱的游戏，譬如捉蜻蜓啦、踢皮球啦、下象棋啦，等等，她都行。我的象棋是一向颇为自许的，却不是她的对手。但她不能常来，据说她母亲有重病，起不了床，家里需要她。

我只去过她家一次，是和朱丽同去的。离我家并不算远，隔着三条街和两个路口，她家挨着一个占地面积相当大的苗圃，里面栽满树，开满花，有许多鸟儿叫。

在她家，我认识了她的哥哥。她只这一个哥哥，名叫路安，戴一副眼镜，个子修长，脸上浮着一种病态的苍白的颜色，气质文弱，很少说话，有种大姑娘似的文静，和路霞全然两样。看样子，哥哥在家听她的。不过她对哥哥也很尊敬。路安称得上一位图书收藏家，他有一个高高的玻璃柜，里边一排排放满书。书是一种挺神奇的东西。如果到一个人家去，这家四壁全是书，你会不自觉地产生对主人的敬畏心情，并感到自己粗鲁、无知、拘束，甚至举止惶然失措，生怕绽露出自己的浅薄。我在路安面前就有这种感觉，我很注意自己的举止，尽量使自己显得稳重和文雅一些。我站在他的书柜前看了看，他的书可真是琳琅满目。我爱看的《说唐》《薛仁贵征东》《铁木儿和他的伙伴》《汤姆·索亚历险记》《敏豪生奇遇记》等等，他都有。我问他有没有《大人国和小人国》——这是我爱读的一本书。我提到它，实际是为了显示自己也有点"学问"。谁知他听了，笑了一笑，跟着从书柜里拿出一本厚厚的书来。书名是《格列佛游记》。我不明白他何以拿出这本书来。经他一说才知道，这本书写的就是"大人国和小人国的故事"。我所说的《大人国和小人国》，是由这本书改写的专供幼年读者看的通俗读物。我听后，脸颊火辣辣，感觉到惭愧和自己的粗浅，并为自己唐突和愚蠢地显露自己丢了丑而后悔。幸巧这时候，路霞不在屋里，她给我和朱丽斟水去了。由此，我便再不敢在他面前随便说话了，而是一声不出地细细浏览他的藏书。

路安很有耐性。他的书装修得本本平整，排得很齐，并编上号码，还有一本详尽的目录册，密密的小字写得工整、清晰、漂亮。路安说是路霞帮他抄写的。真没想到，路霞这个欢蹦乱跳的玩将，还有这样的细心，写得如此一手漂亮的字。路霞和她哥哥都住在这屋里，屋子收拾得挺干净，墙上挂着许多画片。还有些外国人的画像，大都是老头，有的戴一副夹鼻眼镜，有的蓄满胡须，不知是些什么人。他们的屋门上还钉着一个纸牌子，写着"路安图书室"五个字，四边用彩色水笔画了一圈美丽的花边。据说这都是路霞绘制的。

过一会儿，路安被他的同学招呼走了。他临走时说柜里的书任我随便看。我想，对于一位珍惜书的人来说，这便是对来客最诚心的欢迎和优待了。

这天，路安的书把我迷住。我翻着一本本从未见过的有趣的书，心里十分羡慕路霞有这样一间富有魔力的小屋和这样好的一个哥哥。此时，朱丽却在一旁始终滔滔不绝地对路霞瞎扯。从她们的班主任偏心眼扯到她姑妈怎么疼爱她，不会儿又听她兴致颇浓地描述着幻想中一条裙子的图案。路霞似乎倒没说什么。后来，朱丽没什么可说的了，就催我走。说实话，我可真想在这里多待一会儿，但挡不住朱丽的死催硬拉，还是依从她了。

我们走出屋来，那是一条大的穿堂，我们上来时没有留意到，这穿堂真够宽大的，一侧是三扇大玻璃窗，偏西的日光射进来，明亮，却有些闷热。朱丽小声告我，穿堂尽头那端就是患病的路霞妈妈的屋子。

我透过从窗外射进来的一道道光束，渐渐看清楚穿堂尽头有一个门。门是开着的，但那屋里可能拉着窗帘，只能见到一堆黑乎乎的影子。由于想到了屋里的重病人，那堆黑影就有种阴森森的感觉，并能闻到一阵阵酒精的气味从那边飘来。这时，在那堆黑乎乎的影子中间发出一个有气无力的声音："路霞，这就是朱丽的邻居、杜家的小伟吗？"

"是的。"路霞答应着，又扭过头来对我小声说，"我母亲。"

我根本看不见她母亲，便朝着那堆黑影鞠一个躬，"伯母。"

"伯母！"朱丽也叫一声。

"啊啊，朱丽，孩子们都来了。好啊……杜伟，你让我看看你……咳咳，你再往前站站，窗棂的影子正好挡着你的脸。哎，你站住吧，我看清楚你了。你别走太近了，我有病，你别走得太近……好孩子，你长得好高呀！我当初看见你时，你刚会走步。那时我总去找朱丽的姑妈，也认识你妈妈。你妈妈还好吧！瞧呀，我病了多少年啦，一直没有出去串门……咳咳，小杜伟都长得快跟大人一般高了，还这么漂亮……"

她最后这句夸赞我的话，使我发窘，但不知为什么，当着路霞，我心里还是挺舒服的。路霞把话接过来："妈妈，他们要回去了。朱丽的姑妈叫她回去得不要太晚。"

"好好，孩子们，你们常来玩呀！我有病，不能起来招待你们……咳咳，路霞很愿意你们来玩。她总和我提起你们。好了，杜伟，问你妈妈好呵……咳咳咳咳——"跟着她就一阵止不住地咳嗽起来了，声音挺响。一直到我们走出院子，还听见她的咳嗽声。

在路上，朱丽告诉我一个关于路霞的秘密，路霞的妈妈十年前就得了肺病，长期吐血，卧床不起，如今已是两肺空洞，到了活一天算一天的时候了。路霞的爸爸是个薄情人，他在鞍山工作，借口工作忙很少回来。据说他在鞍山有个相好的女人，只等路霞的妈妈归天了。路霞妈妈的死期便是她爸爸的婚期。但路霞和哥哥路安很疼爱妈妈。多年来，妈妈的吃喝一切都由他兄妹俩细心侍候。他们自己的生活也早在上小学时就自理了。朱丽还告诉我，他兄妹的功课都很好，路霞是个非常要强的姑娘，家务的重负并没影响她的学业，她年年期终考试都在班级的前三名之内。

这一天的所见所闻，使我对路霞产生一种新的特殊的敬意。她在我心里的分量陡然加重了许多倍，并占据了相当重要的位置。此后，我禁不住几乎天天都要想到她。

六

整个秋天里，路霞只来过几趟。多美丽的秋天啊！有多么好玩的游戏和有趣的事啊！都好像空空过去了，跟着是冬天来了。今年冬天雪下得分外多，有两场雪足有一尺多厚，清早连通凉台的门都推不开了。我盼望路霞来和我们一同到房后的空地上"打雪仗"去。我猜想她准爱玩，一定还是其中灵活机敏的一员。而我是个"打雪仗"的老手，渴望在她面前显显自己的本领和勇气。但她没来……

此后整整一个寒假也没露面。

后来，我从朱丽的口中得知，她妈妈病得厉害，大概不久于人世了。据说路霞的爸爸最近也赶回来了。她爸爸待他们兄妹很严厉，人又懒，繁重的家务事肯定都落在路霞的肩头上，她哪里还出得来？朱丽说，路霞每天下学就往家里跑，近来的功课也明显退步了。寒假前的期终考试在班上仅仅考个第七名。这是她从未有过的事。由这些话引起了一种比同情更为难过的心情，加强了我早就想去看看她的念头。但我来到她家门口时就变得犹豫了。我见到她怎么说呢？我为什么要来找她呢？我说是来看她，但为什么要来看她……跟着我想出一个比较有力的理由：我是向路安借书来的！可是当我的手在她门上敲得很响的时候，便觉得这个理由也非常无力了。

幸巧无人开门。我刚要走，楼上的窗子哗啦一声开了，露出一个多肉的大脸盘的男人的脑袋，可能就是路霞的父亲。

"你找谁？"他的嗓音很响，口气也挺凶，显得非常不耐烦。

我心慌了。"路安！"我脱口而出。

"你是谁？"

我更慌了，竟然把话完全说错："我是路安的……我和路安同学。"

"有事吗？"

"学校里的事。"我索性错下去。

"你等会儿。路安就下去，他正在洗碗。"

他说完，脑袋就在窗口消失，随后啪的一声，关上窗子。

我站着，愈想刚才自己说的话愈不对劲儿。我怎么能说我是路安的同学呢！一会儿在路安、路霞和他们的爸爸面前怎么说、怎么解释——我顾不得这些了。忽然我像闯了祸又胆小的孩子一样，转过身就慌慌张张、飞一般地跑了。

我跑得好快，我一直是全校运动会上短跑的第一名。但此刻我觉得自己的两条腿又短又重，动作又慢，好像两条象腿。当我跑到路口时，听见路安在身后的叫喊声："喂！你怎么跑啦，你是谁呀？"

我赶紧一猫腰，扭身拐过路口。

七

我一直担心那天路安认出我来了。

过了些天，路霞忽然来了，天已经很晚。她看见我就笑起来，我以为她知道了那天的事，登时脸颊发热，很难为情。

朱丽问她笑什么，路霞却指指我的脚。原来她笑我穿错了袜子：一只蓝的，一只绿的。我也笑了，并因此舒坦地放下心来。

今天我发觉路霞的模样有点变化。是不是四个来月没见面，有些陌生之感？不，我们一见面就感到一种亲切的意味。虽然许久未见，见了面却像昨天刚刚见过一样。我细细端详之下，发觉她瘦了许多，脸上还隐隐罩着一层薄雾似的疲倦；不知是不是灯光下照的缘故，她的眼圈淡淡发黑，但她的眼睛依然是黑盈盈、聪慧、富于表情的……这次她来，不知为什么，我们的话很少，她也不像往常那样兴致冲冲，似乎没什么可说的；我心里想说的话很多，但这些话大多是关于她的，一句也说不出口来。朱丽已经困倦了，竟然控制不住自己而不顾礼貌地打着一个又一个哈欠。

尽管如此，尽管我们都没说什么，尽管这是我们相识以来最无趣的一次谈话，我却并没有感到尴尬与困窘。相信此时的路霞也有许多话而不愿意说出来。我第一次感受到，一个人把话存在心里，他才是充实的。

路霞站起身要走了，我和朱丽送她下楼。外边真黑，朱丽叫我送送路霞，她也没拒绝，我当然高兴这样做。

走了挺长一段路，谁也没说话。还是路霞首先打破沉默，谈起了她春假的计划，她谈得倒是蛮有兴致的。

"最好到野外去，愈远愈好。约上朱丽、你姐姐、林娜娜，再把我哥哥也拉去，他太古板了，整天看书，应该到郊外透透空气去。春天的空气最好，那时草都绿了，河也开了，哎，你可以把渔竿带去。我也想学学钓鱼。我看了屠格涅夫的《白净草原》以后，就特别想学会钓鱼，还特别想到野外去……"她说着忽然戛然停住，然后仿佛自言自语地说，"但愿我妈妈的病见些好转。要不……"

"要不怎么？"我问。

"唉，别问了。我连想都不愿意想。"

我俩又沉默了。却感到有种沉重的东西压着她。

这夜晚很美。虽然树都是光秃秃的，空气却一点也不冷了，没有一丝儿风，也没有树枝轻微的响动。路灯把柏油路照得像冻了一层冰那样明亮；在路灯周围的秃枝，横斜交错，穿插有致，好像用浓黑的黑笔画上去的那么好看……

"我真不想离开这儿。"路霞忽然说。

"离开这儿？你要去哪儿？"我听了这话，感到惊奇和突然，又茫然不解。

路霞把脸一扭，朝着我。她没有回答我的话，而是接着她刚才的话说："我也不想离开你们！"她那黑盈盈的眼睛闪烁着一种激情。

我们已经走到她家附近的苗圃了。这段路很黑，格外宁静，偶尔从道旁的树后会闪过一对青年男女的身影——这环境、这气氛、这夜，以及她这黑盈盈的目光，混成一种模糊、幸福、温存的感觉，好像新月，带着一片云影、星光、银白的境界，在天边升起，改变了大地上的情景。一种从来没有过的莫名的东西在我心中鼓动着，弄得我的心都快跳出来了。我脑袋嗡嗡响，似乎要说，要表达，要吐露什么。我需要鼓起全身的勇气来，可是此时我的勇气全是不中用的了。

"我知道……"我费了很大力气，只说出了这三个字，而且声音特别小。

她没说话，低下头来。

"我知道……"我再次鼓足劲儿，但最多还是说了这三个字，声音似乎更小。

这时，不知怎么回事，我们已经站在她家门前。她直条条地站着，看着我，直看得我都听见自己胸前"怦、怦、怦"心跳的声音了。她一扭身，掏出钥匙迅速打开门，跑进去，带上门，从门里传出了她的声音："再见！"

随后便是她穿过小院跑进屋的一连串的脚步声和开门关门的声音。

直到现在，我还清楚记得那个夜晚，从路霞家回来路上的情景：乌蓝的天，缀满亮晶晶的星星，像闪闪发光的宝石；沿路上一幢幢房屋高低错落的黑影，金黄色亮灯的窗子，都像假的，像童话剧里的布景；大圆月亮跟着我走，一会儿躲到烟囱后面去，一会儿又在矮房上露出它圆圆、明亮、可爱的脸来；苗圃的地刚刚翻过，发出潮湿的泥土和腐叶所特有的气息，这气息预示大自然一轮新的开始、新的繁华已经来临。虽然没有风，这气息却更有力地扑在脸上，使人感到清新、振作，心里跃动着倾向于所有美好事物的朦胧的欲望……

八

路霞和我来往只有这么一年。这年夏天，路霞的妈妈就死了。她正好初中毕业。她爸爸把她家那所两层楼的小房卖掉，带着她和哥哥路安去鞍山了。她临行前还来向我和朱丽辞行。不巧，那年暑期，我爸爸去北戴河疗养，把我和姐姐都带去了。我回到家，路霞早已走了。我带着一种重温梦境般的心情，去到她家门前看看。那所房子已经住进新人，她在这个城市里便一点痕迹也没留下。朱丽交给我一个小纸包，说是路霞留给我的。我打开一看，原来是《格列佛游记》，上边有路霞和路安的赠言和签名，这是路霞留下的唯一的纪念物！我一直保存着这本书，而且绝不是把它当作一般书籍收藏。因为它给我的内容是任何书所不能比拟的。这是一本神奇的书——它的内容是双倍的，尽管一半内容没写在书页内；它中间还有我，虽然在字面上找不到我的名字……

路霞到了鞍山之后，曾给朱丽来过几封信，信中还问我好。朱丽很懒，只回过一封信，慢慢她们就断了联系。但她始终没有单独给我写过一封信。

是啊，就是现在，我始终不明白，那个夜晚究竟在我们之间发生了什么事，却使我曾经一度胡想了许多日子。记得一次上课时，我竟糊里糊涂地在桌上写了一大片"路霞"的名字。可是，路霞在那个夜晚之后又来过几次，她见到我，脸上没有任何异样……是啊，是啊，那夜晚，她说了些什么呢？我又说了些什么呢？似乎什么也没有。回想起来，那曾使我战栗不已的话，不过是一些极平常、极普通的话而已。然而，在路霞与我后来的几次接触中，她却从来不提那个夜晚。那个夜晚是否于她毫无印象，而只是我的多想、错觉和一种幼稚的痴情呢？

这以后，我再也没见过路霞，也不曾听到关于她的任何事情。每个人都有自己童年和少年时代的朋友，好像朝日、曙照、云霞、露珠一样，总是属于那一段时光里同时出现的，互相为伴，汇成一片灿烂缤纷的景象，过后就纷纷散失了。路霞不过是我少年时代这样的无数朋友中的一个，早已无踪无影，深藏在重重叠叠的往事之中。对于我这个饱经风霜、世事娴熟的人来说，那童年和少年就好比一条干涸已久的小溪，再也看不到它澄澈透明的流水，闪光的泡沫，感到它的清甜和凉爽。然而在我的心底却永远潜下它迷人的淙淙的清响……

有些时候，一个完全偶然的意外的影响，路霞的影子会很快地从我心中一闪而过，我会十分清晰地记起我们相处的时候，她某一个细小的习惯动作，一个特殊的眼神，或她那清脆而开心的笑声。

每每在这个时候，我就会感到一种新鲜、畅快和甜美，引起我对少时的深深的怀恋……

那时，我对路霞是一种什么感情呢？我不知道，但我觉得，这正像我们相处一起的那个早春的日子——整个大地还没有从冬眠中睁开它的睡眼，梦境缭绕；早来春意在这灰茫茫的背影上忽隐忽现，模糊不清；微风吹来，你会一下子感到春之将至，感到大自然的萌动和它无限的生机。但这种感觉游离不定，转瞬即逝；你睁大眼睛，在田野、在山坡、在林间、在枝梢，却找不到一块春天的色彩。

等我二十多岁时，认识一位几乎是一见钟情的女友，我们一起谈生活、谈理想、谈爱、谈未来的时候，那就像从碧绿的山野和芬芳的花丛中来认识美丽的春天一样了。

1980 年 2 月于天津

116

船歌

那时我们几个孩子天天准时聚到海边，全都暗着脸，谁也不跟谁说话甚至不打招呼，各就各位一起推动这只搁浅的船。已经干了二十多天，只推出两米远。船头前翘，有如伸长脖子探向远处茫茫大海，船尾却陷在泥河中痛苦呻吟。后边拖着两米长的深沟。船里还残积一汪昨日的海水，晃动明亮的天光和云。舷板披挂着厚厚长长穗子一样早已枯干变色的海草；还有死死生结上边的螺贝，好像一离开船板它们便失去生命。我们的手给贝壳刀口一般坚硬的边缘割破生疼流血，谁也不吭声，依旧大角度倾斜身子把全部力量压向双手，眼睛死盯住前边，那海。终于一天，大海涨潮了，潮水发出惊天动地的呼喊涌上来，把这船从海滩托起，带走。我们站在齐腰的海水里，望着大浪中狂乱颠簸而远去的小船，没喊没叫没欢呼，全都哭了……这场面这情景这感觉叫我记了三十年。可是至今不明白那时我们那群孩子为什么要推动那只船，为什么哭。

我认识你太偶然。

其他的偶然一万个，这样的偶然只一个。如果碰上其他任何一个偶然，我此生此世就与你无缘。于是，我想，我说，偶然才是命运中的必然。谁还找到这偶然？命中注定，你我。

那是因为那天无聊才去看望一位同样无聊的画友，让孤寂的灵魂相互靠一靠。正赶上抑郁症使他面临崩溃不得不送往精神病院，正赶上在他家门口碰上他。晚一步，后边的事全没有了。他说，他要到天国开画展去，说完推开我就走，走几步又回来说：你必须帮助一个女人。他没说为什么，只是清清楚楚告我一个地址和一个女人的姓名。推开我又走，又回来，再把这地址姓名告我一遍，一遍再一遍，直到别人把他劝走拉走。一个对世界绝望的人，念念不忘最后的责任必定是神圣的。于是，我找到你家。

当我说明来意，这女人眼睛立刻亮闪闪。

我一惊。白桌布上两块冷森森的黑纱。我知道的她都知道了。那画友进医院当天病就暴发，一头撞墙，把脑壳撞得粉碎，连墙皮都撞下来。立在他灵前，我想，如果他真能在天国开画展，世上的人也只得到下世纪才能去看。他还要等半个世纪一个世纪，也好，比活着有希望。可是送葬那天为什么没见这女人？她何时何地戴这黑纱？为什么两块不是一块，另一块是谁的？

她看起来不过四十岁，脸上的阴影倒像重叠了一百年的苦难。蓬松乱发中间一团柔弱疲惫的感觉。她说："为了我，这不值得……"

这是我全然不知的故事中的一句话，听起来自然没头没脑。却见她眼睛不再亮闪闪，衣襟也没泪痕。泪水被她眼睛克制了吸收了。后来才知道她只这样"哭"。我见过的，只有强者才这样"哭"，她怎么能。

她告诉我，她没工作。

"我们画社有外加工画书签的活儿，只要你能画几笔就成。"

"我过去弹钢琴。年轻时喜欢画画，都是瞎画……我怕画不好。"

"不难。"我高兴地说，"先试试吧，明儿我就送些白片还有样子给你，好吗？"

微微柔和的笑推开她脸上的阴影，解冻。我点点头，我愿意由于我使别人能这样。

"好像有小孩在房上，小心踩漏顶子。"我说。

"是我女儿。瓦坏了，拿块油毡压上。"

"压上哪行，我来，我会。"

我上阳台，一仰头，阳光好强，还是看见了你。你穿一条粗蓝布背带裤，肥裤腿显得笨重，挽着袖儿的白衬衫就显得又轻又薄。你坐在房顶的大斜坡上，下边一大片红瓦，上边一大片蓝天。白的灰的花的鸽子落在你前后左右。你拿着一块好大好沉的油毡，在做你根本不会做的事，有点笨手笨脚。你脸上身上蹭了灰土，好比那鸽群中一只弄脏的小白鸽。我笑。

"他要帮咱们。"你妈妈仰脸对我说。

"是。我会。我来。"我大声说。有种要承担一切的劲头，几下上了房，踩着瓦沟大步迈上去，鸽子在四周飞起飞落。不怕人的鸽子只向远一点走，挪动。我接过油毡时，你并没有客气或感谢地笑一笑。你用你黑黑的眼睛专致地望我一眼，这眼好深。你不是用眼，是用心灵望我。那时谁还会用全部心灵望一个陌生人，像人望大自然那样，无戒备的，感受的。后来我发现你也用这样的目光望一切。可是当你望我时，世界忽然变得一尘不染。

你家的挂钟指针总指着九点四十分。我说："也许发条坏了，我拿去修。"你妈妈说："它没坏。"我说："那是该擦油泥了，我一个朋友就能干。"你妈妈说："不用，只是没上弦。"为什么不上弦，叫时间永远停在过去某一个时刻？你和你妈妈眼睛同时亮闪闪，一会儿泪水同样被克制被吸收。原来你也是这样"哭"。你们不说，我不会问。我懂得怎么对付痛苦——绕开它。我就讲笑话，讲呀讲呀一直讲到你俩全笑了。

男人对女人就该有保护意识。女人乐不乐意接受是另一码事。要不怎么证实自己的性别，还称什么男子汉。

可那些年，我实际没帮过你们什么实际的忙。你妈妈那两笔画不能担起画书签的活儿。你们打扫房子，搬煤，糊窗缝，挪东西，钉钉松动的桌子椅子腿儿，我一进门，你们立即停下来，从来不叫我干，虽然我比你们更会干这些事，甚至是行家专家。你们只想叫我坐稳，把你们碰到的一个个难题提给我。我高兴用我的机智把这些问号打碎，还有些问号你们明知道我也没辙，却喜欢看我拿笑话把它扭得变形，不再像问号，好玩。

"你刚刚上来时，二楼那个胖女人问你什么？"你妈妈说。

"问我吃饭了吗。嘿，她倒挺客气。"

"不可能。她是这楼里的治安代表，只要有男人来到家，她就不客气地盘问。有次一个医生来给我看病，她居然跑上来，闯进屋叫人家掏出工作证。"

你妈妈像背个铁包袱，沉重极了。我不知道这包袱里是什么。你在那里好比一只受惊的小鸟望着我，求援。

我咧开嘴笑了，说："我预料再过一年，每家每户都进驻一个人，叫'家庭大叔'。一同吃一同睡，不单你家来什么人要查，查出身查历史查祖宗八辈，还负责记录梦话，观察每个人神色态度情绪，每隔一刻钟问你一次，你在想什么。"

"那怎么可能。"你张大眼睛问我。你傻极了。

"这种'家庭大叔'都是经过特种训练的。训练第一项，就是能从人放屁的声音辨别出有没有牢骚。"

忽然，你和你妈妈咯咯笑起来。笑一阵，琢磨一下，相互一看，忍不住又笑，愈笑愈厉害，直笑得折下腰，你扑在你妈妈怀里喘不过气来，还说："我真不能再笑了……"

难道你们向我只要这些？生活没有比这更容易，怎么你们看来竟如此难得？

又是那只搁浅的船。

第一次发现它时，它像受了伤横卧在荒漠的沙地上。在火样灼烫的日晒中，船板发出震惊人心的干裂声。我们几个孩子跑到海边，合拢手掬起凉滋滋的海水，捧回来浇它。路太长，海水从指缝间滴滴答答漏下，最后洒在船板上只剩下几滴，但我们执拗地这样做。一趟一趟，来来回回，从早到晚，从船旁到海边，从海边到船旁，被海水腌白的小手晃动这可怜的一点纯净透明的液体；沙地留下一串串圆圆的脚窝，水滴。不只是圣徒才有虔诚。

我的画只能画给自己。我这些画都是给自己画的。你却喜欢。

一半是横七竖八涂满黑墨，只剩下一小块白纸没被盖住，另一半空洞的白纸中央，一小块黑颜色在静悄悄扩散。我以为你看不懂。

捏瘪的空烟盒。我用摄影现实主义手法画得无比逼真。你准要笑我无聊，空虚。

还有那古怪凄凉的形体在空间运动。有人说这是只肚皮朝上的飞鸟。你不认为我在发神经？

你说："它飞得太累了。"

我无言望你。你用你心灵的目光感受着我，又说："你画的都是你自己。"

我惊讶了。你这样年轻，又不知我那磕磕碰碰的经历，打哪儿猜到的？我一直觉得你是空玻璃杯，里边只有光。现在觉得那感觉完全不对。

至今我还记得，你那间不能再小的坡顶小阁楼，靠墙一架钢琴上永远蒙着一条灰色粗毯。屋子中间塞着小方桌和小凳。书架改做碗架，外面挂一块干干净净淡蓝色碎花布帘。布帘遮盖的最下一格塞满书，全包书皮，为了不叫别人知道是些什么书。这我明白。除去这些剩下的空间无法摆下两张床，尽管你和你妈妈好得像一个人，也只好睡上下铺。你小你轻你在上边。你身边那墙有扇小窗，至多一本杂志大小，这是我平生见到的最小的窗。但一样透光，一样有晴空，有云影，有星光，有晨昏雨雾，有暑日寒阳。还有一棵大槐树顶尖那点枝叶，春天鹅黄，夏天浓绿，秋天红褐斑驳，冬天几枝干枝，隔过模模糊糊的寒气热气水汽，如同墨勾几笔，挺绝。虽然都那么一点点，却都有。你说这窗是你活的年历，你每年六月十五日生日那天清早，树上准有几只小鸟把你叫醒。

我笑了，问你喜欢诗吗，画吗，钢琴吗，想学艺术吗。

你马上使劲摇头，有点神经质。那天你妈妈在街道加工厂钉衣扣没下班。你忽然告我，我那死去的画友是你生身之父。

我将近十分钟没说话。因为我不能不信，因为是你说的，绝对就是真的。

你只过分简单告我这个悲剧的原因，只一句："因为一个意外的爱。"沉一沉，你似乎怕我的理解流于俗浅，你解释又不愿解释，因此也只是过分简单的一句："那个小提琴手太有天才了。"

随后你沉默了，好像打算永久沉默。你肯定后悔对我说。你不再说，我不会再问。我脑袋里不知不觉构想出一个苦涩的故事：

乐团的女钢琴家被小提琴手的爱感动了。丈夫痛苦地离开她，她因此被乐团开除。小提琴手屈于世俗压力，怯弱地走了。她失去一切。后来她省悟，艺术是欺骗人生的，从此与钢琴与艺术断绝，只与小女儿相依为命。可世俗那套并不放过她，死缠着她，到死……

这个虚构的故事太像小说。但我认定这就是她全部悲剧，不管情节细节有多少出入。我那死去的画友为什么一直严守这秘密，临死又放不下？他爱她，双重的悲剧。事情就该这样。

我对你说："我被感动着。爱，没有正确和错误，只有真实……"

你的眼睛变得露珠一样明亮。如果没有我上边的话，你绝对不会告我，墙上表针停止的时间就是你爸爸离开你们的时间，那晚。

噢。九点四十分。终结，然而——

爱的终结是爱的永恒。

我把大半杯酒吞进肚里，拔腿要走。父亲说："大年三十晚上都在自己家过年，你去哪儿？"我又看一眼桌上小表，九点四十分，把棉帽扣在热乎乎的脑袋上就出来。

家家都在吃团圆饭。今年禁止放鞭炮，据说敌机听见声音看到火光会来偷袭。太静了，就听到："最后一把花了，谁要？"寒冷寥廓的街头一个女人在喊。

路灯里这束花茸茸闪着光。银柳。

最后的花，有点凄惨，我说，我要。我是这样意外带着这束花去你家的。它却给你们的年夜带去欢乐。你家没花。没花的空间好比没音乐的空间。你说这花快冻死了，要用一杯温水泡上。我笑着说，温水里反而会死，再冷也必须在冷水里才活。你也笑了。我笑你过于善良，你笑自己傻，你妈妈分明笑你可爱。

"居然这么晚，还有人在街头卖花，我不信。"你妈妈说。

"我也觉得挺怪呢！再说银柳这花几年不见有卖的。"我说。

你俩相互诡秘地笑笑，都摇头，都说准是我白天就买好的，叫我招认。你们一向这样估计别人。其实我白天并没预备来，只是刚刚那一冲动便非来不可。为了你们，我只好认可，撒谎。

你的灯度数太小，光线太暗，花枝隐去，只剩一片银亮的花散在空间，像纷落的雪突然静在半空，不动。这感觉挺奇特。

你说："如果去掉这些花枝，花朵也这样悬在空中似的，多好。"你也正是这种感觉。

感觉相通最不易也最快乐。我随口说："只有绘画才能做到。"后来一想，我说到了绘画的本质。艺术服从理想并不服从现实，它依据现实却不依据理想。

小方桌上那点粉丝炒白菜丝，几个茶鸡蛋，两三根蒸腊肠，一碟韭菜馅饺子——你俩就这样几乎一无所有地面对着又大又空的新的一年。你说你们没酒，沏一杯热白糖水给我做"酒"。你说你们只有两个饭碗，就拿一个带把儿的白瓷茶碗给我盛满饭。这样好，这样更亲切。我以前也吃过大宴华宴，现在全忘了。我恳请你弹一支曲子庆祝新年，今晚。我知道你妈妈不准你手指沾琴。你偷偷告我，你总是偷偷弹琴。起先你妈妈知道就拿尺子打你手，打肿。一次她下班站在门口，可能给你琴声里什么东西感动了，从此不再管你。她回来只要听见你弹琴，就敲敲门，你马上停住盖好琴盖。两人见了都装作若无其事。

今晚我提出请你弹琴就需要点勇气。我是有意这样做，早有打算，只等这一天。今天的气氛对今天最适合。我抱定决心非要打开这关闭太久的门。

你没准备，张大眼望你妈妈。

"弹吧。"

你妈妈的话出乎意料，她的平静更出乎意料。这样你才放心坐到琴前。她为什么改变自己，今天。我想。

你感觉太神圣还是太紧张，因为头一次在你妈妈面前还是头一次在我面前弹琴，你弹《少女的祈祷》，可是你完全弹乱了。你不断摇头，两个小辫梢左右刷着你瘦瘦的后背，你还大口喘气，想镇定一下你平平的然而大起大伏的胸脯。干什么这么紧张？最后你弹得一塌糊涂，无论如何弹不下去，只好扭身到桌前，朝我歉意微笑，笑里还深深埋着懊丧。我真不该请你弹琴。

"这曲子她本来弹得不错。"你妈妈对我解释，为你。

我举起糖水——糖水早凉了，说："祝你明年十八岁，大姑娘了。"

"也祝你……你明年该多少岁？"你说，你还没完全镇定下来。

"你别以为一年年下去就能赶上我。我永远比你大十二岁。就像你妈妈永远也比我大十二岁。"我说。

我们都笑，松松快快快快活活笑了。你妈妈忽然举起甜甜的液体说："就为两个小十二岁的人和两个大十二岁的人一起祝福吧！"她第一次说笑话，你也感到惊讶。

是时候了。我想。

我撂下水杯起身走向那停摆的钟，伸手摘下来，一下子你俩神气都变了。你竟然从心里轻轻"噢"了一声。我浑身好烫，是不是刚才在家里喝的那些酒都冲上来，脑袋有点失控感。这事却只能由着我，不能由着你俩。我死死盯着你妈妈的脸，把停了有如一个世纪的时针拧动。轴生了锈，使上劲才吱扭吱扭转起来。再嘎嘎拧响上弦的钮，表壳里嘀嘀嗒嗒嘀嘀嗒嗒满屋响起。计算生活和生命的指针全都复活。当然，你明白这意味着什么。我看见你俩的眼睛一齐亮闪闪。我赶紧把脸扭过去，不愿意看见你们再把这泪水克制回去，也许是我自己已经不能克制了。

我们站在齐腰的水里，望着在风浪里颠簸的渐渐远去的小船。海面不断掀起的波涛终于遮住了它，好像把它吞没。大海最终吞没它，必然……我们忽然不哭了。说不清是心满意足还是无限自悔；说不清到底是叫它永远静静睡在岸上到死，还是粉身碎骨埋葬在大海里好呢？

这儿时的惶惑一直在我心里纠缠。

我在废墟中挖一个洞，把父亲弟弟背出来。大街上满是残砖碎瓦断树斜杆。被大地震吓掉魂的人东西南北又南北东西地跑。我打菜店门口搬个大竹筐，扣在一块空地中央，叫父亲弟弟坐在上边等我，赶紧弄辆破自行车去挨个看我的朋友们，是死是活。

找到一个，不管他家毁成什么样，只要见人活着，用劲拍两下他的肩膀，上车就去看另一个朋友。

路上碰见朋友熟人，看我两腿血迹斑斑，二话没说，掏尽身上所有口袋，把钱硬往我胸前口袋里掖。我无法拒绝，这时他们每个人的手劲都变得比我大。没多会儿，我胸前口袋鼓成个球，多年来我没这么富过。

跑到教堂附近，我见一位画友躺在道边地上，脸灰得像瓦片。他的腰被砸断，身子下边垫着他的油画。邻居一伙小子正要抬他去医院。他对我说："今天才明白，艺术是最没用的。"我把口袋的钱一把抓出来，往他头旁一塞说："快去医院，我一会儿就去看你。"这时我已经被一个可怕的景象惊呆，远远的，你的楼已经变成巨大的土堆，不像金字塔，像坟。纯蓝的天笼罩着它。不知是碎玻璃还是别的，在那土堆上刺眼闪光。

我绕这大土堆转了三圈，心像往下掉，没有底，不知掉到哪里。忽然，我朝这小山似的废墟狂喊一声："完啦！"

一个人跑来，以为我疯了。多亏这人给我一线希望，说你们这一带逃出来的人都集中到东边的骨科医院。这医院以前叫作"老马大夫医院"。

医院大院里外全是人，毒日头下冒着人味汗味药味酸臭味。这儿有临时救护站，还供应面包和水，可以活。大铁栅栏门关严，几个戴红袖章的街道老大娘把门站守，只准这一带居民进出，外人不行。我一眼瞧见你们楼下那胖女人，抓她袖子问："她们娘俩儿怎么样？"同时准备一个噩耗把我撕裂。

胖女人倒把我记得牢，一眼认出我。她说："没死，跑出来了。"她脸上没笑，斜眼等我的神气。

我差点把这胖女人抱在怀里，"人呢？"

胖女人说："一早就出去了，不在里边。"她走开，不愿再搭理我，也许不愿看我高兴。

只要你们活着，不见也是好极了。这遍地废墟，对我们又算什么。我沿围墙走，忽然发现前面还有扇铁栅栏门，锁着。隔过栅栏我竟然一眼就瞧见你俩。我叫，你俩就像两只小鸟扑在铁栅栏上。你俩的脸怎么晒得这么红。这时我们的眼睛都盯在对方身上的伤上。多好，我们都活着。

你说，你最幸运，大地先是摇落一块砖不偏不斜贴着头皮立在你头顶前，房柁下来又正正好好架在这块砖上。你在一个死角里赢得了一个比世界还大的空间。你不该死，上帝也知道。我说："将来务必找到那块砖，刻上字，留起来，这是世界上最伟大的一块砖。"

你俩轻微地笑了，使我感到一阵松弛。

你妈妈说："你永远再看不见我们那间小屋了。"这话像一大片阴云。

我忽然想到这些年那些事，再没心气儿说笑话。旁边有个水果摊，我一摸口袋，幸好还有一张五角钱的票子，跑过去，可着钱数买了一对好大好大的苹果，给你俩。我从铁栅栏往里塞，这情景有点像探监。铁格子间距太窄，苹果大，进不去，使劲塞呵塞进去，苹果两边被铁格子连皮带瓤刮去厚厚一层，到了你们手中，已经成扁圆的了……

下午回到家，邻居告我，一早来了两个女的，一大一小，手牵着手，在大太阳地里，面对我坍塌的房子足足站了两个小时，才走。

我这才明白，为何你俩脸晒得那么红。

退潮了。潮退了。一去到天边。几十里一片死寂。没有浪花迸溅的礁石失去了往日的雄奇与严峻，没有潮头掀腾的沙滩失去了昔时的骚动与激涌。海鸟与海风也退去。那虽然寂寞虽然不安虽然凶险却充满力量充满渴望充满光和影的生活到哪里寻找？谁告我。

长久沉陷在沙地上的船干了，裂了，散了。它不再属于海面属于陆地了。

那次我回到久别的故乡的海边，看见渔民夜里就搬这些船板在沙地上生火。红的光亮的火映衬着这些黝黑无言的废船。永不歇息永不平静的海在远处在月光笼罩下含糊地喧响。你是否听见这喧响中还有一种动人的声音在呼叫？

今儿打早已经迎来又送走四批客人。醒来时那股子作画的兴头全叫这些混蛋来访者扰散扯碎带走。算了，今儿不干了。我把邮递员刚送来的一包邮件扔在地毯上，就劲往地上懒洋洋一躺，随手一件件拆开看。又是请柬，又是请题词请推荐作品请演讲，又是索画求画催画，又是祝贺获奖。天下的颂词总差不多，像黑蚂蚁爬来爬去。忽然一个浅蓝色信封，你的。你永远是这种宁静的颜色，到眼前也从不惊动我。

你告诉我，你研究生答辩已经通过，马上要到奥地利去进修，可能一年两年，可能三年。你说你行程在即，没时间来看我。你说你告诉我这些，为了使我高兴。你还说再见。

怎么这么快研究生都学完了。一算，哟哟，原来你去上海上大学已经八年。整整八年过去，为什么我不曾觉得？回忆起当初你妈妈陪你到我家来和我告别，那印象怎么那么模糊。时间又像过了十八年一样漫长。什么是衡量时间的尺度？记忆的清晰度，还是它中间那些实在的生活和难忘的细节？

八年里，你只是回来度假探望妈妈，才能来看我。你来过几次，记不得了。我的记性真是愈来愈糟。昨天我把开会的日子记错一天，赶到会场人家头天就把会开过了。似乎你每次来只坐一小会儿，也很少来信。你怕打扰我才不敢来也很少写信吧！就像我那些老朋友，真心请他们也不来。我不曾得罪或怠慢他们，到底什么东西使我和他们疏离？是不是我不曾为这疏离感到强烈的苦恼，反倒加大这疏离？

我使劲想才想起，你每次来，总还是当年那样用你黑黑的眼睛专致地望着我。你很少说话，只听我说，只点头，只微笑，然后就走了。你为什么很少谈自己而使我对你几乎一无所知呢？你仅仅看到我、坐一会儿、听我兴致所至胡说一通就足够了吗？忽然我记起，一次你来送我一本相册，贴满你的照片，那相册不知压在哪里。你为什么要送一整本你的照片给我？还有一次，我忘了哪年，你请我到你家非要弹一支曲子给我听，还是那支《少女的祈祷》，可是你又弹乱了，为什么你还弹那曲子为什么你一弹就乱呢？你呀你呀，我呀我呀，多糊涂。

你把你妈妈接到上海后，你不再来了，那是哪年，哪年？距今几年？可是你这一走也许很久也许永远不能再见。你信上这"再见"意味着什么？瞧，你把"再见"这两个字拿笔反复描，变成好沉重的两个字。

忽然我觉得生活中有一部分东西抓不住了。我的心发空。我马上翻身起来把这感觉写给你。我也像你一样，把"再见"这两个字反复描得很粗。很重。

七天后，我和一位乐队指挥谈《柴可夫斯基第一钢琴协奏曲》。头天晚上，他指挥演奏这支曲子使我落泪。现在谈起来依旧激动得连喊带叫，像两只打鸣的公鸡。

有人轻轻敲门。我一拉开门，是你？笑眯眯站在门外，怎么可能是你。恍惚间，还以为你来看你妈妈。这当然是种错觉。

你身前立着一大束银柳，好长，几乎和你一般高。你两手轻轻把它拢抱胸前。你穿一身深灰，和银柳枝干颜色一样；你戴一双白茸茸兔皮手套，围一条白茸茸兔毛围巾，好比银柳的花骨朵。你故意这样穿的？简直是银柳的化身。

我说，快进来，我们正谈"老柴第一"，你也参加一起谈。我接过花戳在柜旁，你坐下来，我们接着谈"老柴第一"，谈第二乐章，那牧歌式静穆深远的第二乐章，还扯到列维坦，扯到契诃夫的《带阁楼的房子》，扯到俄罗斯民族的忧郁美，快谈醉了。那指挥几次蹿起来，他最得劲的表达方式还是挥动那两条会说话的手臂，唰唰甩动他散发着情感的长发。我不懂音乐，只谈直觉，止不住和指挥抢着说。我抓他的手叫他停住，他推我的胳膊，像打架。

你静悄悄在一旁，一直微笑望着我，还是不说话。

指挥要回家吃饭，我送他出门上电梯，回来时你已经站在门口，围好围巾。

"干什么，你要走？"

"我十二点三十一分的火车，回上海。"

"回去，你什么时候来的？"

"今天，刚来。"

"刚来就走？那、那你干什么来的？"我很奇怪，"你干什么来的呢？嗯？"

你没说，也没笑。两只黑黑的眼睛望着我。你用这双眼睛望了我十几年。忽然我全明白了，我的心立刻就揪上点劲儿。

"不行，现在已经十二点了，赶不上车，你多待一天，我去给你换票。"我说。

"我大后天去奥地利，实在没时间了。我是坐出租汽车来的，司机在楼下等我。"

我有点慌，克制一下，说："那好，我送你下去。"我去按电梯钮。

你忽说："别坐电梯，走下去吧，楼梯上还能说几句。"你用的是种请求的口气。

我依你。我已经痛悔刚才谈什么死"老柴"了。有多少话，只剩这点时间，只好说最该说的。什么是最该说的？

我住十一楼，我们走下去。从十一楼到十楼、九楼、八楼、七楼，然后是六楼、五楼、四楼、三楼、二楼……却没一句话，只有我们两人噼噼啪啪凌乱的脚步声。全是脚步声。

这脚、步、声，我永远忘不了。

到一楼，你停住，背对着我，低声说——似乎只有压低嗓子，才能保住声音平稳："我，不能回头了。你信里没写的话，我全明白……"

我呆住，看着你进汽车，远了，走了。

一连四天，我面对这大束辉煌的银柳，陷入一种难以言传又异常强烈的气氛里。任何人敲门也不开，各种信件全不拆，电话线拔了，只把自己关在屋里。生怕这气氛被扰散，消失。四天过后，一个熟人闯进来，看看我眼神奇怪地说，你有病吧。是呵，到底我怎么啦。

1986 年 6 月 6 日天津

临街的窗

你有你的窗，

我有我的窗，

他有他的窗，

还有一个窗。

——题记

"等等，哎！等等——"

我叫。把胳膊尽量抻长，使劲摇，为了叫驾驶室里那穿花格衬衫的小子看见，听见。

小子！不知他真没听见，还是装的。黄色大推土机，举着亮闪闪的推铲，轰鸣着，直朝前边一片残垣断壁开去，好似一头巨型怪兽，眼看要吞掉这些大地震后遗留的残骸。我在满地硌脚的破砖碎瓦上连蹦带跳冲过去，怒气冲冲站在推铲前，对这小子大喊："等等！不行！"

推土机哐当一声猛地刹车。这小子一头天然卷发，像朵大葵花从驾驶室窗口伸出来，下巴由于使劲往前挺而发亮，对我恶吼："找死？我就轧死你！"

他那双凹在深眼窝里的漂亮的眼睛，凶起来，立即充血，像一对小红灯泡闪闪发光。

我没搭理他，扭身直往那片横七竖八的破壁走去。

"干吗去？没金条，只有狗屎，傻蛋！"

一堵墙，一堵墙，一堵墙……早已破败、松散，有的只剩下半截，带着大地震时砖块错位形成的楼梯状裂缝。缝里竟然钻出很长的草，甚至树芽、小花。但，这不正是那些住家的墙壁吗？残留的灰皮，已经很难辨认出原先刷过的颜色；有的净是钉子和钉子眼儿；有的还挂着塑料布，早给风撕成碎条儿，无精打采地飘呀飘……那一堵，那一堵，它在哪儿呢？就该在这儿呀！紧挨着福安街。对，瞧前边，碎砖块中凸露出来的那又细又长的石条，不就是先前大街两旁的便道边吗？

难道那墙地震时倒了？还是后来有人用砖，把它扒了？

"大个儿！你再不出来，我不干啦。我正想抽烟歇会儿呢，可活干不完，扣钱，你得掏……哎，听见没有？你戳在那儿干吗，找地方上吊？哎哎，你直眉愣眼看嘛呢？"

在这儿，我看见了！找到了！它居然还在，还在！这墙，这墙上的窗子，这绝对是世界上绝无仅有的窗子，这绝对是第二个人想也想不出来的窗子，这绝对是任何人都不可能再重复的窗子！你就是走遍天下，看尽英国人的、德国人的、日本人的、印第安人的、哈尼族人的、充满怪诞想法的中世纪人的，还是同样充满怪诞想法的现代人的，他们都不会创造出这样一扇独一无二的窗子！

呵呵，这窗子！

嘿嘿，这窗子！

呀呀，这窗子！

唉唉，这窗子！

这是这窗子的歌。

一　呵、呵

七年前，我在教堂后房管站的修缮队木工组干临时工，跟着正式在职的木工们，入户给住家修理门窗、地板、顶棚。活是轻活，入户干活更是美差。户主好不容易把我们请去，自然是好烟好茶，好脸待承。进门照例一屁股坐下去，先和户主聊大天，抽足喝足，起身来锯锯刨刨，钉钉敲敲，也算活动一下坐紧巴了的身子骨。干个把小时，脚底下抹油，哧地就走，活没完，第二天接着，反正日子有的是。

这天打早就阴天，滴答雨点，老天爷开恩，索性也不用入户了。哥儿几个把桌上的刨花一划拉，哗哗洗牌，打"大跃进"，赌烟卷。组长黄茶壶（这是他外号，由于贪喝茶水得此大名），泡了一大缸子浓茶，把早晨从家带上身的一整包烟，从中掰开，往桌上一撂，打算这一下就干到晌午。不料没打几圈，烟盒瘪下去，就要空壳。他顾不得摸茶缸，双手抓着牌，竟攥出水来。目光变得如狼似虎，死盯着别人甩出的牌，连最爱耍贫嘴的骆小六，也不敢吱声，怕他翻脸。他浑身肉，干活时也从没绷得这么紧。我有意扔出张小牌，给他活路，他还是没牌出，看来这家伙今儿真是走倒霉字儿了。

这当儿，门一开，曹站长满脸不高兴地说："行了，雨住了，你们也该打住了，找点活干吧！"说完立刻带上门走了。大概他知道，工人们不会给他好脸看。

黄茶壶不甘心这么结束，一拍桌子说："把口袋的烟掏出来，全押上，赢输就这一把了！"

这儿他说了算，洗牌，又来一把。那时这家伙阳气正壮，该他不绝，大小鬼，四个"3"，两个"2"，外加五星，叫他一手摸去，再一口气甩出来，谁也拦不住，满赢，全拿。哥儿几个大眼瞪小眼，骆小六一张牌没出手。"痛快！痛快！"黄茶壶乐得露出黑紫的牙花子，伸手把桌上的烟卷全塞进衣兜。

"不行，接着来，我们一把最多赢你三根，凭嘛你一把就兜底儿！纯粹地主对长工那套，你是不是想换成分？"骆小六趁他高兴，拿话怄他，自己却真有点气。

"去你妈的！再来，叫你连裤子都输进来，走不出这屋子去！没见你老子转运了？换成分？老子家打根就是贫农，换血也换不了成分，你要看着眼馋，想沾光，现在过继给我也不晚，哈哈！不服气？今儿就老实在家，和老倪锯木板子吧！大个儿（指我，我身高一米九），陈荣胜，跟我入户干活去！"

黄茶壶极得意，一条眉毛直往上挑。他忽然问我，他最后甩出的那张牌是几。

"梅花9。"我说，"怎么？"

黄茶壶笑呵呵，叫陈荣胜查查"住户房屋修缮登记本"。他说："你从头往后数，哪户登记排在第九，咱就去那家干活。叫这户也沾沾光，走点运。"

大家都觉得这法儿挺开心。

"找到了吗？找到了，哪儿？"黄茶壶问。

"福安街一百二十七号后院。"

"倒还近。姓嘛？"

"俞。"

"不认得。嘛活？"

"开窗户。这户登记快两年了，还是一九七〇年呢！这可真该他走运了。"

黄茶壶忽然脸一暗，"噢，是那户，不去，换一户！"

"为嘛？"

"你和这家有过节？"

"不，压缩户。咱不伺候他们！"黄茶壶说，端起缸子喝茶，像往嘴里倒，嗓子眼儿响，肚子也响。

骆小六蹲在木条凳上说："真是榆木疙瘩脑袋！愈是压缩户，待咱愈客气。不单你刚才硬夺去那两口袋烟卷省下了，还保准十块钱一两的龙井，灌足你这夜壶。你不去，我去！"他一挺肚子，从凳上跳下来。

我自己家挨了抄，也是压缩户。由于是临时工，他们不知道。我总穿绿褂子，破裤子，骂骂咧咧，他们便以为我和他们一样。大概出于一种同病相怜，不禁替这想开窗户的人家说话，当然，我用另一种口气说："黄头，你要换一户，不是第九，你可把手气也换掉了！"

黄茶壶怔一下，忽然呸的一口，把留在嘴里的茶叶吐出来，朝我和陈荣胜一撇脸说："走——叫他妈占一次便宜吧！"

"别中了糖衣炮弹。"骆小六笑道。

"滚蛋！这叫作'生活上给出路'，这是政策，懂吗，傻小子！"

"咱三人这叫'落实政策小组'，对吧！"我笑嘻嘻起着哄，拥着一齐去了。

这是大杂院。走到顶头，一拐，穿过一条一人宽的夹道，再顶头，只一间小屋，单扇小门。门一边有个跟瞭望孔差不多大小的窗洞，装着几根炉条似的铁栏，不像住房，不知当初干什么用的。从方向上看，它背靠福安街，肯定是想在临街那面墙上开个窗子，好透气。这屋比院子低，站在门外，屋檐和眉毛一般齐。黄茶壶的嗓子挺冲："有姓俞的吗？房管站的！"紧接着就一句："没人就走啦！"

"哗"地门儿打开，一张黄瘦脸儿，眼镜片闪光，客客气气把我们让进去。别看他没有任何反常，头一面，我就觉得这人不大正常。

屋里有股油漆稀料味儿，虽然混在浓重的潮气里，还是很明显，往鼻孔里钻。这人是干什么的？

"你不是登记要开窗户吗？经过研究，今儿决定给你……"黄茶壶挺神气，边说边找椅子，就坐下来，等这人拿烟沏茶了。可是他忽然哟的一声。我们几个同时一怔，好像被大炮一起击中，不分先后。原来靠福安街那边墙上已经开了窗子！不大不小，对开的两扇窗，玻璃挺亮。

黄茶壶脸色变了，好像他的什么好东西叫人抢先截走了。

"谁叫你自己开窗户？"

这姓俞的瞪大眼，似乎比我们还惊讶。

"别装傻，公房原建筑一点不准动，私开窗户是违法的，破坏国家财产，谁不懂？"

黄茶壶好横，看来解释、认错、讨饶，都不济于事。谁料这姓俞的，眼镜片直冒光，却不像镜片反光，而是从镜片后边闪出来的。他居然挺兴奋。

"好，你还不当事！听着，现在——你马上给我堵上，随后再写检查。一式两份，一份交给你们单位，一份送到我们站里去。听明白了吗？堵吧，我看着你堵！"

姓俞的却摊开双手，表示不知该怎么做，神气要笑。这人！缺心眼儿，还是成心气黄茶壶？

"把窗子先落下来，再用砖、沙子灰堵，怎么开的，就怎么堵上，恢复原样，一点儿也不能差！"

"落下来？怎么落……"他终于露出笑容。

黄茶壶脸上的肉直抖，他受不了一个压缩户跟他装傻卖呆。

我虽然对这倒霉的人抱些同情，却也觉得他做得有点过分。又担心黄茶壶这火药罐子脾气炸了。才要说两句了事的话，忽然一激灵。因为我离窗子近，发现这窗子根本不是开的，竟然是画在墙上的！奇了，真奇了！站在三步外，冷眼一瞧，绝看不出来。这样逼真，木头窗框、窗棂，铁拉手，玻璃真像装上去的！天下还有这种以假乱真的能耐？没有亲眼见，绝没有我现在这种惊奇到顶的感觉。

黄茶壶哪知道，他把事情闹大，就会下不了台。我拉拉他衣袖，小声告他，这窗子是画的。黄茶壶一怔，一眼仍旧没有瞧出来，上去一步，才看出真相。为了验证虚实，弯起手指敲敲这窗，发出敲墙皮的声音。他也傻了。这一傻，使他有点蠢。泄了气的肉，就像放下的帘子，松松地耷拉在脸上，嘴呆呆成一个洞。"画的？"他半天才说。还是句等于没说的傻话。

姓俞的，像小孩做了得意的事那样，很高兴。在黄茶壶看来，就是气他了。他没认出画窗，白白神气一通，空发威，却没法再发怒，画窗户并不违法。下台阶的办法只剩下一个，就是朝我和陈荣胜说声："走。"这个字说得倒厉害，实际上却是放空炮了。

我们出来时，好像打败仗。

"这家伙为嘛画窗户？"

寻思半天，谁也猜不透。

"别是特务暗号？"陈荣胜虽然瞎逗趣，却也想邪乎了。

黄茶壶突然叫道："我懂了。准是这四眼狗嫌咱们不给他开窗户，成心画一个，叫咱们认不出，给咱们难看，对吧！这四眼狗还真有两把刷子，也够阴损，不声不响，愣把咱涮了……这正好，冲这就不给他开了，叫他使唤这死窗户吧，闷死他！怎么样？哎，大个儿，听没听见？"

我听见又没听见。因为眼前总浮着刚才那窗户，心里总体会着头一眼瞧那窗户时信以为真的感觉。我上学时，喜欢画，眼力不错，它究竟怎么能硬把我的眼睛骗了？呵、呵，这窗子！

二 嘿、嘿

这天下班，我拿了几根大木头、小半口袋沙子灰，还有锯、凿子、锤子、瓦刀，去到那姓俞的家，进门坐下来就对他说："你犯不上和房管站置气！生气等于气自己。对不？别以为他们跟你认真，其实你开不开窗户，跟他们有嘛关系？只要你不认真，没有认真的事——这些都别说了！今儿我把家伙、材料全捎来，放在这儿，明天我歇班，帮您把窗户开了！"

谁料他马上伸出一只瘦瘦的手直摇，拦着我说："不，我不开了！"

"你又何必固执？这小屋矮，又不透气，伏天还不把你蒸熟了？"我笑，劝他。

"不——"

"为什么？"我有点不高兴，觉得这人有点不识路子。

"不——"他只说这一个字。

我瞅他一眼。他瘦得暴出筋来的细脖子，支撑着梨核似的小脑袋，还是馋嘴啃过的梨核，没剩下多少肉。厚厚的眼镜片，好比汽水瓶的瓶底，把他眼睛放大得像马眼。这眼直怔怔、没有任何内容地看着我，对我这诚心诚意、一厢情愿来帮助他的人，也没有半点感激之意。

我真想骂他。当然，我不会骂，话里也就不免夹些棱角："告你，我是临时工，不是房管站的人，没责任更没义务给你修房。今儿来，纯粹自愿，看你困难，帮你一把。再有……你是压缩户，我猜，多半是狗崽子吧！别生气，我也是，咱们同类，算有点狗气相通，我才来的，早知你就会说这个'不'字，我不该动热肠子！"

人与人之间，有各种锁，各种钥匙，一把锁一把钥匙，碰对了就开。他马上冲动起来。这人冲动时好怪，两只手晃来晃去，好像不知放在哪儿才好，跟着放在我双肩上，摁我坐下，开口把底儿告诉我："原先我是打算开个窗户的，后来我发现，这房子隔街是'清理指挥部'……"

对了，街那边的大楼就是"清理指挥部"呀！开了窗，正对着那大门。穿军装的"清指"人员，被押进押出的"犯人"，抓人的吉普车，那森严的、酷热的、令人心惊胆战的气息，都从窗子透进屋来。我想到自己——我哥哥爱鼓捣无线电，被关进"清指"审查过一个半月，我去送过一次绒衣和糖票。那气氛，叫我半分钟也不肯多待就跑出来了。他开开窗子，不等于搬进"清指"去住一样吗？太可怕了！

"可是，没窗子，憋得难受，我就画了一个——这个。"

原来他画窗子，并不为了跟任何人斗气，只为他自己，我点头，不用再说，全明白。

"要我也这么干！可惜我不会画画。过去我倒喜欢画，也喜欢写诗，没才，干不了这个。唉，跟你不值一提。哎，我说，你为什么不在窗上画点什么，叫窗外有点景致多好，这样光秃秃的！"

这随便一句话，竟在我俩之间产生通电般的效果。一下子，我觉得他亮了一下，整个人像灯泡一样亮了一下。他跳起来，从墙角拿起画板、颜料和笔，调颜色，在窗上画起来。动作快得像救火，或者像火一样扑到那窗上去。

活生生的一切，活生生地出现了。

树，远树，远树像沉默的人，一个个无声地站在雾里。那雾是它们的思索还是谜，它们给谜团般的思索包裹着；再远，是只剩下灵魂的远山。这灵魂是超脱的，因此永远清醒又永远宁静……这一来，坐在屋里的感觉全然不同了，就像在山间一座小楼里，透过窗户所望、所感受、所沉浸到的一样，一片万虑皆空、飘洒自如的境界弥漫心中。心被它洗了，干干净净，没有尘埃，像做隐士。我是凡人，但我想做隐士一定这样，这样美。我忽发奇想，顺口说："这可好，你会画，你想在什么环境里，就可以在窗子上画点什么。"

他的眼睛好像跑到镜片外边来，惊奇地闪了闪，朝我叫道："呵，你救了我！"然后不再搭理我，背过身，面对这画窗，不住惊叹道："嘿嘿，这窗子！嘿嘿，这窗子！嘿嘿……"

我对他说话，他竟听不见。

我想起，前年，表婶在学校，给学生们折腾死，我和表叔说话，表叔忽然瞪着眼说我是法海和尚。他的眼凶得像鹰眼。后来我知道他突然疯了。精神病急性发作，真吓人。那时留下的一种惊恐感，此刻又出现了。但这姓俞的并没疯，他转过脸来时，眼神并不发直，晶晶莹莹，颤动着。他恳求我："让我自己待一会儿吧！"

我点头，马上就走，留下他和那画窗。

三　呀、呀

我承认，我对这人有兴趣。由于他的画？神经质？他给人一种"不必提防感"——这是人与人之间最难得的。

可是，只和人家接触一次，怎好无缘无故再去打扰？我曾经想借碴修理房子去串门，但不久我就离开了房管站。原因是站里提出要我"转正"，大概看中我肯干活。临时工被"转正"，真是叫上帝吻脑门了。我一听，马上辞退房管站，不干了。人家都骂我傻、蠢、怪，猜不透我，其实很简单，我认为临时工是我们社会上的吉

144

卜赛人，到处游荡，没人管，最自由。我受不了各种"正规"约束。这样，我也没借口到那姓俞的家去了。

凡事有无意，一切都仿佛来得自然而然。

我给老婆买吸奶器，到处买不到，转来转去，忽然云彩上来了。一起风，大雨点就砸下来。我刚要钻进一个门洞躲雨，里边呵斥道："别在这儿，走！"一看牌子，竟是"清理指挥部"，吓我一跳，更不安全的地界！哎——我突然发现，对面不就是那姓俞的家吗？我跑去敲门，正巧他在。我俩说话的当儿，外边的雨狂了，正像天上的银河决了口子，一条大河掉下来了。

他还那样。眼镜、黄脸、细脖、瘦手。

我告他，我现在到罐头厂洗鱼；他说，他还在轧钢三厂看仓库。其实我头一次就知道他看仓库，我并不惊讶。真正画画的，未必在画画那些部门和单位，干什么和能干什么，向来是两码事。

人生从来不是对号入座的——我在自己的诗里写过这句，还挺自鸣得意，因为常常碰到这句。

我扭脸看那窗，目光没有浸进原先那恬淡的风景里，而是即刻被一种纯净的夜色所溶化。窗子里换了景物！他重新画了，换成了黑黑而透明的夜空，只有一些疏疏落落又光秃秃的树枝；清冷的、微蓝的月光隐约分出这些枝丫的远近层次；似乎有几颗遥远的星星，在树枝间闪着微弱暗淡的光……

"这可不如原先的。"我说，"虽然也挺美……但有点凄凉，对吗？"

他正在给我斟水，听了我的话，水没斟，暖壶一放，走过来。他的脸与我的脸好近，他的眼睛与我的眼睛只隔那一对厚厚的镜片，他的呼吸好像用我的鼻孔了。他的声音激动又神秘："美，凄凉，全对！你的感觉全对！谢谢你，朋友！"

听到"朋友"两字，我心里一热。

他的脸忽然缩小——他猛然把脸后撤，扭过去，面朝着这夜色空蒙的窗子，木头一样立着，念念叨叨地说，分明讲给我：

"我和她天天就在这儿说话，那一阵，她害怕我的目光时，就命令我：'你抬头看！'我抬头就看见这树。看这树时，我听见我俩的心跳声，乱成一团。……但她是师长的女儿。她终于相信，她爸爸更爱她，参军去了。临走那天，我们说好在这儿分手。我推着自行车走来，开始没看见她。我这眼镜真该重配了。我以为她不来了。走近，忽见她就站在树下，穿棉军装，一条深色围巾包着头，只露一张脸，好白，她那表情……我忙停住车，向她走去。走了两步，车子哐当一声，在身后倒了。我没管，还往前，直走到她面前。她一瞧我的眼睛就说：'你抬头看！'又是这树。我耳朵嘣嘣响，但不再是我们的心跳声。我的心不跳了，心里只响着她走去的脚步……我就一直望着这树，不去瞧她走去的背影。瞧呀瞧呀……回来的当晚，我就把这树画在窗上。有了这窗子，熬过那段日子就不那么艰难了。有时，望着这夜空、这树，恍惚她并没走，还在我身边，只要一低头，就能瞧见她。但我不低头，使劲盯着这窗，直到能感觉到她身体的气息，感觉到站在我身边的活生生的她的实体……"

他喃喃不停。背后桌上的暖瓶，没盖盖儿，瓶口无声地飘着热气儿。

我看着这窗，渐渐也好似进入这窗中。听不见外边的风声雨声，现实和现在都不复存在了。我也浸在昨天那凄婉的故事里。这树，这夜空，我觉得更美，更凄凉，却不是一般感受上的空泛的美和凄凉，而是充实的美和充实的凄凉。显然，世界上没有比这更好的窗和比这窗子更好的了。虽然它中间，含着生活的冰冷与残酷……别说了，就这样，也只能这样。

如果没有这窗子，他会怎样？

呀呀，这——窗——子！

四　唉、唉

那是冬天，很冷。四面单砖的墙太薄，一个小煤球炉子烧不暖，屋角总聚着寒气。我俩各抱一个装热水的玻璃瓶暖手，望着那窗。窗外是暖洋洋的春天，从窗子上边垂下一些藤萝的枝蔓，绿叶都被阳光照得半透明，中间夹着几嘟噜怒放的淡紫色的花，一只大蜜蜂趴在玻璃上，大概采蜜采得太多太累，一动不动，一道黑、一道黄的肚子鼓胀得像个球儿。

"小时候，年年五月里，我家的窗户就这样。一开窗户，大蜜蜂就闯进来，不敢开，屋里挺热，但花香却从窗缝钻进来……妈妈总在屋里用鼻子使劲吸，吸花的香味，吸着吸着，她就闭上眼，享受这花香……"

他镜片后的眼睛也闭起来，醉了一般。我不觉冷了，甚至也感到了花的香味。这真是奇妙的感受！

这期间，我断断续续去过他家几趟。有时为了帮他的忙。他几乎没什么朋友，生活上没什么办法。他那装热水的瓶子还是我从医院里弄来的葡萄糖注射液瓶，因为这种瓶子放热水不炸，表面看来，他的心绪还好，但我总为他有点担心，担心什么，那时我并不清楚。有时，我说，你可以参加外边的美术活动，比如画展。其实那些画展我从来不看，报上的画也不认为是画。拿这些说服不了自己的话，去劝别人，自然没劲。

他倒常常更换窗上的画。有时换上一片忧伤的秋色，换上一片闪电照亮的云天；伏天里，小屋真像蒸笼，光膀子，有汗味和人肉味，他的窗子便换上一片灿烂而神奇的冰花，或是一片寥廓旷远、鸟兽绝迹的冰天雪地。目光放上去，心立刻就静了。

"你这窗子的季节，正好和大自然的季节相反。"

"不，它是我内心的季节。"

"反现实的？"

"还有一种内心的现实。"

"有人说过，生活追求一种现实，艺术追求两种现实。对吗？"

"是的。两种现实，两种真实！"

"真好！我就没有这么一扇随心所欲的窗子。生活没什么，你给它什么。"

"不不，我没什么，它给我什么！"

一次，我叩他门时，听到他在和谁说话。这是从来没有过的，我没在他屋里见过别人。

"你真可爱，天天陪着我，我唱个歌儿给你听好吗？呵……呵呵呵……呵呵……呵呵……"

又像情话，又像疯话。

"噢，是你。"

他开开门，把我让进去。屋里没别人，我正犯疑惑，只见窗台趴着一只胖胖的大花猫，隔着玻璃向里张望。一双大眼睛孩子似的直瞧着我。无论我站在哪里，它都瞧着我。这并不奇怪，我知道，画肖像画时，只要让被画的目光直对自己，结果都这样。

噢，原来刚刚他是和它说话。

"这倒好，不用喂，也跑不了，可惜不会叫。"我笑道，"齐白石在画上就题过——可惜无声。"

"喵喵——喵。"

忽听猫叫，我一怔。他大笑，原来是他学的。我俩一齐笑起来。他边笑，还一个劲儿边学猫叫，直笑得接不上气，叫不出声来。忽然，他的笑像刹车那样突然停止，认认真真对我说："其实，它总在叫，只有我能听见。"

声音很低，最低的声音下边，好似压着一点苦味的东西。

我默然，没应和，更没往下谈，生怕把他那苦味的东西掀出来。

下一次再去看他，大花猫没了，换了一群开心的小麻雀，站在电线上，一齐朝屋里唱歌。此后，又换了几块飘忽忽的云块，飞在半空中打旋的落叶，沙漠，瀑布，苍苍水天中的一片孤帆，幽深的江南小巷……我最喜欢的是，他画了一些树影，映在玻璃上。我不明白，那玻璃和映在上边的树影是怎么画出来的。静静地瞧，还有被微风撩动时婆娑摇曳的感觉。真是美极了，宁静极了，安闲极了。

这一阵子，他的心绪似乎很好，窗上的画换得也勤。每换一幅窗景，小屋就换一种气氛，坐在屋里就换一种心境。然而，每每看这更换了画面的窗景，我还有一种惋惜和担忧。惋惜旧的画面被盖在下边，担忧不久它又被新的画面遮盖起来。那是一幅幅多么迷人的画面！纵使将来有天大的能人，也无法将这些重合在一起的画面，一幅幅剥离开，重现出来；我眼巴巴、无可奈何地看着这不为世人所知的独绝的艺术，一次次诞生，一次次毁灭。但生活，一切过往的、现时的生活不都这样吗？

一边创造，一边销毁。生活……

此后，大约半年多光景，我没去他家。这因为那年冬天，我转到东局子以北、地道外的一家印刷厂烧锅炉，老婆闹肾炎，一边盯着炉火，一边盯着老婆的尿里有没有沉淀，还得往托儿所接送孩子，忙得我几乎把他忘了。一天，赶巧到教堂后找人给厂里买红木，做刨床，想到他，绕个小弯儿来看他。进门就觉得气氛不对，他印堂发暗，没精神，好像生了大病，一下子老了许多。本来他这种人，既不显年轻，也不易显老的。怎么连眼镜片也不反光了？屋里这么暗！不等问他，却见那窗子挂着厚厚的帘子。

"怎么，你怎么了？"我问。

他不作声。我隐约感觉，曾经提心过的某种东西出现了。我走到窗前，唰地拉开窗帘，眼睛登时一亮，好像被什么刺一下，原来他在这窗上画满阳光。一扇被阳光直射、照透的窗子。我兴奋地叫："呵，多明亮的窗子，多美好的阳光，你——哎，你为什么不望着它，你只要望它一眼，你的心都会被照亮、照透、照得发光的！"

我加高声音，想用热情冲击他，感召他。我还是认准这窗子能给他所需要的一切。

他却突然直着眼朝我叫起来："你为什么只瞧那里，不瞧别处？你瞧桌子！桌上的东西！瞧椅子！瞧暖瓶！暖瓶！瞧我！我的脸！瞧这屋里的一切……"

我不明白，他叫我瞧这些做什么？他疯了吗？他继续叫着："阳光？哪里呢？既然有光，那么影子呢？反光呢？在哪儿？哪怕一点点，你看呀！根本没有……没有！全是假的！"

他的神情，想笑又想哭。我反而放心了，他没疯，他现在最清醒，他从来没有这么清醒过。

"算了吧！朋友！"他说，"它骗了我们多么久！该……结……束……了。"他颓丧到极点。

阳光夺目的窗子，黑暗的屋子，这便是我看到的最逼真又最不可思议的景象。

他抬起手，把窗帘慢慢拉上。

这窗子本来是不存在的呵！

唉唉，这窗子！

大地震时，据说他这小屋正在地震带上。不管这说法科学不科学，塌了，他成了房顶和地面的"夹馅"。这是我在灯具厂做临时工时，另一个姓蔡的临时工告诉我的。这姓蔡的曾在轧钢三厂干过四年，常到仓库里领东西，认识看仓库的"俞眼镜"。他说这人不错，缺心眼儿，不琢磨人，只是有点神经，砸死之前的一年里，愈来愈不正常。下班时，叫另一个管仓库的稀里糊涂锁在库里，第二天上班才发现。他出来时，没有发火，还笑，脸冻得发青，腿脚全冻麻了。钢厂的仓库里没有遮身挡体的，没冻死他就算命大。听说，他父亲在运动初期寻了短，母亲改嫁给一个干部。父亲的污点便叫他一人担当，像一块黑记，挂在他脸上。他别无亲属，地震时屋里的东西被砸得粉粉碎。无论他对这世界，还是这世界对他，互无牵挂。他的尸体，是工厂去人弄出来火化的。丧葬费，连同他半个多月的工资，没人领，在账上销了。人间不动声色地打发掉他。

只剩下这窗子了，日晒雨洗，已然很淡，如模糊的梦境，但它毕竟还在。本来不存在的东西，反倒存在着。生活比人更会开玩笑。

我想，我们这些清理震后垃圾的工人们中，肯定有人发现过这画在破墙上的窗户，肯定奇怪，却无人能解。世上的谜多的是，这一个算什么，哪有人费劲去猜？

唉唉，这窗子！

轰隆隆，轰隆隆，轰隆隆……

我惊醒。那穿花格衬衫的小子，已经把我身后的几堵墙推倒。透过腾起的烟尘，传来他的叫喊："你再不躲开，我连你一起推了！"

推！我恨不得尽快把它推倒，轧碎，铲平。我正要朝那小子喝道："推呀，你还等什么？"忽然犹豫起来，我又希望它再多保留一会儿，哪怕一分钟，两分钟，三分钟……

1985 年 5 月 16 日天津

意大利小提琴

一

莫怕孤单，

它依！一样也没失去，

只是深藏起来，不易发现。

就像云烟遮翳的夜空，

那一颗遥远而淡淡的星——

偶尔也会在迷茫里，

一闪，一闪，一闪。

这是告别吗？

不，不！这是向你发出的呼唤……

二

在给夕阳照得金亮又纯净透明的空气里，他背着小半包刚买到的菜籽，正要从镇上赶回村去。在打算抄近穿过一条斜巷时，忽然发现这巷口摆着件东西。他一见这东西，就像久困在荒岛上的人看见船桅出现在海面上，惊异地扬起眼皮，心儿在胸膛里跳起半尺，他简直要喊出声来："小提琴！"难道内地偏僻的小镇上也有这东西吗？他急急忙忙走过去。

这琴装在破旧、褪了色的布袋里，竖倚在一棵弯曲的小树干上。只在布袋口儿露出顶端弯卷的琴头，几个弦轴像小钥匙那样插在上边。就在这里插着一个作为标卖的、十字形的黄黄的干草棍——他双眼一直盯着这琴，待走近了，才发现琴旁站着一个十多岁、衣衫不整、又脏又瘦的男孩子。光光的脚套着一双过大的鞋子，眼边不知由于困倦还是发炎，明显的发红。

"你这琴卖吧？我想瞧瞧。"他对这男孩说。

"瞧吧！"男孩说，上下打量他几眼，似乎判断他是否是个买主。当男孩的目光碰到这五十来岁的人，一副寒碜的样子，鞋边和裤腿都沾着泥巴，背在背上的口袋打着黑布补丁，便立即不客气地说："哎，这可是个洋琴啊！"话里似有制止他摸这琴的意思。

"我知道，这是把小提琴。我总得看一看。如果好，我就要。"他低沉的声音十分和气。

男孩扬起红眼边，又瞅他一眼，口气略微缓和而依旧挺生硬地说："看吧，可你得留点神。这袋子一碰就破，上边的带子也不结实。"

"好，好！"

他撂下背上的半包菜籽，拿起琴。果然这琴袋破旧得很，它原是许多碎布拼缝起来的，缝缀的针脚相当细小，表明琴主当年的窘况和对这把提琴的珍惜。但似乎这琴久搁未用，琴袋满是尘垢，当初所用碎布的颜色已然连成一气，灰灰黄黄，只能分辨出深浅，而且布质薄脆无力，如同旧书报，碰也碰不得。他小心翼翼地把绕在琴柄上、收紧袋口的一根带子松解开，脱下琴袋。一把尘封、旧黯、并不起色的提琴裸露在手。但凭着他的眼力，头一眼就感觉到这把式样奇异、气息古朴的提琴并非寻常之物。他用食指抹了一下琴箱上厚厚的尘土，立刻从中闪出一种深沉的光泽，有如拨开烟翳，透见幽幽的深潭。他抓着琴柄把琴箱架在左肩头，下巴放在光溜溜的腮托上，右手将琴弓放在弦上。这一瞬间，他有一种如醉如痴、久别重逢、任何人都难以知晓的幸福感。那琴仿佛一只雄美的鹰落在老猎人的肩上那样——他这姿态，他撩起琴弓时老练又洒脱的动作，他扬起眉毛并把目光低垂在琴弦上的专注而迷人的神情，若被一般小提琴手见了，立即会认出这是令人销魂的、不可模拟的、真正提琴大师的风采。而此刻，在围上来的几个看热闹的老乡眼中，却没有任何意义。那卖琴的男孩倒感觉得出，这鬓发斑白、一脸皱痕的人很像一个地道的买主。男孩不觉现出笑容，咧开的唇缝间露出锈黄的牙齿——为了卖这把琴，他爹叫他天天从早到晚站在这里，已经站了半个多月，也没人问价，过往的人最多只是好奇地瞅一眼而已，连再瞅一眼的兴趣都没有。他像受罚一样，整天站在这儿好难受，看来今天才有了被开释那样令人快活的希望。"这洋琴好着呢！可结实了！保您使唤得住。"男孩极力抓住这个和好机会一起到来的主顾。他的话好像在推销一件农具。

这男人仿佛没听见孩子的话。他忙着调音，全部听觉都倾注在所要寻找的音阶上。跟着他拉了起来，马尾鬃在裹银的钢弦上摩擦，随即有一股美妙又圆熟的音色在琴箱里回旋，宛如淙淙溪流在山坳里打个转儿，跟着便从音孔里冲出来，散到空气里。这一下，仿佛使周围的空气顿时夺目辉煌，烁烁发光。怎么？难道隔绝已久的声音出现耳边就会如此动人？不，不，他听得出，只有上等的提琴才能发出这样的音色⋯⋯他被这音色打动了，即兴拉起被这声音所唤醒的心中的旋律。他已经忘掉了周围的一切。他肩膀一动，音箱的面板一闪闪地反射出一种金红色的光。他微微抬起眼睛，看见远处一片醉心的暮色。在那晦暗迷离、暮霭沉沉的镇口，只有几株老槐树的形影依稀可辨。在那上边，天空被落日的余光反照着，分外清澄，分外明亮，分外宁静，分外辽阔和空远，好像倒悬天上无边无际的湖。几条长长的云带给夕阳染得像几条火样的赤龙，静静横卧在那没有一丝涟漪、无限清澈的湖里⋯⋯不知为什么，这美景，这沉静的暮色，这漫无际涯的天地，竟把他整个身心都吸去了——又好像是给飘去的琴音带去的。这琴音还像一根无形的搅棒，把多年来沉淀在他心底的苦辣酸甜的感触和滋味全都搅得翻腾起来，说不出是甜蜜，是伤感，是难过，是舒快⋯⋯一滴亮晶晶的大泪珠溢出眼角，滚过脸颊，流到腮托里，下巴也感到湿乎乎的。等到他止住琴弓，声音停歇，再一看左右的人，就像从梦里醒来一样。那男孩和周围的几个镇民直愣愣地看着他。有的惊讶地朝他半张着嘴，有的猜疑不解地皱起眉眼，有的却以为他多半是个疯子。

这时，他已经惊奇地感到，从来没有一把琴能像手中的琴这样得心应手，随心所欲；这琴弦仿佛就是他的心弦，一拉就能响起心里的声音，即使他前几年失去的那把德制的小提琴也不能相比。它像绘画大师的调色板，能够调出任何所想象、所需要、所感觉到的颜色。它好像有无限宽阔的音域，无比丰富的声音的层次，无穷的表情⋯⋯此刻他已经觉得自己意外碰到一件稀世珍宝了。他掏出一块帕子把琴上的积尘抹净，便看到这琴的本来面貌。它整个形体朴素无华，气息沉静，琴头却像古代美女的发梢那样柔和翻卷着；弦轴的式样简单古雅；其中指板的乌木异常陈旧，磨损得厉害，把位的部分凹陷下去，按弦之处全是挺深的指肚大小的坑儿。若非历时悠久的古琴，难以出现这种迹象，就如古庙的古径，年深日久，才给游人香客的脚摩擦得又光又薄。琴上的漆皮凋落不整，只有古铜器斑斑而迷人的锈痕才能与其媲美。他细看之下，在琴头和音箱的边板上还发现了许多浮雕很浅的、繁复而奇异的花纹。他心里一动，倒过音箱，在指板的尾端竟然看到了几个草写的意大利字母。

"噢！克雷蒙纳琴！"他几乎叫出声来。

他早就听人说过，意大利克雷蒙纳城的提琴最著名。这个城里曾经有一位著名的提琴制造家斯特拉地瓦利。这位提琴制造家和他的徒弟们所制造的提琴工艺异常精美，声音出奇的优美，能使听者迷醉，如入幻境一般。这每一把都是绝品，早被各国提琴收藏家们视为艺术珍宝而到处搜寻。

当初听到这故事时，他只当是小提琴制造史上一段佳话或传说，而从来也没有过获得一把意大利提琴的奢望，——谁会料到，在这野乡僻地，在他失去了自己的小提琴、舞台生涯和以琴声为伴的幸福而潦倒落魄之际，这把出自克雷蒙纳的小提琴竟好像被他的遭遇所感动，自己找他来了。

"你翻来覆去看个啥？到底要不？"

男孩的声音闯进他的痴想中。

"呵？哎，哎，我买，买！你卖多少钱？"他问。

男孩见他要买，表情喜出望外，回头叫了两声："爹，爹，有人买琴！爹，爹——"

跟着，男孩身后一扇破木门吱呀一声开了，钻出一个矮小精瘦、脸色苍白的男人。一身黑裤褂，裤腿很宽，下边露着细细的脚腕，光着脚拖拉着一双破布鞋，鞋后帮踩在足跟下，头发和胡须都很长，乌黑无光，更显得他那张没有血色的脸纸一般白。他的一双眼给人的印象很特别，乍一看，使人感觉是竖长的；机警的黑眼珠滴溜溜地上下移动；这双奇特的、光芒外露的、盘算着的眼睛，和他整个瘦弱而病态的身形颇不相称。他瞅见有人手里拿着提琴，便问："是您要买？"他带着浓厚的四川口音，显然原来不是本镇的人。

"对，你要卖多少钱？"

"您给个价吧！"这矮子眼珠上下一动便说，脸上没有任何表情，显得相当老练。

"你要卖，总得有个价钱。"

"话虽这么说，可是这洋琴不比吃的用的，没有准价，全在买主卖主的心气儿。您别看这洋琴旧，但它不破不残，和崭新的一样使。如果您问它的价钱，那可不好说，这是人家欠我的债，硬顶给我的。你知道人家欠我多少钱才顶给我的吗？"

"这怎么讲？"他问。

矮子说出这琴的来由："我告诉您的可是实事。三十年前，我在重庆开茶铺子时，把栈顶的小阁楼租给一个大学生。这琴是那学生的。他白天去上学，晚上就拉这洋琴。他穷得很，欠我的房钱、水钱、电钱就甭提了。我这人厚道，从来不记人家欠多少，有钱就给，没钱就算。后来他得了痨病，临死前就把他的铺盖、乱七八糟的东西、书本和这洋琴顶给了我，算是还我的钱。他告诉我，这琴是个好东西。我也没用，一直留在家里……就这么一件事。您说我怎么要价？要是拿这洋琴折那学生欠我的钱，可就多了去了。您就看着办吧，如果您用得着，给多给少都没说的。"

"我怎么好说……"他觉得这把琴过于贵重，自己根本买不起。

矮子忽然摆出一副慷慨的神情，说："这洋琴我原打算卖五六十块钱，你要是真喜欢，我也退一步，您就给四十块钱吧！"

"什么？四十块？"他惊异地睁圆眼睛。

"咋？您嫌贵，我再告诉您——"

"不，不，这琴卖二百块钱也值。"他以为这矮子真的慷慨大义，受了强烈的感动，冲动地说，"这是把意大利小提琴啊！"

这矮子听了，忽然停住口，一双乌黑的眼珠在竖长的眼眶里，像水瓶里的气泡儿那样上上下下地动着，不时闪出一道光亮。这矮子虽然不懂"意大利小提琴"是什么玩意儿，却从这人冲动的神情和震颤的音调里得知自己这把琴并非寻常之物；而且凭着他多年做买卖所练出的本领，一望而知这个买主是个不通世事的呆子。他没有直接询问这琴究竟为什么如此贵重，但他的口气已经变了："是啊，是啊，我当然知道这洋琴是个好玩意儿。我，我刚才说那价钱，不过试试你识不识货，你凭良心出个价吧！你既然识货就由你说。"

买琴的人竟然没有听出矮子耍的花腔，他垂头沉思一下，一仰头便说："一百二十块！"

好家伙，这人一下子自己就提上去三倍的钱！真使矮子和周围的人听呆了。但矮子并没有因此放掉这个到了手而仍旧不知到底有多大的一块肉，竟摇了摇头说："一百二十块是不是太少了？

您知道，这琴在我手里三十年都没舍得卖掉，要不是孩子他妈有病……"矮子说着就从他手里把琴拿了过去。

他担心矮子不卖琴了，便赶快说："我出一百五十块，可以了吧！"

周围几个瞧热闹的镇民嘴里没说什么，却看得出，这卖主是地道的买卖人，买主根本不会买东西。一个讨价还价，出尔反尔；一个老老实实，以假当真。矮子完全抓住了他急于买琴到手的欲望，他却看不出矮子也迫切卖掉这把琴的心理，自己沉不住气，单凭对这把琴的渴望，一味地由自己抬高价钱。有人认为他是个傻瓜，也有人竟疑惑这个挂着四根钢丝的葫芦形的木头盒子里藏着什么奥妙。可是所有人都猜到矮子绝不肯就此罢休，肯定还要从对方身上再挤出些油水来。果然，矮子说："一百五十块？不行，不行，您刚才还提到这琴值二百块呢！我也不是不懂得这东西的行情！您可别赚我呀！"

"可是，你，你……"他嘴唇抖动起来，"你一开始还说要四十块钱呢，二百块是我说的。"

矮子笑了，"我说那四十块，不过开个玩笑。这琴三百块也值！"

他听后，登时脸涨得通红，怒形于色，一句话也不说，直盯着那人手中的提琴，好像看着被豪强夺去了的爱人。然后一猫腰，提起地上的半包菜籽一背，扭头气冲冲地走了。

矮子见此情景也愣了。他身边的男孩扯了一下他的衣襟，说："好容易等来个买主，叫你挤跑了。你不说卖三十块就行了吗？干吗一百五十块还不卖？"

矮子斜蹬了男孩一脚，骂道："笨蛋，少废话！"跟着喊那人："喂，同志，价钱好说，你别走呀！"

那人不理他，接着往前走，走了十多步忽然又停住，转身走回来，好像被什么东西扯住，走也走不脱。他站在矮子面前，带着一股余怒，直截了当地说："二百块，我说的，就这样吧！我很穷，再多一点我也买不起了。"

矮子的目光在他脸上移动着，好像在鉴定他的话是否诚实，等到矮子确信了他的话真实不假时，便做出一种义形于色的样子说："行了，行了，听您的，我也下狠心卖了。您身上带着钱了吗？"

"今儿没带，如果说定了，明儿早上八点我带钱来，你在这儿等着我。"

矮子回身指了指那扇破门，说："好，说定了，绝不改！明儿一早您来敲这门就行了，我就住在这门里。"矮子说到这儿，忽然好奇似的问这位依然不可思议的买主："您是哪个村的？"

他没回答，只说："明儿八点见！"就去了。

矮子、男孩和看热闹的镇民都在这人的背影上用想象画了一个大大的问号。他是谁？肯出二百块钱买这么一个毫无用途、又旧又破、只会吱吱呀呀叫唤的废物？这人既不像庄稼汉，又不像乡村的小学教师，也不像到庄上探亲的外地人。人们不觉抬眼望他，他已经走远了。残阳的余晖迎照着他，在他身体周围镶了一圈明亮的轮廓……

三

月光如雾化了的水银，从方方的小泥窗洞泻进来，照亮了他半个枕头和床头的一小块地方。他把头移到月光照不到的阴影里，甘愿浸在这黑洞洞、没有任何形象来打搅的空间中，倒还舒服。但眼一瞧满屋重重叠叠、模模糊糊、奇形怪状的黑影，心里不禁又浮现出如同这纷乱而破碎的黑影一样的昨天。

不眠时的胡思乱想，好像乱云飞动的天空。回忆仿佛是无意识的，印象也都破碎不整，毫无顺序，也没关联，零零碎碎，来去无踪。什么人啦、事啦、念头啦、希望啦；眼前的、过去的、失却的、将来的……忽隐忽现，纷杂不已。有如大雾弥漫中的群山，忽而隐去不见，忽而又从一片虚无中闪闪夺目、有姿有态地显现出来。但只要是那些痛苦的往事冒出头来，他便极力将它们按下去。

不去想——这是生活的毒芒刺了他之后，才送给他的一个盾牌。这盾牌只能去应付回忆带来的重新再感觉一次的刺疼。但是，盾牌上满是小洞。回忆中的往事会时时阻拦不住地从洞眼儿漏进来。啊，你怎么又漏进来了呢——

多么清晰，多么逼真，好像又出现在眼前一样。那一群戴红臂章、穿草绿色军服的孩子们，手执着木枪和皮带，硬逼着他站在一堆被摧毁的家具什物的废墟中间，用他那只珍贵的德制小提琴去拉《大海航行靠舵手》。拉过之后，那琴就被孩子们夺去，扔在地上，给木枪捣破，用脚踩成碎片……随后是孩子们冲着他一张张严厉、发狠又充满胜利者的得意扬扬的脸。他年轻时留德带回来的、几十年里日日伴随着他的、唯一的珍爱之物消失了。

唉！为什么想这些事？是不是刚才在镇上见到那把意大利小提琴，才把这些几年里不敢去想一下的事情勾引出来的？不要再去想了——

还是想一想快活的事吧！瞧啊，巨大的、几乎是从天垂落的、紫红色丝绒帷幕拉开了。聚光灯把一束强光从大厅一角斜投在他身上。他看不见自己，也看不见台下黑压压的听众。只有一把光滑柔和的小提琴夹在他下巴和肩头中间。于是他心中的情感、灵性、爱、向往，他刚劲勃发的冲动，温柔的抚慰，眷眷的怀念，都通过他有力的臂膀，倾注在仿佛随着他的心一同颤抖的琴弓上……座无虚席的大厅的空间，只有弓弦在响，听众的心儿在无声地发生共鸣，随后便是轰然而起的掌声、喝彩和呼叫声，还有鲜花和雪片一样降落在他桌子上的听众的热情的赞美信。这一切，都一次次巩固他为提琴和听众献身的信念。他心中暗暗揣着一个不大不小的野心——他要做中国的帕格尼尼……

做什么梦？拉什么琴？什么帕格尼尼！滚吧！批斗、抄家、检查、拳打脚踢，顷刻狼狈得像一只丧家犬，最后便给放逐在他早已无亲无故的原籍。幸亏生产队收留了他们，从此便开始了一种全然陌生的生活。种地、拾肥、打柴、放牧……旧生活留给他做伴的只有老婆和女儿。但多年来，他不习惯与亲人们多说多道，也很少关切亲人们的心事。在他倾心于琴弦上时，往往亲人们是多余的。他只习惯于和提琴对话。给他快乐、安慰、幸福的都是那把琴。在他将心中的一切倾诉出来时似乎也只有琴才懂。但是那琴碎了！

谁能想到他怎样地需要琴！

有如帆，渴望着风；有如鸟，渴望天空；有如小鹿，渴望着树林和草坡；那坡上的将要干枯的绿草，渴望着淋漓的雨……今天，他渴望的终于得到了，而且是一把意大利小提琴啊！有了琴就行，哪怕日子再苦，遭遇再坏，只要琴音响起，苦能化为蜜，哀愁变成欣悦，空虚立即会充实起来。

但他依然得不到它。

没有钱！刚才他跑回来，把这天大一般的喜事告诉给妻子时，妻子带病而憔悴的脸也放出光彩，随后光彩消失，沉默下来。他们刚刚买过菜籽，只剩下一百九十块钱，即便能买下这把琴，一家三口便分文也没有了，成了干泥塘里无法活动的三条鱼。这时他的心情顿时降下两个八度，低得难以分出层次，简直成了一种沉郁浑浊的呜呜了。

好一个奇怪的夜晚。妻子女儿早都躺下睡了，却没有往日那种轻轻又均匀的鼾声，莫非她娘儿俩此刻也没入睡？他轻轻叫了妻子，又叫了女儿两声，没有应答。他想，反正明早得到镇上去一趟，向那矮子道歉，说明原委，退掉琴……

他直愣愣地盯着由窗外泻进的月光。

雾化般的水银渐渐变成水银样的雾。

隐隐地，从这迷离和银亮的光与雾里，响起一个美妙的旋律，熟悉又陌生，动听又动心。《月光曲》？怎么会有提琴演奏的《月光曲》？来不及分辨了，分明是提琴拉出来的旋律，他还看见一根琴弓在眼前抖动着，跳跃着，上下优雅地滑动着。声音从琴箱上那一双 S 形的音孔里流散出来。这流散出来的是声音吗？不，是清盈盈的水，水一般的月光，比水还清、还柔、还明亮的月光，月光，月光……

感觉变得离奇了。不知为什么，这离奇的景象那么逼真，不容置疑。恍惚间，他感觉自己在月光里悠悠地升腾而起。这哪里又是什么月光，分明是驾着一只巨大的白鸟，好像是一只天鹅；他手里拿着一把异常奇特的提琴，在天宇上轻飘飘地飞翔；一边飞，一边拉琴，真是美啊！可是这提琴好怪！怎么是个小布包儿？很像白天背着的半包菜籽，又居然能拉出无比神奇的音响。随着音响的节奏，他看见左右两旁白鸟巨大的翅膀正合着拍节一下一下扇动着……这是梦吗？不，绝对不是——他用手摸了摸白鸟长长的颈，那颈上厚厚、光滑和顺溜溜的羽毛的感觉异常具体和逼真；他用力拉了几下琴，竟连琴弓的马尾摩擦琴弦的感觉也真切地传到手指上……跟着，乌云四合，闪电的强光逼入眼睛，雷声震耳欲聋。他座下的白鸟摇摆起来，好像暴风雨里大海中的小舟，上下忽起忽落。他手里的提琴不能自控，琴弓发疯般地狂跳，琴音变得急迫、狂躁，疾疾如风；一个旋律飞快地响起，好像闪电掠过当空。这旋律也好像在哪里听过，多么耳熟，《魔鬼的颤音》吗？

突然，白鸟一转跌落下来，好像跌进市场拥挤的人群里。这些人一概都穿绿衣服，臂套红袖章，都朝他拥挤过来，其中有个人面熟，长着一双竖长的眼，个子矮小，伸手一下子把他的琴夺去。他迷迷蒙蒙地觉得这人似乎是卖琴那矮子，他刚要和这人说话，这人竟扛着琴跑了，而且跑得飞快。转眼间，那琴看上去已经比火柴盒还小了，眼看就要失去。他伸出手去要，自己的胳膊却好像只有半尺短，伸也伸不长。他用力一伸，感觉全身猛地一抽动，眼前的景象陡然消失，渐渐看到的却是一团朦胧模糊的影像。随后，他明白自己刚才是在梦境中，此时还躺在床上。窗口的月光却已移去了，变成一片将近黎明的浅蓝色的天，天上还有残月稀星，屋里已不是漆黑一团了，而是灰蒙蒙的。夜寒和凌晨最先到来的凉风混在一起，使他很快地清醒过来。外边早有鸡叫了，屋内的女儿和妻子都在熟睡中打着鼾声，一人一下，一轻一重。

他想自己该起身到镇上去。从这儿到镇上有三十来里路，现在起程便能在八点之前走到镇上。

他坐起身穿衣，偶然见床旁小桌的水碗底下压着一沓钱。哪来的钱？他取过来数了数，正是一百九十元钱，家里全部积存的钱！毫无疑问，这是自己睡熟时，妻子悄悄放在这里给他买琴的。他心里一阵激动的波澜泛起。就在这时，在凌晨晦暝的微光里，又发现枕边有个白乎乎的昨晚入睡前不曾有的东西。他拿起一看，原来是个折成四方形的小纸包，打开一看，是四十元钱，还有张纸条，上边的字迹看不清。他拿到窗前凑向外边的光线看，原来是女儿写给他的：

爸爸：

　　这是我自己存下的一点钱，原是想凑足了之后给您买小提琴的。现在虽然不多，您正用得着，请您万勿推辞！

女儿上

一九七〇，六，十六

他万没想到，一下子就有二百三十元钱，买下那把琴还有余。

妻子女儿……她们这是怎么回事？他真不明白了！仿佛比刚才的梦还要离奇。但这一切都来不及弄明白，他心中的狂喜暂时压倒了一切。他想叫醒妻子女儿，谢谢她们，拥抱她们，亲亲她们，但他没有那样做，因为他不想打搅她们的甜睡，只想快快到镇上买来那把琴，拉给她们听。他用手巾蘸了蘸盆里的凉水抹了一下脸，带上两块饽饽就兴冲冲地上路了。

四

在渐渐发亮的天空下，四下田野一片灰茫。说不清是夜色还稀薄地滞留在大地上不肯飘去，还是日出前凝聚起来的浓重的晨雾，从中只能看到一些虚淡的树影。在那东一处、西一处黑乎乎的村落那边，远远而清晰地传来鸡鸣犬吠和牛羊断断续续的叫声；还有稀稀落落闪着的一些灯光。凉飕飕、又黏又湿的晨风在道旁莘草丛中瑟瑟穿行；在看不见的漆黑中的水塘里，有青鱼拉草的唰唰声，空中还有蝙蝠捕虫时翅翼搏击空气而发出的噗噗的声响。再有，便是他的脚步声了。

他怀里揣着鼓鼓一包钱走着。

道儿很长，他开始琢磨起妻子女儿今天完全出乎意料的做法来。他不由得想起一件事：

在四年前的"革命"狂潮到来时，女儿才十二岁。一天晚上，音乐学院的学生们来抄他家，天下着大雨，女儿突然不见了，整整一夜也没回来。他担心出了事。但转天一早，女儿湿淋淋地跑回家来，额前的头发贴在脑门上，嘴唇苍白，他问女儿做什么去了，女儿也不回答。事过两年之后，他才知道女儿在抄家那天晚上，偷偷把他的一些琴谱拿出去埋藏起来。等到他和女儿去把那些琴谱挖出来后，裹在外边的几层已经烂掉，而这又都是一些没什么价值的、常见的乐谱。在那个动乱不安、灾难时时会危及生存的岁月里，他并没有对于女儿小小心灵加以体会。事隔几年，现在才体会到那件事里的动人之处。他被感动了。女儿那时才只十二岁哪！她当时需要付出怎样的勇气才能完成这一高尚的行为。她虽然不懂得爸爸的事，却知道爸爸的生命与什么相连。今天女儿写给他的那字条，不是又一次证实了吗？女儿哪来的四十元钱？是自小存下的年年的压岁钱吗？难道她一直悄悄地想给他买一把琴？这，这……

这时，他的心像迎着光线打开的门，突然豁亮了。多年来，他把他的心、感情和全部精力给了他的提琴；而生活在身边的两个人却默默地把整个的心都给了他，在他周围一片光华灿烂时看不见，在他眼前一片黑暗时却荧荧地出现了。

他又想到，为什么几年来妻子从来不跟他说起小提琴呢？为此，他还暗暗埋怨妻子不了解他，不关心他，不知道什么是他内心深处的苦乐。但今天她为什么悄悄地把家中仅有的积蓄全部给了他买琴？噢，一切都明白了！原来，妻子知道哪里是他的伤痛之处，一直小心翼翼，不去触动它。一个人怀着怎样深沉的爱，才有这样细微又持久的用心！看来不单是爱，而是他一个真正的知心和知音。人心是个多么神秘莫测的东西，它隐藏在最不易看到的地方，谁又知道那里边又隐藏着些什么呢？

他下意识地用手摸了摸怀中鼓鼓的一包——一家三口的全部的积蓄，包括小女儿千辛万苦积攒下来的全部的钱。他拿去买一把自己心爱的但于生活毫无用途的琴，是不是太自私了？他不忍花这些钱了，突然停住步子。这时，那把迷人的意大利小提琴却在远远的地方执着地呼唤着他。

他停了很长时间，任凭良心和欲望在打架，终于他找到一个理由来平衡内心的不安：妻子女儿都以他的快乐为快乐；如果把这琴买到手，能使全家人在贫困、不幸和劳累一天之后，从中获得慰藉，获得补偿，获得快活。想到这里，他略觉心安，于是他开步继续向镇上走去。这时，天明了，雾散了，田野绿了，远远近近、大大小小的池塘一个个亮了起来。

五

赶在八点之前，他敲那扇小门。矮子开门把他让进屋。这是间晦暗破旧的小屋，屋里几乎没有一件完整、干净、发亮的东西。昨天卖琴的红眼边的男孩正在床上睡觉，虽然阖着眼，眼缝依然明显发红。这屋里还有一个妇女在不停地忙着什么。看她的年龄和身材都与矮子差不许多，肯定是矮子的老婆。矮子让他坐下后，头一句话就说道："那琴我不卖了！"

"为什么？"他听了大吃一惊。

"我老婆说，那琴是人家送给我们的，我们也不缺这二百元钱花，卖不卖都不吃劲。今天算叫您白跑了，真对不住您。"矮子说。

矮子的老婆站在一边，背着脸在刷洗东西，也不吱声。

他恼火了，却不知该怎么说："你，你这叫什么事……哪能说了不算。"

矮子竖长的眼睛直盯了他片刻，忽然说："你要是肯再多添点钱，我就卖。"

他终于明白了对方的用心，被对方的贪得无厌刺激得简直要发火，甚至觉得与这种市侩小人过多纠缠真是无聊得很。一种由心中升起来的洁身自好的高傲情绪，迫使他巴不得赶紧了结这桩事，赶紧离去。他说："我告明白你，我现在身上有二百三十块钱——"他看见矮子的目光一亮，厌恶得直冒火。他克制住自己，口气却很硬："这是我家的全部现款。我老婆有病，手边总得留二三十块钱。我只能再添给你十块钱了。二百一十块钱。你卖不卖？如果还不行，我马上就走，从今再不来找你！"

矮子听后怔了一下，和他侧过脸来的老婆迅速交换了一下眼色，跟着有一种讨好谄媚的笑意——原先好像潜藏在脸皮底下，此刻浮到面孔上来，他笑嘻嘻地说："好说，好说。这就算成交了，二百一十块钱。我卖你买，你拿钱来，我给你那洋琴。"

他一听这琴买成了，心里恼火登时全消，反而有种快活舒畅的感觉。他一手伸到怀中去掏钱，边问："琴呢？"

"那不——"矮子回身往上一指。

顺着矮子手指的方向，他看见一件白晃晃、莫名其妙的东西挂在屋上角的墙壁上，好似医院病房使用的瓷便盆。这是什么东西？再细一看，竟然是一把小提琴！白颜色的小提琴？他从来还没见过。他伸进怀中的手不觉停住了，以为矮子又要什么花招，便问："这是什么琴？我要昨天那把琴！"

"哎呀——"矮子说，"您真是眼拙，这就是昨天那洋琴哪！"

"怎么可能，那是一把旧琴。这……"

这时，矮子的老婆转过身来，眉开眼笑地对他说："这就是那洋琴，我家哪里还有第二个呢？这是孩子他爹见那琴太旧，正好家里还存着半瓶白铅油，昨晚就给您油上了。您看这洋琴多漂亮，多寡净！跟新的没两样了！您说是吧？"她的话说完，讨好的笑容依然浮在脸上。

"什么？你上了油？"他睁圆眼睛对着矮子，说话的声音过大，像喊一样。

矮子看他这样子有点吓人，惶惑不安地问："是啊，是我油的。油得不好？"

他突然把伸进怀中的手抽出来。一种彻底的绝望与懊丧使他脸上的皮肉也都松垂下来，连模样也仿佛变了。

"您怎么了？"矮子问他。

"你这琴甭说卖二百一十块，就是卖十块钱我也不要了。"他说。

"为什么？这是为什么？"矮子听了，竖长的眼睛像一对惊叹号。

"琴上了油，声音全变了，这琴算完了！"

"我，我原是想多卖几个钱，才上了油。"矮子说了实话。他慌急地问："您说还有办法吗？把油刮下来，再用砂纸打磨干净，然后再……"

他突然朝矮子吼道："你住嘴！你不单毁了琴，也毁了我！"随后，他在矮子夫妇惊讶莫解的目光里猛拉开门，走出去，啪地把那小破门使劲摔上。

完了！毁了！没了！空了！

他任凭双腿往家里走去，却好像全无目地走着。

他的心如同荒原，如同沙漠，如同空无一物的天宇。

他再一次失去了琴，再一次重温失去琴的感觉，再一次感受到没有琴音的世界竟然如此单调、乏味和空洞。这一次加重了那一次留给他的绝望。对于他，世上万物，如果没有化为声音和旋律再现在他的琴弦上，那就一片虚无；整个地球就像亿万万年前在宇宙间尚未聚成一体的、散乱飞旋的一团物质；周围世界就好比云彩对于盲人——只有干巴巴的概念，没有形象，不可形容……

他好像一个人在空荡荡的世界上走着。

可是，当他一抬头的时候，正好远远地看见了他的家——这家就像一幅画儿，隔着淡淡的晨烟，渐渐透现出来。瞧啊，那两间黄泥屋，几株高高而淡绿色的杨柳，歪歪斜斜的篱笆，这些都给明媚的阳光笼罩着，并在这前边一片清水塘静穆地垂下倒影。恍恍惚惚地，还看见妻子在房前的当院里弯腰忙着什么；女儿在晾衣服，一件张扯开的白布衫子映着阳光，异常耀目……

不知为什么，这普普通通的情景此刻有这样的魔力。一看到它，他的心仿佛像风儿停歇了的湖水，刚才那股狂乱的思绪就像大波大浪一样，顷刻间平静下来……他不由得站住了，看得痴迷了，神往了。一股看不见的、从未尝受过的、甜蜜的生活汁液注入他的心中。他的心一点点地感到充实起来，连同周围世界也渐渐变得丰富、饱满和盈盈动人了。而这一切又都融成一个甜醉而无声的旋律，从他心底渐渐地响起来。

他被此情此景感动得忽地涌出了一股泪水……

六

莫怕孤单，

它依旧在你身边；

你所爱的，一样也没失去，

只是深藏起来，不易发现。

你期待它期待已久，

难怪常常把它抱怨；

它等待你等得好苦，

却一直默默将你切盼——

但，你已然把它看见，

啊，你已然把它看见；

快奔去、快奔去啊！

将它紧紧拥在你心怀之间……

1981 年 5 月 18 日于天津

楼顶上的歌手

——一个在极度压抑下浪漫的故事

一

那天早晨，忽有一块极亮的、颤动着的光像发狂的精灵，在我房间里跑来跑去。当这光从我眼前掠过，竟照得我睁不开眼。我发现这块诡奇的光是从后窗外射进来的，推窗一看，原来隔着后胡同，对面屋顶上那间小阁楼正在安装窗子的玻璃。

我也住在阁楼上。不同的是，我的阁楼是顶层上的两间低矮的亭子间；对面的阁楼是立在楼顶之上孤零零、和谁都没关系的一间尖顶小屋。远远看，很像放哨用的岗楼。它看上去很小，而且从来没人居住。它为什么盖在楼顶上，当初是干什么用的，无人能说。这片房子是二十年代英国人"推广租界"时盖的。只记得后胡同里曾经有人养过鸽子，有许多白的、黑的、灰的鸽子便聚到这荒废的屋子里，飞进飞出，鸽子们拿这小空屋当作乐园。现在有人住了吗？是谁搬进来了？

隔了十来天，黄昏时分，忽然一阵歌声如风一样吹进我的后窗。后胡同从来没有歌声，只有矿石收音机劣质的纸喇叭播放着清一色的语录歌和样板戏。那种充满霸气的吼叫和强加意味的曲调被我本能地排斥着。于是此刻，这天籁般的歌声自然就轻易地推开我的心扉了。

没等我去张望是谁唱歌，妻子便说："是那小阁楼新来的人。"

女人对声音总是比男人敏感。

我们隔着窗望去，对面阁楼的地势略高一些，相距又远，无法看到那屋里唱歌的人。这是一个男性的歌声，音调浑厚又深切，虽然声音并不大，但极有穿透力，似乎很轻易地就到了我耳边。这时金红色的夕照正映在那散发着歌声的小屋，神奇般地闪闪烁烁。我分不出这是夕阳还是歌声在发光。

我第一次感受到声音是发光的，有颜色的。

这个人是谁呢？一个职业的歌手吗？他是谁？只一个人吗？从哪搬来的？他也像我们——抄家之后被轰到这贫民窟似的楼群里来的？对于楼顶上这间废弃已久的小破屋，似乎只有被放逐者才会被送到这里。

我相信我的判断。因为我的判断来自他的歌声。一些天过去，我听得出他的歌声如同盛夏的天气时阴时晴。这声音里的阴晴是歌者心中的晦明。我还听得出，他的歌声里透出一种很深的郁闷与无奈。他的歌为什么从来不唱歌词？在那个"革命歌曲"之外一切都被禁唱的时代，他一定是怕这些歌词会给自己找麻烦吧。从中，我已经感知到他属于那个时代的受难者。

也许我和他是社会的同类。也许他随口哼唱出来的歌——那些名歌、情歌、民歌我太熟悉，也太久违了。我为自己庆幸。好像在沙漠的暴晒和难耐之中，忽然天上飘来一块厚厚的雨云，把我遮盖住，时不时还用一些凉滋滋的雨滴浇洒我的心灵。

我这边楼群的后胡同，其实也是他那边楼群的后胡同。后胡同自来人就很少。从我的后窗凭栏俯望，这胡同又窄又细又长又深，好像深不见底的一条峡谷。阳光从来照不进去，雨点或雪花常常落下去，但落下去一半就看不见了；下一半总是黑乎乎的，阴冷潮湿，冒着老箱子底儿那种气味。对面的楼群似乎更老。一色的红砖墙上原先那种亮光光刚性的表层都已经风化、粉化、剥落，大片大片泛着白得刺目的碱花。排水的铅管久已失修，大半烂掉，只有零碎的残管东一段西一段地挂在墙角。一颗凭着风吹而飘来的椿树籽在女儿墙边扎下根，至少活了二十年，树干已有擀面杖粗。它们很像生长在悬崖石壁的树，畸形般地短小，却顽强又苍劲。这些老楼里的人拥挤得不可思议，每间屋子里差不多都住着一家老少三代甚至四代，各种生活的弃物只能堆在屋外。不论是胡同下边的小院，上上下下的楼梯，还是阳台上，到处堆着破缸、碎砖、废炉子、自行车架以及烂油毡。最奇特的景象还是在屋顶上，长长短短的竹竿拉着家家户户收音机细细的天线，好像一张巨大的蜘蛛网笼罩着整片的楼群。然而，这种破败、粗粝而艰辛的风景现在并不那么难看了。因为它和神灵般的歌声融在了一起。

二

一切艺术中，最神奇最伟大的莫过于音乐，莫过于歌。它无形无影，无可触摸，飘忽不定，甚至不如空气——挥挥手掌就能感到。但它却能够以其独有的气质与情感，改变它所充盈的空间里的一切。它轻盈我们轻盈，它沉重我们沉重，它恬淡我们恬淡，它激情鼓荡我们便热血偾张。一个地方只要有音乐，连那里的玻璃杯看上去也有感觉。这些被艺术家神化的声音，能够一下子直接进入我们的心，并轻而易举地把我们带进它的世界，心甘情愿地接受它美的主宰。

那时代，我活得可够劲。整个社会都疯了，我所供职的画院里的人们忽然都视艺术为粪土，都迷上了军装穿上军装，都把眼睛睁得奇大，好像处处藏着"敌人"。对于我，离开了艺术的生活空洞无物，更何况整个生活充斥着那种与艺术相悖的东西。你躲不开它，又绝对不能拒绝它，还要装着顺从它——甚至热爱它。

不管为了什么，违心地活着都很累。

当我带着一天的倦乏回家，拉下肩上的挎包——此时已无力把挎包放在柜子或椅子上，而是随手往地上一扔，一转身仰面朝天倒在床上，心中期待的是对面楼顶上的歌声飘过来。

尽管他的歌是苦味的，有时很苦，很苍凉，但很动情；他的歌声还有一种很特别的磁性美，使我的心一直走进他的歌声里，一天里积存在浑身骨节和肌缝里的疲惫，便不知不觉烟一般地消散了。不仅如此，他的歌还常常会给我端起的水酒里添上一点滋味，感染得我和家人亲热时多一些爱意与缠绵。最令我惊奇的是，他的歌还像精灵一样钻进我的笔管里。白天在单位不能画画，下班在家便会铺开纸，以笔墨释怀。这时我发现我的笔触与水墨居然明显的多了些苦味，很像他歌里的那种味道。歌声能够改变画意吗？当然不是，其实这种苦味原本也潜在我的心底，只不过被他的歌声唤醒罢了。为此，我非但没有去抵制他对我的影响，反而喜欢在他的歌声中作画。

一天，我被他低沉而阴郁的歌声感动，一种久违的冲动使我急急渴渴在桌案上展纸提笔，以充沛的水墨抹上大片厚厚的阴霾。然而，他浓重的低音并不绝望，时而透出一种祈望，于是我笔下的阴云在相互交错中不觉地透出一块块天光。我情不自禁，还在云隙之间，用极淡的花青点上薄薄的蓝色。这是晴空的颜色。但它又高又远，可望而不可即。这是无限的希冀之所在，一块极其狭小的安放遐想之地，却又朦朦胧胧，远如幻梦。

后来，他的声音转而变得强劲。那种金属般磁性的音质渐渐有力地透露出来。这一瞬，我看见在画面的云天上，飞着几只乌黑的大雁，它们引颈挥翅，逆风而行，吃力地扇动着翅膀。我在画这些顶风挥舞的雁翅时，好像自己的臂膀也在用力，甚至听到这些大雁与强风较劲时肩骨发出的咯吱咯吱声。我忽然想，这苦苦挣扎却执意前行的大雁所表现的不正是一切生命本质中的顽强？

我忽然彻悟到，人的力量主要还是要在自己的身上寻找。别人给你的力量不能持久，从自己身上找到的力量，再贯注到自己身上，才会受用终身。

也许为此，这样题材的画我不止一次地画过。奇妙的是，每次画这些逆风的大雁耳边都会幻觉般地出现那天听到的歌声来。

我个人生活的一段时光是和他的歌声在一起的。

我很幸运。因为那是我生命中极度贫乏的一段日子。

和歌声在一起是奇妙的。它与我似伴相随。

它进入我的生活时，是随意的，自由的，不知不觉的；它走出我的空间时，也随意而自由，像烟一般地飘去。它从不打扰我。他的歌很少完整地从头到尾，似乎随心所欲，想唱就唱。有时一段歌反复地唱，有时只唱一两句就再没声音。他是绝对自我的，完全不管也不知道我的存在。这反而使我很自由，完全不必"应酬"他。人和音乐所进行的是两个心灵奇妙的"对话"。当心灵互不投机时，人与音乐彼此无关；当两个心灵互相碰撞一起，便一下子相拥一起了。我和这歌手也如此，有时他的歌与我的心情不一致——我就不去用心倾听它。我与人聊天说话或者独自沉思时，它仅仅是一种远远的背景。就像身后的一幅画。

白天里很少听到他的歌，大多是他下班归来，所以他的歌总是和黄昏的夕照同时进入我的后窗。

由于他不唱歌词，歌中内容多是代以"呵、噢、啦、哎、呜"，类似歌手练习发声，但他在这字音里注入很多情感。这种无歌词的哼唱听起来就更像是音乐。有时他还会唱一些著名的钢琴曲或交响曲的旋律。这些旋律一直刻在我心里。他一唱，我就觉得旧友旧情亲切地回来了。

虽然他的歌不是为我唱的，却不时会与我共鸣。有时我像站在山这边听他在那边"自言自语"，有时却一下子落入他歌的深谷里。这些歌于我，常常勾引回忆，焕发想往，抚慰心灵，诱发爱意。它能使我暂时忘掉身边的苦恼，但当我离开这些歌，回到现实中，我会感到更苦恼更茫然。

渐渐的他的歌已成为我生活的一部分。

如果一天、两天听不见他的歌，我会想他，猜他，为他担心。但是他人长得什么样，我看不清楚。他大多时间待在屋，偶尔会到屋外——也就是对面楼群的房顶上站一站，或在晾衣绳上晾晒洗过的衣物。我最多只能知道，他中等略高的身材，瘦健，头发似乎较长。眉眼就绝对看不清了。除此之外，我对他一无所知。

但我知道他的心，他的气质与情绪。这全来自他的歌。

歌声就是歌手本人。因为歌是歌手外化的灵魂。由此说，我已经和他神交了。

一天，天降急雨。因为是北风，我怕雨水溅进屋，关上后窗。忽然一阵歌声混在雨声里，这支歌一听就立即感动了我。它很伤感、无奈，还有些求助的意味。它穿过密密的雨一直来到我后窗前，粘在我的玻璃上。风儿一个劲儿地吹我的窗，好像有人在外边哐哐地推。不知道为什么，我打开窗放它进来。一瞬间，我感觉这歌声仿佛是淋着雨进来的，好像一位顶着雨来串门的老朋友。

三

忽然一天，妻子站在后窗边，手指着楼对面叫我去看。她发现，歌手那边的窗边有个新的人影。鲜黄的衣色，黑色长发，显然是一个女人。这人是歌手的妻子吗？新交的女朋友吗？一年多来，那阁楼上只有歌手孤单一人，从没见过任何别的身影。

他一直很孤独，这是他的歌告诉我的。

但从那天起，我听得出他的歌发生了变化。歌声里边多了些新鲜的东西。有更多的光线与色彩，还有明媚的花朵，柔和的风，慢慢行走在天上的洁白无瑕的云，静谧的月色与奔涌的激流……而这些美好的事物好像实实在在就在眼前。

我妻子说："他在恋爱了。"她微笑着。

我望着妻子含辛的脸庞上柔和的目光，忽然感受到我们的生活和我们自己。脑袋里冒出一幅画来：大风大雪中，幽暗的密林深处一双小鸟相互紧靠在一起。我马上把心中这个画面画下来，即兴还写了四句诗：

北山有双鸟，

老林风雪时，

日日长依依，

天寒竟不知。

妻子看罢，对我打趣地说："你现在还在恋爱吗？"

我望她一眼。她依然是那种天生而不变的柔和的目光，脸上茹苦含辛的意味却一扫而空。

这之后歌手的歌愈来愈明亮，声音也明显高昂起来。一天黄昏，他居然唱起那支古巴民歌《鸽子》，而且连歌词也唱出来。歌声与夕阳一同把我们后窗遮阳的窗帘照得雪亮，歌中最高亢的含着那种金属质感的磁性的声音混在一束强烈的阳光里，穿过窗帘上一个破洞，雪亮地直射进来。这使我们很激动。在那个文化真空的时代，一时好像天下大变了。

突然后胡同一个男人粗声一吼："谁唱的？派出所来人了！"

歌手和歌好像被铡刀"咔嚓"切断，整个世界没声音了。严酷的现实回到眼前。

我想，那个叫喊的男人，多半嫌歌声太大，打扰了他。但这一吼过后，歌声戛然而止，立即消失，整个世界因突然无声而显得分外的空洞与绝情。

我真的担心歌声由此断绝。但一周之后，对面楼顶上的歌声渐渐出现。开始只是断断续续，小心翼翼，浅尝辄止，居然还夹着一点语录歌的片段。随后，他又像以前那样唱歌——没有歌词；没有歌词就安全，因为住在后胡同里那些人没人懂得他唱的是什么。而由此他的音量始终控制得比较轻。令我奇怪的是，他的歌中那些光线与色彩却变得含糊了，内含犹疑了，甚至还有些缭乱不安。他要向我诉说什么呢？

四

一个月后，歌手的歌无缘无故地中断。是由于那次唱《鸽子》被人告发，还是出了什么事或是病倒了？

我总在猜。

妻子说："要不你到那楼上瞧瞧去。他一个人，如果真的病倒了呢？"

没想到，我们已经把这个不曾认识，甚至连长相都不知道的人，当作朋友一样关切了。

若要进入他那片楼群，先要走出我这片楼，绕到后边一条窄街上，寻一个楼口进去。

他这楼群是十几排楼房组成的。他在哪一排？我事先观察了地形，估摸好他那楼的位置和距离，但真的走进这片老得掉牙的楼群里，马上转向，纵横迂回了半天，还是扎进了一条死胡同。又费了很大劲，总算找到他这排楼。可是一排楼有许多门，哪个门通向楼顶上歌手那个阁楼？我看见一位矮胖的大娘站在楼前，上前询问。

矮胖大娘显然是街道代表一类人物。叫她"大娘"时，她一脸肉松松地微笑。待一打听那歌手，她腮帮的肉立即紧绷，小眼睛警惕地直视着我，好像发现了"敌情"。总算我还机灵，扯谎说我是东方红电机厂毛泽东思想宣传队的，想找那人去唱革命歌曲，尽管她将信将疑，还是告诉我应该走哪个门。

这种年深日久的老楼的楼梯，差不多都只剩下一半宽窄的走道，其余地方堆满破烂，全都蒙着厚厚的尘土；楼梯的窗子早都没有玻璃，有的连窗框也没有，不知哪年叫一场大风扯去的；墙壁上的灰皮大块大块地剥落下来，露出砖块；顶子给烟熏得黑乎乎，横七竖八地扯着电线。做饭时分，家家门口的煤球炉子都用拔火罐，辣眼的浓烟灌满楼梯上下。

我从中穿过，直攀楼顶，一扇小门从乳白色的煤烟中透出来。我屈指敲了敲门，里边没声音，手指再用点劲，门儿径自开了，没有上锁，看看门框，也没有锁。

眼前的景象使我惊呆。说老实话，我从没见过如此一贫如洗的房间。七八平方米小屋，家徒四壁。墙上除去几个大小不同、锈红的钉子，什么也没有。用码起的砖块架着的几条木板就是他的床。一个旧书架，上面放着竹壳暖瓶、饭盒、碗盆、梳子、旧鞋、药瓶；只有几本书，都没封皮，我却看得出其中半本旧书是屠格涅夫的《猎人笔记》，因为书中有些写得极美的段落我能背诵。小屋里既无柜子，也没桌椅。墙角放着两个装香烟的纸箱子，大概是放衣服的。我着意看一眼果然是，一只装干净衣服的，一只盛脏衣服的。

我真不解，就这样几乎一无所有的地方，一年多来，竟给了我们那么丰盈、深切、充满美感的抚慰和补偿！

其实，这才正是艺术的神奇与伟大。不管物质怎样贫乏内心怎样压抑，它都能创造出无比丰富的精神和高贵的美来。

我从他的窗子向外张望，对面正是我住的楼房，再往下看，是我的阁楼。换一个位置看自己的家的感觉挺有趣，就像站在镜子前瞧自己。此时，我妻子好像正在窗子里抬头望我。她很想知道我看到了什么吧。我向她打手势，太远，她肯定看不清。我想告诉她，我看到的远远比我想看到的多得多。

十天后，外边忽然又传来他的歌声，他重新"出现"了。我和妻子在惊喜之时，不约而同地屏住呼吸，从他的歌声里询问他的一切。

这次的歌，婉转低回，郁闷惆怅，宛如晚秋的风景一片凋零。所有树木光秃秃的枝条都无力地低垂着，枝梢伏在地上，并浸在凹处冰冷的积水里。不用再去分辨，我坚信这是失恋者的哀伤。从这歌声里知道，他没有患病，却看到十多天来他身上发生了什么。他的歌最多只是几句，断断续续，似乎每次唱，都是难耐的痛苦的一种释放。失恋中的苦与爱是同步的。从中我听得出昨日的爱在他生命中的位置。

她为什么离开他？不知道。歌声里只有情感没有叙事。

这天傍晚，我的一位画友在我家吃饭。我这位朋友住在老西开那座天主教堂的高墙后边。他最初画水墨，近些年改画油画，画得很抽象。他画中怪异而冷峻的变形缘于心中的变态，他笔下那些畸形的形态彰显着内心的扭曲。

我问他："你不怕这种画会给你找麻烦？"

他说："那些人不像你，他们不懂画。我会对他们说，我的画还没画完，或者说我刚学画，还画不像。"

我笑道："这是绘画的好处。作家不行。作家都是白纸黑字。弄不好一句话就招来大祸。"

妻子在餐桌摆上炒鸡蛋、炸花生、拌黄瓜、猪肉丸子汤，还有一瓶刚从凉水盆里拿出来的啤酒，这便是那时代上好的家宴了。酒到半酣时，后窗外传来那歌手很轻的哼唱。我的画友问我："这是谁在唱？"

我便讲了对面楼顶上的那位歌手。从一年多前他搬到对面那阁楼上，一直讲到这些天发生的事。还讲到他的歌和我的感受，以及我对他的造访和他的热恋与失恋。我的画友问我："直到今天，你也不知道他的模样吗？"

"从未见过。长什么样根本不知道，姓氏名谁更无从得知。"我说。

我的画友笑道："有意思。可你却是他的知音。不，应该说你是他这世上唯一的知音。哎，他知道你吗？"

"不！"我说，"他可能根本不知道我的存在。"

我的画友忽然停住不再说话，手中的筷子也停下来，这因为歌手那边又轻轻唱起来。我的画友听得用心，仿佛也有些投入了。他忽发感慨地说道："原来失恋不单苦，也这么美。"

我说："在艺术中，痛苦的东西愈美就愈深切。"

五

我对大地震的亲身体验是，第一下并非左右剧烈摇摆，而是突然向上猛地一弹，所有东西和人都往上猛地一蹦。我妻子对大地震的体验是门框下边才最安全。她当时摔倒在门框下边，地震时屋里屋外砖瓦落如急雨，但凭仗着门框的保护她居然没受到一点伤。

这次全世界都知道的大地震总共摆了四十秒钟。我楼下的邻居后来说，他们听到我从始至终一直在拼命叫喊，我说我不知道。据说这种喊叫是人的一种本能的反应，是在释放心中的恐怖，自己并不知道。但在那地动山摇时，我却听到两声来自后胡同的高声的呼叫。我太熟悉歌手这种带着磁性的声音了，但我怎么也不会想到这是我听到的他最后的声音。

大地震的第二天，我爬上自家的破楼，在坍塌的废墟——成堆的瓦砾里，寻找可用和急用的衣物。地震中，我的屋顶没了，一切全暴露在光天化日之下；房间靠后胡同那面大墙，带着后窗户一起落下去。现在对面的楼群一目了然。我像站在一座山顶，看另一片山，感觉极是奇异。这片上了年纪的老楼早已松松垮垮，再给大地一摇，全像狼牙狗啃过了一样。突然，一个景象闯进我的眼中，令我愕然。对面屋顶那歌手的小屋消失了，成了一堆砖头瓦块，远远看，像一个坟冢。

他呢？被砸了还是侥幸逃生了？

两年后，我的小阁楼修复了，只是把原先厚重的瓦顶改成简易的木顶。但对面歌手那小屋却一直没有重建。待他那堆震垮的瓦砾清除干净后，整片楼顶重新铺过油毡，黑黑的，一马平川，反射着刺目的光，看上去很异样。望着对面这空荡荡的屋顶，常常牵动我的是那歌手的下落，他是否还在人间。

我又到他那片楼里去一趟。此时"文革"已然结束，再去打听那位歌手不必提心吊胆。奇怪的是，那楼里的邻居竟连他叫什么也说不清楚。只知道他地震中受了伤，被人抬走了。但他被谁抬走的，抬到哪去了，没人知道。

那时代，人对人知道得这么少。

六

三年后一天晚上，我到不远的"三角地"那边的地震棚去看一个朋友，聊天聊得太长，回来已经挺晚。街上很黑，也很静。秋夜清新的气息呼吸起来很舒畅。走着走着，后边传来一阵歌声，像风一般吹到我的背上。我立即被热烘烘地感动起来。这歌是那时候传唱最广的《祝酒歌》。欢悦里边含着很深的苦涩和伤感，这是那个时代特有的情感。然而我不只是为这支歌而感动。更让我惊喜地发觉——哎呀，不正是那失踪已久又期待已久的歌手的声音吗？真的会是他吗？

我扭过头，只见唱歌那人骑着车，从街心远处一路而来，歌声随之愈来愈近。

可是在这短暂的时间里，我又不能立即确定这就是那歌手的声音。因为我听过他的歌是没有歌词的，现在却唱着歌词。这声音听起来就有点似是而非了。就在犹疑之间，唱歌的人骑车从我身边擦肩而过。这一瞬，我看清楚了他，一个中年男人，头发向后飘着，瘦削的脸上线条清晰，眉毛很深，他唱得很动情，神情完全投入到歌里边去了。可是我从来没见过他呀。反倒是愈看清楚他，愈不能断定了。跟着他已经跑到我前面十几米远，马上就要走掉，我心一急，一举手，待要招呼住他，却忽然控制住自己。如果他不是那歌手，不是会很尴尬，而且更失落吗？世上的事，有时模糊比弄清楚更好。希望不总是在模糊中吗？于是我伫立街心，目光穿过黑夜，跟着他的身影与歌声一同远去，直到消失在深邃的夜色里，我却还在下意识和茫然地举着一只空手。

2007 年 8 月 22 日初稿京西

2007 年 11 月 3 日二稿津门

2007 年 11 月 11 日定稿

他在人间

一

我醒来时，觉得像被活埋一样难受。胸口被什么重东西死死压着，喘息艰难；下半身一动也不能动。幸好我的左胳膊还露在外边，便忙用手摸了摸压在胸口上的东西。咦，竟是一根房柁似的大木头！埋住我下半身的是一大堆破碎的砖瓦块！这究竟是怎么回事？

"我怎么啦？"我大叫。

没人回答。在我喊声过后，却听到上边不太高的地方有种极细微的沙沙的流动声，跟着，一缕仿佛被震落似的细土撒落在我脸上。

我以为是在梦境中，但这些触感太真实、具体和清晰了，便不再怀疑这不明缘故而异常可怕的一切。我慌忙用左手把右手从一块石板下拉出来，两只手合作，使力挪开压在我胸口上的沉重的大木头，再把被埋的双腿一点点挖出来，这样全身就能活动了。我想站起身，脑袋却撞在什么硬东西上，不能直立；而且，我的手不小心碰到一处，那里就会稀里哗啦掉下一堆砖瓦块似的东西。看来我还有再次被埋起来的危险！我便趴在地上，两只手摸摸索索地往前爬。地上的砖块割得我双膝好疼，到处还有横出来的硬木尖刺我。

我费了好大的劲，爬了一圈，发现自己竟是被幽闭在一个大约只有六七平方米的低矮和杂乱的空间里。上下左右都没有出路。我怎么会掉到这里来的？

随后我在地上的乱砖中间摸到几样东西：一柄菜刀、大小两个玻璃瓶儿、半包烟卷——这些都不知是谁家的。还有两样东西摸了半天才认出来，一个是我天天上班时带到单位去的饭盒底儿，但已被什么砸得变了形；另一件是个小布娃娃。这是我楼下邻居老张家的女孩小美美心爱的宝贝儿。有一次她妈妈叫她去拿簸箕，小美美把这娃娃托我替她照看过一会儿呢！我当初仔细摸过这娃娃，一点也不错，就是它——有弹性的橡皮小脸儿、深深的眼窝、翘起来的圆鼻头、半张开的小嘴、身穿连衣裙……但楼下邻居家的东西怎么与我的东西混到一起？我开始从刚才那种紧张渐渐变得平静下来；混乱、发热和膨胀的大脑顺从理智慢慢转动起来。这当儿，我垂下的手忽然碰到一个光滑、肉感的东西，再一摸，呀，是一只光着的脚！吓得我像触了电那样赶紧缩回来。

"谁？"我叫一声。

他不回答。

我大着胆顺这只脚摸上去，就触着一块相当大的粗糙的水泥板。原来他压在这东西下边。我使劲掐了掐这脚，一点反应也没有。他是个死人！

在这令人毛骨悚然的发现和刺激下，反而使我一下明白了，我是在深夜熟睡时发生的一次特大地震的灾难中，被埋在这里。这样，我渐渐就从茫茫的记忆的大海里找到当时的一些感觉了——我一向睡得很实。这睡中的记忆便像梦的记忆一样扑朔迷离——那时，我好像听到一声巨响，整个身子从柔软的床上腾空飞起，又直直栽下，同时，仿佛还听到一种撕碎人心的惨叫——这是我下意识的呼喊，还是旁人的嘶叫，就不得而知了。残存在我记忆里的还有什么感觉？恐怖？身不由己？肉体受到撞击的那种剧痛？不过我现在开始感到周身疼痛了。我摸到自己大腿上横竖交叉着一条条挺长的糊满黏血的伤口，腰间还有一个鼓出来五厘米高的面包大小的肿块，硬硬的，疼得手不能碰。

我意识到，自己是被压在震垮的楼房废墟的最下边。我住的是座五层大楼呀！我是个单身汉，可是同楼的十多户人家呢？一刹那，我耳边浮响起那一户户邻人大小老少的说话声，以及我所熟悉的这座大楼在平日生活中的种种声音。刚刚我摸到的那只脚是谁的？那是谁？是不是小美美的爸爸老张？小美美呢?！我呼叫他们，仍然听不到回答。难道他们都被砸死了，还是其中活着的人早已逃脱出去？我被砸在这里昏迷之后一共过了多少时间？现在是白天还是黑夜？一点也不知道。我却感到自己是个幸存者，被大楼塌下时偶然形成的一个空间保住了性命。而且在那些重物把我埋下时，还将我的一只胳膊留在外边。但这点侥幸仍不能使我彻底逃生，死的威胁并没离开我。不定什么时候再出现一次有力的余震，我就有可能被压死在这偶存的洞穴似的小空间里。即使这空间存在下去，我也会活活饿死。是不是死神在和我开个玩笑，它先把我叼在它的巨嘴中间，只不过没有一下子就结束我的生命罢了？

这里静得可怕，气息压抑，充满浓重的砖土的气味，好像是在地下几米深的深处，距离外边活生生的天地遥远而不可及。

空气稀薄、凝滞、闷热，我唇焦口燥，呼吸发喘，周身淌汗水，淹得伤口钻心般地疼痛，随后便是难熬的饥饿开始向我进攻。我一刻也不能待下去，不能死在这里！

但我是个双目失明的盲人呀！我的问路杖不知给压在哪里了，又没有可以代用的棍儿，怎么能知道哪里是一条有希望可以逃生的缝隙？哪个物体可以挪动？一切都不可知啊！我像一只被困在陷阱里的野兽那样，急得发狂了。两只手胡乱扒着周围乱七八糟的东西，我要出去！要活下去！可是除去一堆堆扒掉的砖头砸在我的膝盖和脚上，就是无法搬开的、看不见的、坚固结实的障碍物了。

我无望地大声狂呼。向谁呼叫呢？向四边那些要困死我的、无生命的、黑洞洞的一切吗？我不知道，只是一味地喊叫，直喊得声音嘶哑，没有气力才停止下来。待我缓过一点劲儿来，再继续拼力呼叫，并不顾一切地撞击着阻挡我逃脱出去的硬物。最后我被自己撞落的一块挺重的东西砸倒了。

幸好没砸伤我，但我失望了，瘫软地坐在一片乱砖上。由于天生的残疾，我是一个随时随地都需要别人帮助的人啊！这时，我想起楼下的一家姓顾的邻居，因我上下楼梯不便，上个月还提出要我换到他一楼的房间去住呢。想到这些，我哭了，并感到一阵孤单、悲哀和绝望。四周死一般的安寂渐渐把我包围。我心里却仍在叫：谁来帮助我呀！谁呀！

二

大约过了多半天的光景，我听到隐隐约约的人叫声，声音仿佛在一里之外那样遥远，听不清叫喊的内容。我忙使劲喊起来，但得不到应答。随后再听，那声音就愈来愈远，渐渐消失了。不过这声音却在我心中绝望的黑暗里，点燃起淡淡希冀的火。只要这世界有人声，我就有得救的可能……

又过去大约两个小时吧！忽然一个声音使我的心都颤抖了——一个极清晰的敲击金属物的声音，就在我身旁不远的地方。我屏住气细听，一边慢慢和悄悄地朝那声音爬去，好像生怕把这声音惊跑了似的。这"当！当！当！"一声声不断。我轻声问："谁？"没人回答。跟着我弄清楚了，这声音是从一根竖上去的自来水管发出的。我抓住这水管，水管被敲击得一下下发颤。肯定有人在我头顶的废墟上，敲击着这根水管的上端。我是从战争年月过来的人，我知道那时人们为了搞清楚被炸毁的房屋废墟下有无活人，就用这个办法，敲击突露在上边的水管，让声音通过金属水管的传送，探询下边的情况。下边如有活人，就敲埋在下边的水管，作为应答和呼救。

这难道是搭救我的人来了吗？我慌乱地抓起半块砖敲了水管三下，跟着水管就传来上边的敲击声，也是三下。我要得救了！便狂喜地一个劲儿地敲着水管，一边大声呼救。等我静下来，听到上边有脚步声，但声音距离我还是又高又远。我怕上边的人走掉，就大叫："救我呀——"

这时在我右上方，响起了搬动石块木头之声。过了好长一阵子，声音又转到了左上方。似乎从右上方很难打开一条通向我这里的道儿。左边终于有了希望。声响离我愈来愈近，我迎着声音爬去，一边叫："我在这儿！在这儿！"

前边不远的地方"哗啦啦"一阵很大的声响，好像半堵碎砖墙倒下来。那儿响起粗粗的人的喘息声，跟着是一个男人的说话声——这是一种带有胸腔共鸣的深厚浊重的声音："过来——快过来！"

这是他的第一句话。

这也是给予我重生的福音呀！它带着人间的气息、生命的力、生活热切的呼唤，以及一切希望，强劲地穿透重重阻碍，到我的空间里来了。大自然的囚禁被它穿凿开了。我得救了。欣喜欲狂的激情在我的声音里跳荡着："我，我怎么过去？"

"怎么？你看不见我？这边洞口是亮的，你看不见？你被压住动不得劲儿吗？"

"我……"

他显然不知我是盲人。但不等我说，他就急切地说："你别动，等我来吧！"

我听到搬动重物和一双脚踩着碎瓦和玻璃片片的声音渐渐接近我。他还自言自语似的说："这里边好黑！"

黑，大概就是我生来对整个世界和人间万物的统一认识了。

这时，我感到一只又大又硬的手碰到我的肩头。我上去一把搂住他——这人好壮实！他光着膀子。我的身子一贴上他热乎乎的胸脯，就明显感到的是他身上一块块坚硬而突起的肌肉，好像铁人；皮肤上像刚泼过水似的湿淋淋，滑溜溜，满是汗水，上面沾着许多碎渣渣；还有，他的肩膀宽得出奇，使我搂着他时挺不得劲。他个子约略比我高半头。这大概就是平日常听说的那种"大汉"吧！得到这样的人搭救，我便有种很踏实的稳妥感，好似在大翅保护下无法高飞的雏鸟。

"同志，你……"

感恩报德的激动心情使我像噎住那样，张开嘴出不来声音。

谁想他反而发火了，朝我吼起来："你既然没被压着，为什么自己不快爬出去，你的腿砸坏了吗？"他离我很近，有一股股粗气喷在我脸上。

"我看不见……"

"怎么看不见？那儿不是洞口？你瞎了吗？"他没听明白我的意思。恐怕由于这里边太暗，他没注意到我是个盲人，因而恼火地说："快，快跟我走。这儿太危险，再有一次余震，咱俩都得完蛋！"说着，便引我出去。走了几步，前面响着他的声音："你注意头顶上那块木板，千万别碰它们！走，你倒是快点呀！你不想出来吗？你这个人到底怎么啦？"

我着急，想跟上他。因为没有问路杖，只好用两只手东摸西摸，盲目地迈开大步，可是我被什么东西绊了一下就收不住身子了。一种下意识的自我平衡，使我双手向上一扬，正好触到了头顶上的一块木板，失去重心的身子的前冲力太大了，都压在木板上，这下子就好像把天柱推倒，只听天塌似的一声轰响，与此同时感到前面那人猛地扑在我身上。头顶上的东西全都塌落下来，把我俩压在底下。而他趴在我身上，大叫大骂："你真该死！叫你别碰你偏碰，这下完蛋了……你还不快从我身子下边爬出去？该死呀！"

我压在他身下怎么能爬出去？却听他怒声疾吼："难道你没看见我撑着上边的东西？你快爬出去呀！我快撑不住了！"

我身子一动，感到我竟是可以活动的。我一摸才明白，原来在上边东西塌下来的一刹那，他不但扑过来保护了我，而且跪伏在我

195

身上，四肢撑住地面，后背顶住上边无穷的重物，却给了我活动的余地。我顿时感动得心都快溶化了。当我的手触到他撑住地面的胳膊时，感到他胳膊上一条条肌肉绷得异常坚硬，因吃力而猛烈地打战。我赶忙往外爬，却被前面一堵墙似的平面阻挡住了。他在我的头上狂吼："你、你为什么不再往前爬？你不想活了？我俩马上就要被压垮了！"

"我前面好像有堵墙……"

"什么墙？哪来的墙？你瞎了吗？"

"我，我是个盲人……"我痛苦地说。

"噢，噢……"他好像突然明白了一切似的，怒骂声顿消，停了一瞬，他那浊重的声音就变得柔和与动感情了，似乎还因他的话伤了我而带点歉疚的意味，"你，前面只是块立着的水泥板，推开它，对，快爬，快一点……"他身负千斤重物，喉咙不断发出坚忍而用力的吭吭哟哟声。

我终于爬出来，我的双脚才离开他身下窄窄的空当，就听背后轰隆一声，我回头大声呼叫："你，你，同志。你被压死了吗？"

等零碎松落的砖块的声响都消失后，我才听到他的声音。这声音低沉、压抑、无力，而且没有那种胸腔共鸣的声音了："我没死，同志。我被压在下边了！"

我听到他的声音，止不住从我干瘪的眼眶里滚出热泪，"哪，我来帮你，好同志我帮你……"

我摸到他的头——他的头发好密；我摸到他的脸——他的脸盘大，脸颊上的肉多而结实，皮肤粗粗拉拉……他的宽肩膀露在外面，但一双手、下半个胸部及以下的身体全被死死地压在里面。

"你，你别动！"他说，"我上边的东西太多，你看不见，弄不好反而会把我整个埋起来……你走吧！这儿太险。稍一摇晃，你也会被砸死！"他的声音那样吃力，呼吸好像很艰难，费劲地一声声喘着。

我痛哭起来，双手捧着他的脸，"我不能离开你！你救了我，但我害了你。我要在这儿等人把你救出来。否则我也死在这里。"我抖颤的手抚摸着他的脸，一张热乎乎、满淌汗水的大脸；这时，我的指尖在他左眉毛旁触到一个黄豆粒大小的突起。大概是个痣吧！这便是我得到的有关他特征的唯一一个细节。

"不，我不能怨你！你看不见。听我的，你快走吧！趁我还活着，可以告诉你怎么逃出去。"

我执意不肯离去。我双手捧着他的脸。他发出责备又哀求的话声："你要陪着我死吗？那有什么意义！同志，我们不能死，要活！世界不需要死人，需要活人。你明白吗？你要活，我也要活。你赶紧出去，叫来人还有救活我的可能。为什么两个人都白白死去！我刚才来是救你，而不是想同你一起死的。别犯犟了，好同志。你快去，我来告诉你怎么走法……快吧！"

我拗不过他的道理，而且我也认为，只有我出去找人救他才是最实际的、有用的、有希望的。在我离开他的一刻，是那样依依不舍，并且有种甩下他——一个救了我又被我的过失而置于死地的人——而去自寻生路那种良心上的愧疚心情。我真不该离开他呀！我低下头，双手捧着他的脸，把嘴唇紧紧贴在他浓密的头发上。

"别这样，好同志。你快走吧……"他简直是在求我。

我感到有两滴灼热的、沉甸甸的流体落在我的手心里。怎么，他竟然被我感动了？这样一个强壮的大汉！

我终于离开了他，一边往外爬，一边听着他指挥的声音："你注意左边有一块大木头，偏一点头，对！往前迈步，抬腿，登上这块石头……对，对，好！你上去了！再往后边走，大点胆儿，好！停住。你左手旁有根铁棍，抓牢了……注意！你前边是个破窗户，小心叫破玻璃扎着。你踩中间一道木格，踩实它。好，你放心蹬吧，它挺结实。对，对，对……怎么，你没信心了吗？不，现在对于你来说，最宝贵的就是自信心。来，再努一把力，再使劲蹬一次……好，好极了！上去了，你真行……"

这每一句话都像一阵阵热风，在我心里掀起热浪。我感到浑身发烧，简直要燃烧起来了。同时我觉得他的声音愈来愈无力，是因为我离他愈来愈远，还是他身上的重压所致？就这样，在他细心而准确的指挥下，我顺顺当当地爬出他刚才的进口。听他的话音，已经像是从另一个空间里传来的，好似隔着一间屋子说话那样；他为了使我听清楚而努力大声说，但声音愈大就愈发颤："哎，同志，你听着。你再往前爬四五米远，就能摸到一道水泥楼梯。你踩着楼梯一直往上走，顶头有许多乱木头，是一堆橡子和大檩。你小心点，从中间的空隙可以钻出去，那你就算逃出去了。你注意！你出去后，是站在一个很高的瓦砾堆上，四边都是陡坡，很难下去，但在出口附近竖着一根自来水管——就是我开始找你时敲的那根。水管旁边有半截倒下的砖砌的大烟囱。你从那里往下走会好走些，可以一直下到平地。好，你走吧！"

我就要离开他，一种说不出的异常复杂的情感填满我的胸膛。我忽然想到什么似的，问他："喂，同志，你家里人在哪儿，要不要去告诉他们？"

他那边静了好一会儿，才传来嗫嚅般的低沉的声音："我一家人都砸死了，只我自己了……"

我顿时怔住了，受不了他这句话。他家只剩下他一个，不该丢下他！于是我开始往回爬。

"怎么？"他叫起来，"你要干什么？还不快去找人救我，时间长了，我会被压死。请你快去吧！"

我这才掉转头往上爬。依照他的话，我找到一道歪斜的水泥楼梯和一堆乱木头，我钻了出去。

登时，一种无边无际、无限畅快的辽阔感，充满生机的大自然的气息，流动的风与灼人的阳光所混成的一股清新又热辣辣的风，一下子把我拥抱住。我活了！我张开手臂，对四外放声呼叫："来人呀！快来救人呀！救人呀！"

但世界这么大，我的声音传不远就消失了。四下里死一般的寂静，只有热风掀动我的头发，在耳边呼呼响。怎么？没一个人吗？我侧耳倾听，除去极远的地方偶尔传来一两下不知什么声响，再没有任何动静。我不能死守在这儿等待，必须尽快去找人！我本想找到一根棍子，作为拄杖，一时却找不到。我顾不得个人的方便与安危了，空着手摸到了那根水管和半截烟囱，便顺着一片险夷莫知、乱物峥嵘的瓦砾坡大胆往下走。可是忽然一脚踩在一块浮动的瓦片上，身子向前一栽，两手什么也没抓住，只听一片砖土木石和碎玻璃滚动与压轧的声音，我翻了无数个跟头，最后撞在一个十分坚硬的物体上，我再想站起来已经不可能，左脚腕剧痛，大概摔坏骨头或脱臼了。但我想到此刻还被压在洞里的那人时，便强忍着疼，拖着一条腿往前爬，一边呼救。我爬了很长的路，体力快消耗完了，仍找不到人。渐渐地，我对呼唤人来已不抱什么希望了，便下决心重新返回那个洞里，帮助那人清理压在身上的东西。哪怕弄塌洞穴，把我俩全砸死，也不能叫他在重压下一点点失去生命。一股决死的冲动竟使我又神话般地增添出许多力气来。我奋力往回爬，爬上瓦砾堆，任什么破碎而尖硬的东西把我的双手、胳膊和膝头割破、划破、切破，终于爬上高高的瓦砾堆，摸到那根竖直的水管，却怎么也搜寻不到那在乱木堆中的洞穴的出口了。我认定它就在离我不远的地方，便叫喊着："你在哪儿呀！你在哪儿呀！你为什么不回答我，你被压死了吗？"

听不到他的回答声，我抓起一块砖头狠命敲铁管，跟着我又意识到这是个愚蠢和无用的做法：敲又有什么用？他被压着，动也不能动，怎么能去敲下边的水管呢？在这瞬间的清醒中，又有一个想法猛烈地打击着我——是不是我爬错了地方？而他是被压在另一堆废墟下边？想到这儿，我把手里的砖头一撇，攥着这根给毒日头晒得烫手、没用的水管，大声号啕起来："我害了他呀——"

三

大约过了半个小时，我听到汽车开动的声音。开始时隐隐不明，大概很远。但后来声音愈来愈清楚，估计是朝我这边开来的。过一阵子，我已经能用耳朵分辨出这是两辆汽车的声音了。我大叫，大概汽车上的人听到了。汽车声就直向我响来，在不远的地方停止。跟着有人喊——声音离我有五六十米远近："同志，你快过来！"

"我不行了。我是盲人。脚也坏了。请你们快来吧！这儿还有个人被压着哪！"我朝那边叫道。

似乎有许多人跳下车来的声音。随后是一片急促的脚步声踩着瓦砾"嘎吱吱"一直奔到我身边。我晃晃悠悠，站起身，把最先接近我的一个人抓住，跟着就有许多只手扶住我。不知为什么，这么多人一来，我就感到自己身上一点力气也没有了。一个嗓门响亮的声音在面前："你的脚腕砸折了吗？"

"你们快去救人！"我急渴渴地说。

"人？人在哪儿？"

"附近有一堆乱木头，从中间钻进去就是一个洞，里面压着一个人，他快死了。他……"

那响亮的声音忽叫道："一班长，你带着人快去搜索，看看周围的乱木头堆里有没有一个洞口。如有，快下去救人！"他的口气果断又急切，使我听了很快活。

"是！"

一个粗嗓音。跟着我听到一片脚步声向四边散去。我想，有这么多人来营救，那人得救了。我激动地抓着声音响亮的这人的胳膊问："你们是……"

"解放军。是救你们来的，刚刚才赶到。我来背你到那边汽车上去，马上送你过河，河那边有我们的临时医院！"

"不，不，同志！我不能走。我得等那人救出来一起去。"

这时一个脚步声跑近。就是那个粗嗓音的一班长吧！他说："郑排长，这上边只有两处乱木堆，里边根本没有洞！"他跑得急促地喘着气，语气也很焦急。

"有！就在这边一根水管的附近！"我说。

"可是……"嗓门响亮的郑排长的口气变得迟疑了，他对我说，"同志，你看不见，我可以告诉你，周围这一堆堆震垮的建筑物的废墟上，到处都是水管，横七竖八地露在外边。你是不是弄错了？不，你先别急——你从那洞里爬出来后是不是一直就在这里？洞口在哪个方向？"

听到这问话，我大叫一声就哭起来。我告诉他们整个过程，懊悔莫及地跺着脚说："我肯定弄错了地方，爬到这儿来，根本不是他那个地方！他不定压在哪儿了！我没有眼睛呀，我该死、该死！根本不该离开他呀！"我用双拳使劲凿着自己多余、没用、误事、害人的眼睛。

"同志，你别难过。你只管放心好了！我们是救人来的，只要有一条活着的生命，我们拼死也要把他救出来！"郑排长仿佛要使我放心似的，口气坚决地说，"一班长！你们几个就留在这里，把周围所有的废墟都细细搜索一遍；记住这位同志所说的那几个特点。要迅速！只要听到动静，不惜牺牲也要把人救出来。我得马上背这位同志走。汽车上还有两个受重伤的人等着抢救呢！"

"是！"粗嗓音的一班长答应一声，就带着一串踩着破砖碎瓦的脚步声跑去了。

郑排长要背我走，我不肯，非要留下来等着那人被救出来一齐走不可。但郑排长一边劝我，一边向我保证他们肯定能把那人找到，一边硬把我背起来。我的双脚倏然离开地面，便身不由己地被他背着跑下坡。下边的汽车马达开动起来。

我离开那人了！离开了！离开那不知在什么地方的人，被死神扣在手下的人，我的恩人。"救救他吧！"我心里这样哀叫着，身子却离前边轰轰的马达声愈来愈近。

四

我日夜想他，为他担心，到处打听他。

我因幻想不知哪天能与他再见而欢欣，也胡猜他不曾被那些战士找到、早已死掉而哀痛。为什么人对自己想念的亲人总是会更往坏处猜想呢？而比这哀痛更沉重的是一种摆脱不掉的、深深的歉疚。他由于我的过失而丧生，我却得到他的营救而获得重生。这简直是一种罪孽！

我的恩人、我的好人，你在哪儿呢？

但我连他的姓名也不知道！

但我连他的模样也不知道！

他留给我的只有早已从耳边消失的声音和早已从手指肚上离开的触感。

对于我这样一个生来就双目失明的人，世界是个巨大的谜团。凡是接触不到的，都是无形的；凡是听不到的，就仿佛是不存在的。我从来不知云彩、月亮、启明星和朝霞夕照是什么样子的，由于我的残缺不全，世界也好像残缺不全了。我虽然没有过眯眼的痛苦，灯，却向来与我无缘，更从无旅游所得来的乐趣。"山清水秀"是什么样子的？"华灯初上"是什么样子的？电影、电视、魔术等等娱乐我丝毫也享受不到。对于光华、英俊、好看、透明、艳丽、淡雅、晶莹等等一大堆词语,仅仅都是些空洞虚无、难以理解的概念。但我却把这些不曾体会到的赞美词,都给了我那个看不见的恩人了。在我心中,他像画一般美——虽然我从不知画是什么样儿的。我从所摸到过的他的结实的肌肉、浓密的头发和宽阔的脸盘,经过一番苦苦而无形象的琢磨,认为还是把"雄美"这个词儿配在他身上最为相宜。我还认为他是一个厚厚实实,十分英俊、漂亮和有气概的汉子。当然在我空茫的脑海里怎么也不能浮现出他这样的形象来。我没有形象的想象呀!我为此更加痛恨自己的残疾,并引起我盲人所特有的一种自卑……

但他在我心中仍是美的。那是一种什么美呢?

想想他做的那一切吧!特别是这一切都是在他失去自己的全家人而万分痛苦时做到的……

我那天的确把左脚腕摔得脱了臼,被部队临时医院转送到另一座城市的医院休养。那医院住满了地震中受伤的人。我躺在病房里从大家的谈话中听到许多舍身救人、感人泪下的故事。每每听到这种故事,总觉得那就是我的恩人做的事情。尤其一次,我听一个人说,救他活命的人全家都被砸死,那人的双腿也被砸伤,却整天默默地在废墟里爬来爬去救人,仿佛以此来与毁灭他幸福的大地拼斗。据说他的两只手挖土挖得指甲全都被掀掉……我立即抬起头,朝说话的人那边叫道:"你哪天遇救的?"

"地震后的第五天吧!"

我想,我是地震转天遇到的那个人。这很有可能就是我那恩人。

"你知道他叫什么名字吗?"

"他没告诉我。救出我来后，就一瘸一拐地走了。我只看见他穿着一条运动裤衩。很像个运动员。"

运动员？对，我想到他那结实的体魄，还有他在洞顶塌下的瞬间扑到我身上的敏捷而机警的动作，肯定只有一个运动员才能做到！我怎么就没想到他会是一个运动员呢？

五

半年后，我养好伤，回到我的城市。虽然大地震几乎把它夷为平地，但这城市没有人想要离开它。大自然的破坏反而激起人们非要恢复它的面貌，甚至要建设得更好更美的那么一种执拗的情感。痛苦专能锤炼坚强人的心。是生活的希望，还是它的富足，对人们更有诱惑力呢？

我的双脚一踏回故乡，立即打听到市体育学院的临时住地。我在那里千方百计地寻问、打听，终于找到了那个运动员。但我一摸到他的肩膀就失望了，多么窄小的肩膀，个子比我还矮，这不是我要找的人。

我仍然不甘心，就找到市委办公厅——在一间低矮闷热的临时建筑里，我说明来意，请他们帮帮忙。接待我的大概是一位中年以上年纪的人，喉咙发出的声音有些苍哑。他听了我的话，便用一种明显动了感情的口气说："同志，在这次大地震里，像你遇到的那样的人实在太多了，我听到的就数不胜数。救人和被救的大多都互相不知道姓名，你叫我怎么帮你去寻找？生活往往会出现考验人的严峻时刻。比如战争，许许多多平平常常的人会表现出令人想象不到的异常高贵的品德。我经过战争，在战场上中了弹、掉了队，竟被一个老乡背着走了一百二十里路送我回到部队。我也忘了问这老乡的姓名，我已经找他找了近三十年，也没找到。我想，大概永远也找不到了吧……"他的话音中断了一会儿，似乎想使他激动起来的感情平静下来，才接着说："这次大地震有如战争，它的确是对我们这座城市的人民一次严峻又严格的考验……"

"可是，我记得他！他有一个记号，就在左眉毛旁有一颗痣。"

对面发出轻轻而苍哑的笑声。他说："你是想叫市里发一个文件，寻找一个左眉毛长痣的人，对不对？同志，你别急，我知道你没有这个意思。我不过开点玩笑。但是，你想想，咱市里有几十万人，你总不能叫我们帮你一个个认那个人去吧！你担心他死了吗？不，他不会死。这次我们的战士的救灾工作做得十分仔细，十分勇敢。他们从废墟里救出了成千上万的人呢！你放心吧！只要你和他都生活在这座城市里，早晚会碰面的……"

我真的能再碰到他吗？

三年后，五月的一天，我走在一条街上。这条街两边的房屋都修缮或重盖过，路面也重新铺过柏油，平滑好走。大约是十点钟的光景，行人少，初夏的阳光暖洋洋地照在脸上，有种说不出的舒服的感觉。近处不知什么地方、什么树开了花，沁人心脾的香气一阵阵扑面而来。我走着，忽听迎面有两个人的脚步声，我辨出一个是大人的，另一个是小孩儿的；大人走在前面。我停住了，等他们走过去我再走。在那大人走过我身旁时，忽说一声："过来，快过来呀！"

他显然是在招呼孩子。但我一听这带着些胸腔共鸣的浊重的声音，不觉浑身猛地一颤，呆住了。这多么像我那恩人的声音？这句话也好熟呀！哎呀，这句话，不就是他当初钻进废墟里招呼我的第一句话吗？这人就是他、是他呀！

我两只手一摸，抓住了他的胳膊，狂喜地叫着："我可找到你了！找到你了！我找你找了四年了！可把你找到了……你，你怎么不说话呢？你不认识我了吗？"

对面没有说话声。

"我就是你当年救过的那个盲人呀！我一直到处打听你。你怎么样？你的双腿没被压坏吗？你，你，你说话呀！怎么一声不出呢？"我激动得浑身剧烈地哆嗦。我抓他抓得好紧，好像再也不叫他从我身旁溜走似的。

"同志！"他终于说话了，"你认错人了吧！我是去年才调到这里来帮助水泥厂重建厂房的。地震时我在邯郸，我没救过你，也没见过你。你肯定是弄错了。"

"不，不！"我急得直叫，"我认得你，你有记号。"

说着，我伸手摸他脸颊和左眉毛旁那块地方。但我所摸到的是一张颧骨突出、瘦削的脸——这张脸与我要寻找那人的脸差别太大了；而且他左眉旁边的皮肤光滑而细腻，没有那个黄豆粒大小的突起的痣。

"唔！我认错人了。我，对、对不起……"我说，心顿时凉了。

那人并不以为意，只说了声"没什么"就呼叫小孩一起渐渐走去。

对呀，那人全家在地震里都砸死了，哪来的孩子？

瞬间获得的一切，又在须臾之间全部落空，好像在沙漠里长途跋涉而焦渴欲绝的人，好容易找到一汪清泉，跑到跟前却什么也没有，只不过是被光线折射所造成的幻象欺骗罢了。我感到一阵空茫。周围本来都是无形的一切，在这阵感觉中变得乌有了，不存在了，只剩下我自己。我到哪里去找他呀……我站了许久。可是这时，我忽然觉得抚在脸颊的阳光那样的暖，听到鸟儿在头上飞过时一串铃儿声似的欢叫；近处莫知的地方又飘来一股花香，连同晒热的柏油路面散发出来的特有的清新气味，混在初夏的暖烘烘的空气里，把我裹住。一股甜蜜的生活的汁液好似注入我的心中，顿时，我被一种无名的情绪感动起来。我想，虽然我可能永远找不到他了——因为，我只要摸不到他左眉毛旁那个记号，就是他从我身旁走过，我也不会发现——但不知为什么，我却深信不疑地认定他还活在人间，生活肯定不会抛掉他。而且由于有这样的人活着，人间才更美丽、更珍贵、更值得眷恋……

1980 年 9 月

今天接着昨天

夜里，起大风了！

发狂的风是大自然无形的疯子。它把河水抛上堤岸，将大树压得弓弯欲折，放肆地闯入一切空间。如果它闯入人心，也会把那方寸之间一起搅乱。

他，一个小伙子，隐形在黑夜的大氅里，借助这遮掩所有响动的大风帮忙，用他洁净的、没有给邪恶玷污过的手指，头一次弄开一扇陌生的门，蹑手蹑脚摸进去，却不是房间，而是一条七八尺长，堆着破烂东西的走廊。走廊尽头还有扇门，牢牢关闭着。他在手指肚儿上逐渐增加了力量也推不开。

这时，他重新变得犹豫起来。

万一被发现和捉住，他在别人眼里将永远是个被鄙视的小偷。这些天他用种种可怕的推想，阻止自己行窃的欲望，他甚至想到自己将来老了，周围的人仍旧不放心他、防备他、在背后指手画脚地耻笑他，并尽可能把东西都收起来锁上……想到这儿，他几乎彻底打消掉偷窃的动机。不知为什么，今夜骤起的扰昏天地的大风，助长和放纵了他这个邪念。他的理智一下子失去控制力，贼胆子陡然冒出来了。

他在努力地说服自己：什么贼不贼？我家的东西被胡拿乱抄，

那些人就不是贼？不是比土匪还凶？难道那些人清白?！清白顶个屁，流血受勋的将军们还不是一边撅着去！只有傻瓜去顺从那些过时的道德经呢！先痛快几天再说，哪怕就这一次！小偷就小偷，怎么不是一样活着！

当他的手指无所顾忌地摸向门板时，忽然门"呀"地一响。——有人！

一惊之下，他竟然不知往哪里跑，仿佛原地粘住了。

跟着，眼前金煌煌地一亮，门开了——定睛一瞧，只见面前这弥漫迷蒙的橘黄色灯光的长方形门框里，站着一个头发蓬松的老婆婆。光线在她背后，看不清面孔。

"你……干什么？"老婆婆声音沙哑。

他慌乱得嘴巴也不听使唤。糟糕！自己肯定被识破了。逃吗？他正要逃掉。

"噢，你是那边等长途汽车的，到这儿来避风吧！那你……就请进来，哎，进来吧！"老婆婆宽和地说。

他疑心这老婆婆要把他骗进去，再招人捉他。他想应付这老婆婆两句就赶紧溜掉。老婆婆却诚恳地说："你进来暖和会儿，没关系，屋里就我一个孤老婆子……"说到这儿，老婆婆变得迫切又冲动，"你、你进来呀！不是为了你，为我！"

"您？"小伙子一怔。这话什么意思？

"对对，你进来自管暖和暖和，只要听我老婆子叨叨一会儿就成。那边汽车天亮时才来呢！我不叫你帮着干活儿，只求你陪我一会儿……"她竟用恳求的口气，而恳切得叫人难以拒绝。

他不明白自己碰到了什么事，回头望一眼大门，心想还是走掉好，但老婆婆依然拉着他的胳膊往屋里走，一边说："甭管那门，我经常忘了就不关……"

这当儿，他想一甩胳膊转身就跑。又怕这样反而惹起老婆婆喊叫，招来人捉他。他没拿定主意，就已经被老婆婆带进这间又大又空，并不温暖也不明亮的房间。

老婆婆没骗他，屋里没有别人，他再也没有注意其他什么。深陷在眉骨下的黑黑的眼珠，不安地滴溜溜转，四处察看，万一有变，怎样夺路而逃。谁要是心生贼意，不管有多漂亮的一双眼睛也会变得这样鬼祟。

"我就怕夜里起大风。一听这风声，就别想再睡。我想儿子，我儿子就在这样的大风天里死的……"老婆婆哀叹地嘟囔着。

听到这话，小伙子才明白这老婆婆对自己毫无恶意。他立刻神定心安，紧缩着的浑身筋骨都放松开。他还感觉到手发烫，原来手中端着一杯热茶。这是什么时候拿在手里的？跟着，他发觉自己已经坐在一把大藤椅上了，那老婆婆坐在对面一个矮矮的木凳上，仰脸瞅着他说："听，这风声，就和我儿子死的那天一样……"

这时，他好像才听到风响——一阵阵猛烈的、仿佛要摧垮这房屋的声音。他看见，身边有一扇又高又大、透着冷气的窗子。然后他意识到，自己置身在一间破旧的空荡荡的大房间里。那小台灯的灯光只能照亮一张堆着被子的单人铁床和周围不多的一圈地方。他和老婆婆就坐在这床前的灯光里。

他这些感觉就像从梦里逐渐醒来那样。

于是，他注意地瞅一眼这老婆婆。一个很普通矮胖胖的老妇。一双短小而皱巴巴的手齐齐地放在膝上；伛偻着的上半身和皮肉松弛、满是皱褶的脸，正努力朝自己探过来；直视着自己的双眼强烈又迷茫。显然，这大风之夜勾起她悲伤的心事，无处倾吐，无法摆脱，她有种把这在心里翻腾而受不住的东西倒出来的渴望……

"如果他活着，整整四十岁了。他死那年，差三天二十岁生日。我还给他预备好一套过生日的新制服呢！谁知竟是拿这套制服把他送走的……这孩子做衣服从来不爱试，也就没有过合适的衣服。这套制服是我硬拉着他去试过一次的，谁知合不合身，他是躺着穿上这套制服的……那么匀称的身子，你要是见过他也准会心疼的。瞧，那就是他——"

那边，灯光遮暗的墙壁上挂着一个旧镜框，框上油漆剥落褪色，但照片上那二十来岁的青年人光彩而透亮。乍一看，这镜框就像一个小窗洞，探进来一张讨人喜欢、英俊开朗的脸儿。衣着是五十年代最常见的式样：八角帽，长毛绒领的棉外衣，胸前那个说白不白的小块块是校徽吧……小伙子并没有什么触动地望了两眼。老婆婆的目光却停在照片上。照片上这个曾经活着的人，仿佛正把沉睡在她记忆中的一切全都唤醒："……聪明、能干，不是我夸他，人人都这么说。这孩子从小学一进校门就是班长，还一直是什么'课代表'。不光念书好，打球，吹口琴，写毛笔字，样样行，还样样拔尖，市里的毛笔字展览还得过奖状哪……"说到这儿，她脸上所笼罩的痛苦，便被一种痴醉的笑很快而又奇妙地消解了。老婆婆们都是这样夸赞自己心爱的儿子的。一种母亲的骄傲使她眉眼闪出神采，一时连脸上的皱痕都显得浅淡了。"他直到高中毕业，年年考试都是班里的头一名。就一次得了个第二，那是怪我闹肠炎，他在家侍候我半个多月，误了功课。不过他门门分数没有在八十六分以下的。你说这算不错了吧！"老婆婆的声音兴奋得有点颤抖。

"哦，哦……"小伙子心不在焉地随口应答。他无心称赞这个与他无关的、早夭的、平平常常的人。而且他还想着早早离开，因此声音平淡得几乎没有任何内容。

"怎么？你不信？我拿给你看——"老婆婆激动地站起身，转过又胖又弯的后背，猫腰从一只笨重的旧式五斗柜最下边的一层抽屉里，拿出一个破旧而变硬的黑皮包，从中抽出一个讲义夹递给小伙子。当她发现小伙子接过讲义夹后居然不知所措，便急切地叫着："打开，看呀！"

小伙子就这样被迫地打开讲义夹。

合页锈涩，打开时得微微使点劲儿。

里边是厚厚一沓存放已久而夹得极平的分数单。他仿佛不由自主地一张张翻看。这是从小学一年级直到高中毕业全部的分数单，纸已经变得深黄发脆，却像古物一样精心保存，没有一点残破，而且按照时间顺序一张不缺地排列着。小伙子不由得把手放轻。上边的字迹虽已发黑，却能清楚地看到这些优异的成绩。老婆婆没有夸大她儿子，分数单上的每一个数字肯定早就印在她心里了。

忽然，老婆婆从小伙子手中把讲义夹夺过去，啪的一合，脸上的笑意一扫而空，那些皱纹陡然加深，好像画上了又密又重的线条。声调又是那样愁惨："别看了！其实我已经好几年不看这东西了。一看它，以前那些事就全涌上来，我受不了……尤其这大风天。那天，当人家给我送信儿，说他为了救一个孩子死了，我急着往医院跑，路上就起了大风。我是顶着风去的。我愈想快跑到，风就愈大，好难走呵！那天的风和今夜一样，像发了疯，直刮了两天两夜……"

救人？孩子？大风？

小伙子心里怦然一动。联想是思维中最不可思议的。他一下子想到自己的童年，不是也被人救过？他和邻居的孩子在铁路的路基上扒石子、捉蛐蛐，风大，没听见火车开来的声音，千钧一发时，被一个青年冲上来，猛地推下路基。火车开过去，他们得救了，那青年却被轧死了。当时他大概只有七八岁。这事究竟是当时的记忆，还是以后大人讲给他听的？分不清了。但他还模模糊糊记得，很长一段时间，家里人总带着他去看望人家父母。可是谁知道往后这联系怎么就断了呢？就像很早以前地面上有过一条波光闪动、浪花喧响的小河，它什么时候沉默、干涸，并被时光的尘土填平而无迹可寻了呢？那件曾经使他全家激动不已、感恩不尽的事，渐渐很少再提起来。他也更不曾去想：自己的命是另一条命换来的，用别人的生命换取的生命是负有责任的。怨谁？时间？二十年了，刻在石头上的字也不见得能看清楚了，更何况经历了多少次暴雨的冲刷……

一想到"二十年"，他心里又是一动。这老婆婆的儿子不也死去整整二十年吗？不也是刮大风？呀，难道老婆婆的儿子正是自己的救命恩人，自己又偏偏来偷窃人家?! 太糟了！

似乎有种铅样的沉重东西压在他心上。

不不，这不可能！他努力否定这种推断。未免太巧了！这样太像戏、像小说、像电影。可是生活中什么意外蹊跷的事不会发生？他愈怕这样巧合，愈觉得事情就是这样，好像专门为了惩罚他才这样布置好的。

他想问明白，老婆婆的儿子是否在铁道上救孩子时死的，但他又不敢，万一是呢？

偷窃自己的救命恩人！

多么可耻，多么可悲，多么可怕！他不叫自己这么想，但思想是管不住的，无论别人还是自己。

一阵哀哭把他这些乱糟糟的想法打断。原来老婆婆正在轻声啜泣。两手抚摸着那讲义夹，就像抚摸着臆想中儿子头上的柔发，大股泪水止不住从布满层层细纹的眼眶溢出来，沿着脸颊上弯曲纵横、沟一样的皱痕颤颤流淌，在台灯斜射来的光束里闪闪发亮，有如月光下的河网。她已经浸进昨日的悲痛中，这样子真是哀婉动人，使小伙子不敢看了。呜呜的哭声与外边呼呼的风吼混在一起。

小伙子有种犯罪的感觉，还朦朦胧胧有种认罪的冲动。

老婆婆忽然指着那扇黑乎乎、给凶猛的气流推动得嘎嘎响的大窗子，说："听，这风，就是这风，没有这风，河里没浪，我儿子会水，救上那小孩子后也能上来……"

"呵！"小伙子的精神突然一振，睁大眼问，"他是在河里……"

"是呵，一个浪头把他压到冰下边去了。……差三天二十岁。过了生日也好……"老婆婆摇着头，悲恸欲绝，好像她最近才死了儿子。

然而，小伙子这时倒有种如释重负的感觉。

呵！老婆婆的儿子是掉进河里的，救自己那人是给火车轧死的。而且，这是冬天发生的事，自己那是秋天里的事，完全没关系的两码事！根本不是自己所担心的那种巧合！其实那种担心太多余，巧合都是戏里编造的，人和人很难连在一起。他的心重新一次松开。当他看见老婆婆脚尖前有一块揉成一团、湿乎乎的手绢，就伸手拾起来，递给这可怜的泪渍满面的老婆婆。这时，他心里只剩下同情，还有种局外人的轻松感。

但老婆婆好像没看见递来的手绢，没接，而是用她闪着泪光的眼睛冲他气呼呼地问："哎，你说，我儿子死得值吗？"

"值？"小伙子不明白这句话指什么，为什么。

"对！"她显得神志迷乱又清醒，"你听我说——我儿子刚死去那些天，我确实认为他死得值得，甚至挺光彩！那时，报纸天天登他的照片，还有写他的文章，他的名字用好大的字儿啊！人们称他'勇士'，要永远记着他。我便被当作这勇士的妈妈，被请到各处讲话。我哪会讲话？看着那么多人脸，我连嘴都张不开！人们还非问我是怎么培养儿子的。我怎么说？我就照实说了：'我儿子原本就是那么一个人，再说谁能见死不救呀！甭我教他，他也该那么做呗！我不过给他做饭、缝补衣服、纳鞋底子……哪个做母亲的不干这些事呀！'人们听我这些话，不点头，也不摇头，只是对我尊敬地笑着。我脸上也挂着笑，虽然笑得不是滋味，却不是装出来的……尽管我想儿子时也掉泪，但我不能在人前哭，我知道，我一掉泪，就给儿子减色了。我特别信一个干部的话，他说'您想想，您儿子的死，叫多少人能够说出应该为什么活着'！这话叫我明白，我应当跟儿子一起做好这件大事。也许为了这个，我从来没感到失掉一个人那么空！有时心里还满满实实的！尤其是那个被救的孩子常来看我，每逢年节，他们一家人准接我去吃饭，那孩子每次都对我说'我就是您儿子'！我想，还要什么呢？这足够了，倒不是安慰自己，不拿出命来，谁甘心做你儿子？可是……时间一长

216

就变了……热乎劲儿冷了……说过的话都忘了……那孩子也渐渐不来了……"

"他——"小伙子说"他",却一下子想到自己。才放松的心，又被碰了一下。

"他不来，我能去找人家去吗？救人一命，就得拖累人家一辈子？施恩求报多没劲！人家有人家的事，哪能总围着我转？再说……前几年我家被抄得一干二净，搬到这儿来，同我独身过活的本家妹妹做伴，妹妹又病死，只剩我一个人了！当年我守寡在家，儿子上学，常常一人待在家里，过惯了清静日子。不知为什么，现在变得怕静、怕闲着、怕夜里醒来，尤其怕这季节起大风……我愈琢磨愈觉得冤，我儿子死得太早，死得不值得呀！"

"不！"小伙子说。他仿佛急于打消老婆婆这些折磨自己的念头，其实并没认真想，而是情不自禁地说的。

"怎么不？且不说我这孤老婆子没人照管，就说当年那个被救的孩子吧，他在哪儿呢？今年他也得二十多岁，和你年纪差不多吧！"

"我？"他的心什么地方，好像又被碰了一下。

这两下，他觉得心头有点发紧，好像还有种什么东西朝他逼来的预感。

"是呵！你说，那孩子现在干什么？当工人？干部？什么样儿的人？他能和我儿子一样聪明、能干、仁义吗？也肯为别人去死？这都不说！如果他游手好闲，如果他是小人、坏人，如果他道德败坏？比方……小偷——"

小偷！

这个词儿就像一根又尖又硬的针，猛地戳在他心上，并像电光大火一样，热辣辣把他全身刺穿。谁知道，这一下才是真正刺向他的！他再没有勇气望着老婆婆，尤其这双眼：哭红的眼睛好像滚烫滚烫；跳荡着激情的目光犹如两道雪亮的强光，仿佛照透了他的灵魂，一点点龌龊的歹念也藏不住……为了躲开这目光，他只有低下头来，但耳边却响着老婆婆的声音。这沙哑的声音却把每一个字都异样有力、不可抗拒地送到他的耳朵里："我不信，被救那人比我儿子还好！肯舍命救人的有几个？拿这种人去换一个比自己差的，怎么能说值得？有时，我想，如果那被救的人更好一些呢……不不，不可能，真要是那样，他为什么再不露面了？难道他死了？不，我也不该这么说。别叫我遭罪，咒人家死！可是他为什么一点音信也没有，他要是有心，总能找到我的……不说那人了！我现在就是想儿子！他要是活着，我至少有个伴儿，有人说话，有人疼我。他从小就孝顺，知道我守寡带大他不易，才好好念书，为我争气。别看他没这么说过，我心里全明白。你看这话匣子——"她指向桌上，一个用胶木肥皂盒改制的简易的小收音机，破裂处贴着橡皮膏，"他怕我待在家闷得慌，给我装的。这么多年，我一直靠它做伴。现在年纪大了，耳朵不行了，声音开得太大，坏了，人家都说东西太老，不能再修。唉！如果我儿子活着，他准能修好！可是我……我到哪儿去找他？二十年了，死了这么久的人谁还记得？谁还记得他为什么死的？即使记得，又和别人有什么关系？现在有几个人还记得过去？反正我再不拿那些没用的道理骗自己了。我算明白了——空的、空的，一切都是空的！哎，你说是不是？"她充满绝望地问，绝望是她感情的最高潮。

小伙子心里本来也装满这些想法。他自己就从绝望中走来，碰到了一个同样绝望的人，不知为什么，那些想法反而变了。

老婆婆没听见小伙子回答。她忽然觉得有点怪——这不知姓名的小伙子进屋来就没吭几声，好像连表情也没有，此刻索性连头也不抬了。"哎，你也说句话呀，哎哎——"她欠起身，把皱巴巴的手放在小伙子的肩上摇了摇。

小伙子慢慢把他这仿佛无比沉重的脑袋抬起来。咦！怎么他脸上罩满一层透明、颤动的泪光，还有一种不可理解的神情？不等她问，小伙子终于开了口。一句意想不到的话，从他厚厚的哆嗦的嘴唇中间吐出来："我就是被您儿子救活的人……找您来了！"

老婆婆顿时惊呆了。她站起伛偻的身子，用湿乎乎、发红的双眼，迷惑地盯着这张年轻的面孔。愈看愈陌生，还是愈熟悉？她不信这是真的，又怕不是真的。

然而，这是真的。

她从这小伙子的眼睛里渐渐看出来了。这黑亮亮的澄澈的目光，这真切、赤诚、坚定不移的情感，只有在当年那被救的孩子的眼里见过。于是，她的心，她全身都被一种强有力的温暖包裹起来。

她充满母亲的宽厚的柔情望着他。她忽然发现，这小伙子脸颊映上了一层淡淡的、金色的、异样清明的光辉。两人不觉一起向那窗子望去。

哦，什么时候天亮的？

风也无声无息停止了。

明洁的晨曦，静悄悄爬上这结满冰花的大窗户，展开一片晶莹而纯净的境界。

在两个问号之间

人生中有许多问题是永远也解不开的方程式。

一 卓乃丽

一块低沉沉的黑云飘到头上，随着湿润润的风，早春的细雨洒下来。我暗自庆幸，刚好找到她的家。

这是个临街的小门，单扇的；上边的油漆剥落殆尽，净是一条条长长的干裂的口子。毫不起眼的破门小户，难道她就在这儿？

我敲了两次门，每次三下，里边有响动，就是没人来开门。雨催逼着我快些叫开门，我刚刚举起弯曲的食指，忽然哗啦一声门开了，堵着门口站着一个形容消瘦的年轻女人，一张发黄却五官端正的面孔绷得像一块又平又硬的木板，还气哼哼的。莫非我的敲门声和猝然来访打扰了她？不，恐怕并非完全是这个缘故。因为她那双黑亮亮的大眼睛正在警觉而又严厉地上下打量着我。好像我身上有什么不利于她的因素。可是我的行装再平常不过——一身普普通通的蓝布制服，旧布鞋，除去胳膊间夹着一个黑色的人造革的公事包外，再没什么别的了。但她的目光就落在这公事包上，停了一瞬，然后仰起脸朝我，略带一些傲气，很生硬地说："我不认识你。"这完全不是对一位陌生来客应该说的话。

"我却是找你来的！你是卓乃丽吧？"我很冷静，又很冷淡，以表示对她不礼貌态度的反感。

"什么事？"她依旧那样神气，并堵着门口，丝毫没有让我进屋去的意思。

雨沙沙地落在我的帽顶和双肩上，她居然这么不动声色地看着我挨淋，我有些恼怒了，"我是马鞍县人民法院的。为了你的离婚案特意来的！"假如我不是公职在身，而是私访，我会挖苦她两句然后掉头就走。

她听了我的话，脸上竟做出一副奇怪得有些滑稽的表情。说不清是嘲弄、是讥讽、是无可奈何，还是别的什么意思。然后一扭身往屋里走去，随口说了一句："那就进来吧！"门口让开，我随她走了进去。

"坐吧！"她说。但并不说叫我坐在哪里，就去整理她床上揉成一团的被子。我见屋中间一张小桌旁有把高背的旧椅子，就坐下了。她却干她的事，也不搭理我，好像屋里只她一个人。此时，我便感到自己对于要办的事已经不像来时那样乐观了。

昨天下午，县法院的副院长找我，交给我一个据说是"十分棘手"的事——一桩离婚案。而这桩事在我们县里像什么稀奇的新闻一样，早被闹得无人不知，自然也不止一次传进我的耳朵里。这事不归我管，我知道得并不多。只知道八年前赵家屯公社大榆树大队来了一个女知识青年，没过一年就嫁给本队一个名叫赵锁柱的光棍。大榆树大队还把这桩亲事当作"知识青年扎根农村"的典型事例报到县里。当时我正在县里当文书，这份材料经过我的手，好像还在哪个报上报道过。此后，我随县里的一些干部到赵家屯公社修了三个月的水渠，听人说那女知青和赵锁柱的日子过得蛮好，还养了一对双胞胎，都是小子。我没见过这两口子，还真有点想看看大城市里的姑娘和乡壤间长大的小伙子过的是怎样一种生活。但半年前，忽听说那女知青突然提出要同赵锁柱离婚。而且一开口就像板上钉钉子，敲得死死的。赵锁柱不同意，那女知青就硬撇下赵锁柱和两个儿子，只身回城去了。一去四个月，再也不回来。似乎不管赵锁柱干不干，就这么长久地分开了。人们就议论开了。有的说那女知青，有的说赵锁柱，说好说坏，说是说非，什么脏话歹话都有。我向经办此案的老吕打听究竟，没料到老吕也说不清楚，看来他是赞成赵锁柱的。我问他为什么，他却说那女知青的道理听不明白，有些"词儿"也"古里古怪得弄不懂"，甚至"学说都学不上来"。并说自己肚子里墨水不多，对付不了那个"能说会道、胡搅蛮缠"的女知青。这个案子一直未得了结。谁想，昨天下午就落在我头上。副院长说我有口才，排难解纷最有办法，县法院里又唯有我一个大学毕业生，应付一个高中毕业的女知青绰绰有余。看来这事非我出头不可了。我答应下来，昨晚在心里做了一番安排：先得做些调查，按照法院对待离婚案的常规，除去情况特殊之外，一般是尽力说服双方言归于好，将要求离婚人的理由想方设法一一驳倒就是了。朋友不打不成交，夫妻不打不算好。世界上怎么会有解不开的疙瘩。何况同事们都说我一个舌头能顶上一个手指头呢！但我现在望着这年轻女人的背影，感觉像一扇锈死的大铁门，用寻常的力气是打不开的。

我点上一支烟，想使自己沉静下来，对这件将要着手的事摆出一副十分认真的架势，顺眼环视了这间小屋。这间不足十平方米的小屋，破旧、凌乱、简陋，除去两张单人小床和一个柜子，其余都是些破破烂烂、零七八碎的东西了。屋里有股浓浓湿湿的气味，也许是因为阴雨的天气里地面返潮？还是她刚刚起床不久，尚未开窗通风？那窗子也不过是个二尺多见方的小窗洞，装着铁栅，方向朝北，估计在晴天里阳光对于这间蹩脚的小屋也是吝啬的。屋里四角的东西看不清，杂乱地放在身旁小桌上的一堆书倒看得一清二楚。有海明威、罗曼·罗兰的小说，有卢梭的《忏悔录》，还有黑格尔的那本厚厚的《美学》，等等。有些书我上大学时读过，有些是不曾读过的，只知道那些著作家的赫赫大名。有人说，从一个人身边的书，可以找到通往他心底最绝妙的缝隙。但我顺着眼前这些艰涩难懂、绝不是一般消闲解闷的书，便发觉这女人的心绝非浅薄，而是一口莫测的深井了。我还没同她谈话，仅仅是眼前这些书，这间小破屋，就把县里那些关于她"这女人在城里有外心""她撇下丈夫孩子回城享清福去了"等等似乎可信的议论，无声而悄悄地驳倒了。那么她——

"你有什么话就问吧——"卓乃丽的话打断我的思索。这时，见她已坐在归置齐整的床铺边上了。头发也像刚梳了几下，整齐些了。她的目光平静地直视着我。

不知为什么，我开头几句话显得不够老练，缺乏准备，甚至有点仓促而慌张——这是我从未有过的："你们的离婚问题……是什么时候提出来的？"这句话其实完全没必要问。于是我马上遭到她不客气的反问："你那公文包里没记着吗？"

但她这句话，她这不近人情的神态和能言善辩的嘴巴，却把我的能力、好强和自负都刺激起来了。刚刚身上那些拘束和困惑的感觉一扫而空，一股挺身应战似的兴奋劲儿使我精神百倍。我像诗人忽然来了灵感那样，一句单刀直入的话来到唇边，我把话锋直冲着她说："我这次来主要是弄清楚你提出离婚的理由。你以前提出的那些理由只对你自己讲得通，对第二个人——尤其是对赵锁柱就讲不通。因此也不容易被法院所准许。"

谁知我这几句话对她竟发生如此强烈的效力。她像给一根粗粗的针狠刺一下，登时噌地站起身来，脸涨得通红，但她没有对我大发雷霆，只是瞪目看着我。随后，她的表情变得相当高傲，那张发黄而端正的脸一歪，对我嘲笑地说："哼！你刚进来时，我冷淡了你，心里还觉得有些过意不去呢！现在我倒很相信自己的推测，你们全是一个模子扣出来的。我想问一问，你们那里有没有人懂得人需要精神生活和感情生活，夫妻之间起码需要共同语言？难道你们的职责就是维系着一个个建立起来的家庭不破裂，而不去理会这个家庭的基础是痛苦还是幸福？你们嘴里的唾液就像黏合剂一样，只有把破裂的家庭黏合一起才是你们的职能？可惜，我不是鸟，不是田鼠，不是低级动物。是人！人需要精神生活与感情生活，而且人的最高的生活权利，就是按照自己对生活的理解来决定自己的生活，它和人的肉体一样不容侵犯。至于离婚，那是我个人的事，我不管我的理由别人懂不懂！"

噢，听了她这一番被激怒而倾诉出来的话，我初步理解了她离婚的根由，并联想到这些话在原先经办此案的老吕的耳朵里当然是莫名其妙的。我想，下面的工作是进一步了解她的想法，而且我知道，对于这样一个性格的女子，必须故意站在她对方，刺激她多说，才能更深地了解她。

"你说离婚是你个人的事，这句话只对了一半，因为所谓'离婚'，总有个对方，就是赵锁柱。对于法律来说，只有离婚双方同意，达成协议，才能被法律承认。如果赵锁柱不同意，我们不能强迫他。这一点是法律，也是常规，你总该明白吧？"

她听了，似乎冷静下来一些，咬了一下嘴唇轻轻说了一声："明白。"随后，她再次又恼火又冲动，手一摆说："他是无法理解我的离婚理由的。也许正因为这个，我更坚持离婚……我，我有自己的办法。如果法院不准我们离婚，我会在不触犯法律的情况下，达到自己的目的。"

"你怎么做？"

"那是我的事。我有支配自己命运的权利！"

"难道你……"

"嘿！"她冷冷笑了一下说，"你放心，我不会轻生的。如果我有这个意思也不会对你表示出来的，那不是用'死'来威胁政府机关了？再说，我爱生活，对生活充满信心，也很自信。我离婚也正是为了更好地生活。"

"那么你想怎么做?！"

她瞅了我一眼，说："我永远不再回到赵锁柱那里去，一直在这儿待下去。"

"那你怎么生活？"

"我问你，什么是生活？生活驾驭人，还是人驾驭生活？如果有两种生活，一个是自由自在、依照自己的志趣安排每天的二十四小时；一个是整天跟毫无共同之处的所谓的'爱人'吃饭、忙家务、睡觉，你选择哪种？"

"你……你这么下去，要到哪一天？"

"直到老，到死；或者社会进步了，人的一切受到应有的尊重；精神生活变得不是可有可无的，人们认识到它的价值，承认它在夫妻之间是第一位的；你们这些办理离婚案的人也都不是循规守旧的和事佬，我的状况或许会得到改变，但我不抱希望。"

"你可真爽直！"我说，"你认为我们没有头脑，不会思索，什么都不懂吗？"

"不，我的理由并非什么高深的道理。你们的脑袋里也不乏思维的成果，不乏见地，但你们办起事来就不依靠自己的大脑，而是依赖条文、成规，还有传统的概念。传统就是正统；正统就是天经地义、不可违背的。你们早已习惯成自然，从来就不去验证一下那些传统的概念是否合乎人情事理，而是硬要把生活扭曲了，装进那一个个固定不变的套子里去！"

"如果我个人认为你的话也不无道理呢？"我突然问她。我也不知道为什么会说出这样的话。但我说这句话时似乎有些冲动，是不是给这女人颇有些真知灼见的话打动了？

她听到我的问话，微微一怔，开始用一种郑重和认真的神情打量我，仿佛在分辨我是怎样一个人。刚才眼里射出的恼怒、昂愤、过激、咄咄逼人的光芒，好像水面上强烈的反光，一下子掠去了。只剩下一双幽幽深潭般的眼睛，陷在她凹进去的发黑的眼窝里，异常冷静，上边好似还罩着一层淡淡的寒雾。她慎重又好奇地注视着我。一瞬间，我明白地感到坐在我对面这年轻的女人有着沉重的心事。凡是性情怪僻的人，大都是非凡的经历和特异的环境塑造成的；有如一件破损了的古物，其间必然经历过许多不为人知的磨难……

我忽觉手指热辣辣的。原来烟卷已经烧到了根儿。我扔了烟头，重新点上一支烟，抽了两口，把话题转到更关键的地方："我们暂且不议论你的理由。我很想知道，你这些想法是早在同赵锁柱结婚之前就有了，还是以后才有的。"

她停顿一下，说："当然是以后。因为任何结论性的想法都产生在事情发生过后。"

"你与他结合之前难道不了解他？"

"不了解。"

"什么？你们没交过朋友？没谈过话？"

"几乎没有。不仅婚前，直到现在。七年吧！"

"为什么？你们吵过架？"

"不，从来没吵过架。有时我倒想和他吵吵架，因为我寂寞得难受。但偏偏他脾气很好。一句话可以对你讲明，我们没话可说。想想吧！如果让你和一个跟哑巴差不多、只知道下地干活的人共同生活一辈子，你受得了吗？"

"那你为什么要嫁给他？你又不是被迫的！"

"不，我是被迫的。"她的声音低沉，口气却肯定。

这使我十分惊讶，"谁强迫你的？"

"我。自己强迫自己。"她说。

她的话愈来愈使我惊奇莫解。如果单听她这句话，会以为她在故弄玄虚，但她的表情却告诉我，这句话后边隐藏着难言的沉重的内容。她一忽儿埋下头去，好像有一块沉甸甸的石头压在后颈上，半天抬不起来，只能看见她蹙紧的眉头；过一忽儿，她又仰起头来，绷紧嘴唇，眼里放出硬充强者那样狠巴巴的光来。仿佛只有这样，才能甩开缠绕在心上的痛苦的绳索。

"你为什么强迫自己？"我说，"我看得出，即使七八年前你也是个有主见的姑娘。是不是因为当时家庭、社会，或者你自己的处境所迫？我明白，有时外界的压力是不可能抗拒的，尤其是看不到希望时，只能屈从生活强加给你的……我说得对吗？"

显然我的话深入到她的心里，拨响了她心底的弦。每人心底都潜藏着一根弦，轻易触不到，长久默不作声，但一旦碰响了它，就会颤动不已地发出真正的心声……我留意到，她的眉毛轻轻地下意识地一扬一扬，嘴角时而微微抽动一下；她的一只手无意识地在床单上划来划去——这便是她内心翻腾的情绪流露在外的征兆了；她直怔怔望着我的目光也再没有一丝一毫的生硬、警惕和轻蔑的神气了。我感觉她好像要对我说什么更深一层的话了。

"是的。我可以告诉你当时的情况。因为我看得出，你不像你的同事——那个来找我几次的姓吕的——那么愚蠢。我嘛——唉，简单地说吧！从小就死了母亲，我是独生女，一直与父亲相依为命。父亲是搞'冷冻'设备的。首都体育馆的人造冰场就是我父亲参加设计的。那时的生活自然挺不错，不过，这都是过去的事了，跟一场美梦差不多。紧接着的是比噩梦还可怕的现实。七一年，父亲因为叔叔的问题，受到牵连，给抓起来。我的家被抄了，家里的东西被我父亲单位里的一些人作为'查抄物资'分得一干二净。我被赶进这间小屋，每月八块钱的生活费，那年我刚好高中毕业，学校和街道居委会天天来逼我下乡。我去找姑妈。她再三鼓动我下乡，大概她怕我沾上她。我姑父家的一个远亲在大榆树大队当会计。他们就通过这个会计把我送到乡下。这地方离城里不远，总比那些到天涯海角去安身的知青们强。我还得感谢我那姑父和姑妈呢！哼！可是好事总与我无缘，倒霉的事却常常和我碰面。我在乡下干了一年多就得了肾盂肾炎，腰疼得直不起来，下不了地。生产队又没轻活，队上只要给我找点轻活就会招来别人的闲话——这些乡下的事你会比我更清楚。我回城来又找我姑妈。人的自私往往最可利用。她怕我沾上她，就会为我加倍地卖力气。他们办得可好，很快就给我找了一条出路——就是托我姑父那个当会计的远亲，在队里给我找一个丈夫！"

"赵锁柱吗？"

"对，我在队里生活这半年，常常见到这个人。比我大八岁，个子高一头，长得很壮实，浑身都是力气。但我除了看他在地里从早到黑不停地干活之外，不知他怎么生活的。我只听说他是条单身汉，二十岁死了爹娘，没有兄弟姐妹。由于他小时候摔过一跤，脑门留下一道疤，村里人说他破了相，一直说不上媳妇——我听说是他就答应嫁给他。"

"你们经人介绍后也没好好谈谈？"我插问。

"没什么好谈的。也没什么可谈的。我没有别的出路。一个人到了那个地步，有条路，不管通不通，也得走下去。我那姑妈、姑父又再三劝我嫁给他。说他已经答应了，结了婚，不叫我下地。我的户口在农村，回不来，又有病……你要问我当时到底怎么想的，我也不好说。反正我总得活着吧！他要娶我，我肯嫁他，然后我往他家一住，就算成了亲，多么简单！"她说着，嘴角露出一丝讥讽的冷笑，好像讥笑自己。

"就这样嫁给他，你不觉得有些轻率？"

"那个时代，人的生命如草芥一般，别的事还谈得上什么轻率不轻率。别忘了，我是一个反革命子女，他出身贫农，大概反而会有人认为他娶我才是轻率的呢！"她说到这里沉吟片刻，声音降了半度似的低沉下来，"你知道，我答应嫁给他的前一天，哭了整整一夜。我心里很清楚，如果我嫁给这样一个人，我曾经对生活美好的幻想、我的志向、我的追求等等一切全完了。只剩下一个四肢活动的躯体，跳动着的心脏，为了填饱肚子而每天张开三次的嘴巴。但现实是霸道的，它逼迫你抛开自己的一切去服从它。我那时毕竟年轻，简单，没办法，有软弱的一面，只好乖乖地服从了。因为这个男人能叫我活下来，除此我再没别的出路。

"我感激他可以用别的方式，难道必须像赎身那样跟随他一辈子？"

"你们在一起生活了七年，能说没感情吗？"

"人的感情是多种多样的。严格地说，虽然我们共同生活了七年，却不存在夫妻应有的那种感情。他不叫我下地干活，人很老实，能吃苦，是个好人。他养活了我和两个孩子；我呢，给他做做饭，缝棉衣，照看家里。这只能说我们之间互相照顾得很好，但这谈不上我喜欢他，更谈不上爱他，自然也谈不上我们之间存在着夫妻感情。因为我与他在精神上格格不入。我们只像两个星球一样，各按各的轨道运行，谁也不犯谁，但互相是沉默的，毫无相通之处。我的全部精神生活，就是到城市里探亲时，找老同学借几本旧书带回去看看。一旦有了想法，只能把自己分作两个人，自己对自己谈。有时，在村里看电影回来，对他谈谈感受他也不懂。我要认真对他谈起来，他最多只会皱着眉头说两个字：'啥呀！'他没上过学，会写的字超不过一百个。当然这并不能说他不好，没有文化并不是一个人的过错，但与我共同生活就不合适。或许他以为这种日子过得挺好，但我受不了！我以为，夫妻不合适，可以各择其路，为什么偏偏要硬凑在一起？像一根线拴两个蚂蚱，死了也拴得结结实实的。你那位姓吕的同事说我的离婚理由'不能成其为理由'。我又惊奇，又气愤。我问他到底什么理由能'成其为理由'？为什么夫妻一方没有生育能力就可以离婚？难道夫妻生活就是温饱加上养活孩子？"

她提到"孩子"，我禁不住问："如果你们真的离婚了，孩子就不能生活在自己的亲生父母的身边。你是否想过，这对孩子的身心成长以至性格的形成都会有影响？"

她听了我这话，沉吟良久。谁想到这位口齿伶俐、颇有主见的女人一下子变得踌躇和犹豫了。可是她像黯淡下来的烛火突然爆了一下火花，重新闪出光焰，她说出了溢满决心的话：

"同志。你的问题好厉害！孩子的哭声会使走投无路、决意投河的母亲回过身来。母子的感情是切不断的最坚韧的绳索。但这一切我早都想过了。因为对于我，这绳索是锁链，会一辈子牢牢把我拴在赵锁柱身边。我下了决心。孩子归他归我，一人一个，怎么都成。决心不可能再变。我年轻时曾经有过的怯弱、顺从、害怕孤独、依赖性等等这些弱点，已经叫我吃尽苦头。现在应当结束了，而且只有我的决心才能使它结束。至于你——同志，如果你是了解情况来的，我的话已经说完。如果你是来做什么调解说服工作的，就请你不要再抱任何能够见到成效的希望。我没话可说了！"

"我想再问你一句。据我知道，你父亲已经落实政策了。你不怕有人说，你离婚是要甩掉农村的乡巴佬，回城追求享受？"

她一听这话，可有点动火，手指向四下一扫，说："哈！那就请大队、公社和县里派个参观团来看吧！我就这间小屋。原来的房子住了人，成了既成事实，搬不回去了。我家是落实了，发还的家具东西就剩这些！我爸爸没钱，只落了一身病。人过六十，落实了也就退休了。至于人们再怎么想、怎么猜、怎么说，就由他们说去好了。在人们的闲话里，大概没有一个完美的人，总是更坏一些，而不是更好一些。弱者会在闲话里畏首畏尾，最后被搞得神经衰弱。我不管他们怎么说，因为那是他们吃饭后信口说的。谁都知道，议论一个普通的人是不负法律责任的。"

于是，我们沉默下来。说实话，刚刚这一番谈话，是我来时不曾料到，没有任何准备，又似乎是难以驳倒的。我再点上一支烟，想理一理自己纷乱一团的思绪时，她正呆怔怔瞧着窗外。外边的雨比刚才紧了一些，密密地细细沙沙有声了，而且听到屋外什么地方有沉重的滴水声。不知由于天亮了些，还是我的眼睛已经适应了屋里的光线，此刻小屋内的一切都历历在目，得以细细端看：她的小床前放了一张方木凳，代替床头柜，堆满了书报杂志，上边还散乱地放着不少张写满字的纸，有的掉落到凳子后边去。凳子腿旁遗落了一支廉价的、没有笔帽的圆珠笔。小屋只有一盏灯，从屋顶中央垂吊下来；一根长长的灯绳是用麻绳和塑料条接起来的，由屋顶直扯到她的床边，末端拴在床背的栏杆柱上。其余的便是破箱子啦，柳条包啦，纸盒子啦……一堆竹竿、木条、烟囱和杂七杂八的东西竖在屋门后。屋里像样的东西唯有一件老式的五屉柜，也蒙着一层尘埃，上边放着一个竹壳暖瓶；玻璃杯里隔夜的剩茶根儿变成焦黄颜色；还有一块吃剩下的面包头摊在半张信纸上。四壁空空，没有一样装饰物，没有画儿，只有满墙剥落的墙皮和大大小小的钉子眼儿，还有一个打卷儿了的蝇拍挂在秃壁上。大概自去年秋天蝇蚊绝迹后一直挂在那里的。墙下半边糊了一圈报纸，想是为了隔潮，却早浸染上一圈圈发黄的湿渍……处处显得拮据、清贫、狼狈、无精打采，这里便包含着她目前生活面貌的全部内容了吧！难道在这里她生活得反而更自在、更快活、更温暖、更幸福？在凡人的眼里，一个向往着自己的精神目标的人的生活往往是不可思议的。她撇下自己的亲生骨肉，却在这一方天地中为了某种追求而甘于寂寞，情愿吃苦，这就不觉引起我的同情，或者毋宁说是一种敬重了。但她能永远这样生活下去吗？我禁不住问她："你就永远这样生活下去？你如果真离了婚，你对自己的将来有没有什么设想？"

她回答得倒挺爽直："'女人终究得找一个丈夫。'——这可能就是你想说而没说出来的吧！谢谢你的关心。在以后的生活中我可能碰到一个理想中的知己，结为朋友，或成为夫妻。但如果碰不到，我宁愿独身。不会再找一个李锁柱、王锁柱、张锁柱什么的，自讨苦吃了。一个人找不到知己，找不到爱情，找不到自己所爱的人，不如独身。为什么男人可以自由自在地做单身汉，女人独身就要受到非议？比如我，我可以找个工作，自己养活自己，业余时间可以上夜校，可以自学，有许多事可以做，有什么不好？我不会像现在有些女孩子为了贪图享受，去嫁给一个有房子、有钱、有彩色电视，而唯独无话可说的男人。我只想有一个言语能够相通，感情能够交融的伙伴。当然这一切必须有个前提，就是与赵锁柱离婚！"

"你所说的这样的人也许能找到，或许根本找不到。依我的生活经验，现实是不依顺于人的想象的。你现在自恃年轻，有股冲动的劲儿，可以靠着幻想生活一段时间，好像风筝被风吹得高高的，但风筝不可能总在天上。现实常常与你的幻想相反，而且它有无限的威力，迫使你依照它的逻辑办事，并叫一个个违反它逻辑的人碰了壁。"我说。我认为我的话中有不可反驳的真理。

她听了却淡淡一笑，说："感谢你这番教导。但我觉得，我的可贵之处，就是我还不那么'实际'。人的精神没有想象，就会像沙漠那样索然无味；一个人过于实际，他生活的天地便仅仅是视野内那一点点现存的地盘而已！"

说到这里，我突然觉得自己无话可说。在这个有着一整套成熟的条理清晰的见解的女人面前，我那素来被人称道又颇为自诩的三寸不烂之舌，此刻似乎变得短了、薄了、软弱无力，好像一片发蔫的叶子，没有生气地含在嘴里。尽管我还没来得及细细揣摩她讲的一切，辨清此中的是非，但我承认，我已经被她的道理折服了。她的道理像一把尖刀，刺进我那些早已成形的、固化了的、似乎天经地义的成见中。这些成见还没有拿出来，就在自己的口中粉碎了，更提不到对她有任何说服力，倒是她把我说服了。是啊！像她这样，敢于面对自己，不惜牺牲自己现成的一切，宁肯叫自己暂时陷于困难的境地，不顾世人的飞短流长，大胆地追求理想中的生活，我为什么还要说服她，让她的后半生在过去所遗留的社会悲剧里，一直到死充当一个活着的悲剧演员，整天咀嚼昨天的苦果？难道我的职责，就是说服她听从生活对她的不公平的，甚至是荒谬的安排？不，我不能那样做……

我站起身说："我该回去了。现在正巧十点钟，有一班回去的汽车。"

她看看我，没说什么。她拿张纸给她爸爸留一个条子，然后从门后拿起一把天蓝色塑料雨伞，对我说："我送你走。"

"不，不，不用了。"

"不！外边雨大。车站离这儿并不远。"她执意要送我。看得出，她是那种固执而心地不错的女人。

开开门，外边的雨真不小，我没带雨具，也就不再客气了。

我俩走出来。她把张开的雨伞半举在我们头上。一路只听密雨纷纷落在雨伞塑料布的均匀而不间断的声音，我俩都没说话。到了车站，我买了票，将上车时，我问她："你有什么事要我帮助吗？"

她对我这句非公事的问话，先是惊奇地一扬眉毛，随后她的眼睛流露出一种受感动的目光——这是我们两小时来的接触中头一次见到的。这样便一改刚才谈话中她留给我的生硬的、孤傲的、强者的印象，而显出了女性本身的那种特有的感觉。她犹豫片刻，竟用一种恳求的口吻，吞吞吐吐，一字一字地对我说："我希望您，别叫我再回到过去了！"

听她这句话，想到她年纪轻轻，不平凡的遭际，忽觉一股火热的激动情感填满自己胸膛。我禁不住脱口而出："我会帮助你的。"

"谢谢。"她低着头，低声说。声音是恳切的、由衷的、被感动的。我完全听得出来。

车喇叭响了。快开车了。我从她举起的雨伞下面钻进车门。这当儿，我无意间瞥见她右边的肩膀被雨水打得湿淋淋的。原来她一路上为了我不被淋湿，尽量把伞举向我这边……

"你快回去吧！"我说，一边摆手叫她快走。

我在车上找到座位，见她仍然没动，也没对我招手。在蒙蒙的雨雾里分明看见她那种痴呆呆的目光。车很快就开了，不知为什么，她还是直条条站在那里一动不动。车走动起来，我和她的距离愈来愈大。透过雨水唰唰流下的车窗玻璃，只能看见一块淡蓝色渐渐变得模糊，那是她的雨伞。

我被深深感动了。我想，我应当想办法去说服赵锁柱和她离婚。但我怎么去说服赵锁柱？我还从来没见过这个人！

二　赵锁柱

转天一早，我就骑车奔往赵家屯公社的大榆树大队。

这趟路可不算近，也不好走。昨日淋湿的路面，给一夜春寒冻得又硬又滑。我又忘记戴手套，手冷得攥不住车把。再说这种弯弯曲曲累人的乡间土道，在雨天里被沉甸甸的大车轧起一条条棱子，过后又凝结住了，骑车走在上面最危险，我有好几次前轱辘陷进土棱子里，差点儿摔得人仰马翻。

进了大榆树大队，找到了赵锁柱家。从他家那用石块和土坯垒成的矮墙上望进去，可以看到一连三间青瓦顶子的规规整整的北房，窗玻璃闪闪发光。院里扫得干干净净，笼罩着墙里墙外几株尚未发芽的大榆树的树影。此刻院里、屋顶、树上，落着一大群麻雀，正吱吱喳喳叫得热闹，反而使这院落显得分外清爽和宁静。我一推开眼前一扇荆条、木杆和粗铁丝编扎的小门，鸟儿呼啦一下全都飞跑了。我进了院子，把车子靠在墙边，一边往里走，一边叫着："锁柱同志在家吗？"

没人应答。我走到屋门前才发现两扇木板门中间穿挂着一条链子，上了锁头，中间露出一条门缝。他没在家？我扒着门缝往里张望一下，竟使我吃了一惊。我想，任何人见了这情景也会吃惊的。这屋里迎面是张四条腿的八仙桌，对角的两条粗桌腿上竟用麻绳各拴着一个娃娃。显然这就是卓乃丽和赵锁柱的双胞胎儿子！我把嘴对着门缝刚要朝里边喊话，问问他们的爹到哪儿去了，却又停住口。因为我发现这两个娃娃都睡着了。一个倚着桌腿，两条小腿儿屈着，膝盖儿架住垂下来的脑袋；另一个斜卧在地上，面朝着从窗子射进去的暖烘烘的阳光，小脸儿上分明带着哭过和抹过而留下的花花的泪渍。他俩睡得正香甜哪！斜卧在地的这个娃娃打着轻匀的鼾声，从嘴角流淌下来的一道涎水，给阳光照得像蛛丝一样亮。在他们周围乱七八糟地放着盛粥的小碗、小勺、饽饽、山芋、撕碎的纸片和涂得红绿色、一吹就响的小泥猴。这是赵锁柱给孩子们预备的，显然他走了半天，孩子们吃了、玩了、哭了、累了，都睡了……我心里暗暗一揪。虽然我还没见赵锁柱，但眼前的景象已经告诉我他过的是一种什么日子。

我转身刚要去找赵锁柱，只听身后的院门"吱呀"一声。扭头一看，门外走进一个大汉，肩扛着重重一袋粮食。这袋粮食遮住他的面孔。他直朝我这边走来，步子稳健，显得很有力气。

"您就是赵锁柱同志吧？"我问。

他听见我的声音，随即把肩上的重袋子轻轻撂在地上。噢，多魁梧壮实的汉子！高高的个子，厚厚的大手，一身夹棉衣裤也遮盖不住全身肌肉隆起的壮美的形体。他的容貌虽然与英俊无关，不大的微微吊梢的长眼睛，神情有些呆板，方方一张大脸盘上找不到一点聪慧伶俐的影子，而且在额头有一道又长又深的疤痕，但他却有一股憨朴厚实的气息。在北方单调而平静的田野间，人影寥落的村道上，不出名的小火车站的候车室里，经常可以见到这样的农民，就像柳树一样平常。他们好穿黑布衣服，腰间扎一根粗布带子，夏天里大都剃短平头，不爱说话，却很少空着手。不是干点什么，就是背着扛着什么重重的东西。他们那憨直的脾气和个性几乎一眼就能看得出来。任何机灵的目光、优雅的风度、文气的举止出现在他们身上，都会显得不调和而马上破坏了他们所特有的气质，破坏了他们固有的美和完整感似的。此刻，他没戴帽子，大概扛着这袋粮食走了不短的路，一缕缕热气从他那又黑又短的头发楂子里冒出来，汗津津的额头闪着光亮。

"俺就是赵锁柱。啥事？"他说，一边拍打肩头上的白色的粉末和碎屑。

我介绍了自己的身份。他什么话也没说，只略略皱皱眉头，就提起粮袋，招呼我进屋去坐。当他从腰间掏出钥匙打开门上的锁链时，里边忽然发出一阵哭声。显然是开动锁链的声音吵醒了孩子们。受了委屈的孩子都是用哭来欢迎亲人的。

我俩进了屋，屋里倒是暖烘烘的。赵锁柱叫我上炕去坐。一边忙去解开那捆缚孩子的绳子。放开的孩子就像开笼放出来的小鸡那样快活，又蹦又跳，满屋乱跑。赵锁柱弯腰从灶眼里掏出一块烤得冒着热烟儿的山芋，掰成两半，一个孩子一半，然后说："去，当院玩去吧！"

两个模样几乎一样的孩子，用同样胖胖而污黑的小手捧着山芋，带着泪花的小脸儿美滋滋地笑着，随后便一前一后欢叫着跑了出去。那八仙桌的两条桌腿上还都拖着一根不太长的麻绳。

赵锁柱给我斟满热水，也从灶眼儿掏出几块烤熟了的热山芋捧给我吃。在北方农民的家里，主人都是直来直去的，不会客套，实心眼儿，用不着推推让让，说许多没用的客气话。我对这些人的脾气秉性早已习惯，自管动手拿了一块山芋吃起来。再喝几口热水，倒是蛮舒服的。

这时我掏出烟来，让给他一支，他也不客气。不过看他那用食指和拇指捏着纸烟的架势，他是不习惯抽纸烟的。而且，他一捏，就把烟卷捏瘪了。看来他的手挺重。

我同他先扯了几句闲天，然后言归正传。我把昨天与卓乃丽分手后所想到的话全说了。我的目的，是想说服他答应卓乃丽的离婚要求。我认为自己的话说得很有说服力，用词得当，讲得充分，逻辑性又强——我说这些话时，他低头抽烟一声不吭，也毫无反驳我的意思。可是当我谈到："你们没有共同的感情基础，谈不上来……"他突然头一抬问我："啥？啥叫'基础'？谈个啥？"

这时我看他眉头皱紧一个结结实实的肉疙瘩。顿时我觉得，自己刚才那番煞费苦心、头头是道的劝说全是白搭。听他的问话，说明他根本不知道我说的是什么。

"我说，你们这种夫妇的精神世界是完全不相通的！"我解释道。其实平常我也不用这种语言与农民谈话，大概是受了昨天卓乃丽那些理论影响太深之故。但赵锁柱听了，睁圆眼睛，好像我说出一句什么怪异惊人的话语。他问我："啥？精神世界？"

"精神……"我只得耐心向他说明，使他听懂，"那就是每个人都有自己的思想、理想、爱好、趣味、追求……"

"啥？啥？你说的啥呀?! 她还要'求'个啥呀！"他突然叫起来。显然他根本听不懂我的话，却仿佛感到我的话不利于他似的。他有些急了。

他这几个"啥"字却叫我无法再做解释了。事先，我想好的那些话都变得空泛而无力。刹那间，我强烈地感到这两个人——卓乃丽和赵锁柱好像是不同世纪、不同时代、不同天地、不同社会进程的两个人，好像砖块与云彩——它们有什么关系呢？怎么能结合在一起？这就更使我深信和偏向卓乃丽的离婚理由。一时，不免对这个外表憨朴、内心无知的农民产生一点点轻视，不觉说："你何必叫她忍受一辈子，痛苦一辈子！你们完全是两码事！"

"啥！"这一声表示他发火了，额头上那道疤痕也变得红起来。他丝毫没有掩饰自己真实的情绪，而是明显地表现出对我的不满，"你又没跟俺们一起过，你咋知道她苦？凭啥说俺叫她吃一辈子苦，你甭问别人，就去问她好了，她在俺家七年了，俺是缺她吃，还是缺她穿了？你再问问她，自她到了俺家，俺叫她下过地吗？她娘仨，连俺一共四个肚子，还不是俺赵锁柱一个人卖力气填饱的？你要不信就随俺到房前房后转转去。缸里不缺水、囤里不缺粮、窖里不缺菜，鸡鸭猪牛都是俺起早摸黑喂大的。天天还有她的鸡蛋吃……人总得有良心！良心还得摆在胸口当中，不能偏，不能歪。这话俺赵锁柱说了还不算，你到队里挨个儿问问去，有谁说她在俺赵锁柱家吃苦、挨饿、受欺侮，俺立时就跟她离婚，绝没二话。再说，俺赵锁柱当初不是抢婚，是她自己情愿嫁给俺的——这事你也可以问问大队的赵会计去！"

听着他这番冒着肝火的话，单凭直觉，我就相信他的话里没有半点虚假的编造，全是真事。以我与农民相处的经验所知，他们就说实事，很少谈感受。他们的道理也都靠事实为证，任你妙言巧语也驳不倒。我便拍了拍他硬邦邦的肩头，笑呵呵地说："锁柱同志，你先别急。我说的不是这个意思。我是说，卓乃丽要求的不是这些，不是吃饱穿暖，她要的是精神生活和感情生活，你懂吗？"

"啥感情不感情的。俺是个粗人，不讲名词儿。俺对他娘儿仨好，不亏心就是了。反正俺没打过她，骂过她，没和她拌过嘴。家里的事一切都由着她。她要买什么，写个条子，俺就骑车进城跑一趟，跑折了腿也把东西给她买来。俺也不知道，她过得好好的，为啥翻了脸，非要离婚不可。人一走四个月，孩子也不管。俺天天下地，就把孩子拴在桌腿上……"

"一拴就一天吗？"我瞥了一眼桌腿上那绳子，禁不住问。

"不一天也得半天。你就看那两根绳子吧！还不能太长，不能叫他俩相互摸着，怕打起来抓破了脸。俺现在是又当爹，又当娘。要说俺有对不住她的地方，指出来，俺能改。可是硬要跟俺离婚，俺可不干！离了婚，孩子归谁？俺才三十多岁，不能打光棍儿，再娶个媳妇怕孩子受后娘的气！再说俺这么不清不白地离了婚，村里的人准得胡猜乱想，不知俺锁柱干了啥缺德的事，硬把媳妇挤了走。谁家的姑娘还肯嫁给俺？你说，往后的日子俺咋过呢？现在，村里的闲话就不少了……"他说到这儿，怒气反而沉了下去，转为一片难言的痛楚，把一双厚厚实实的大手捂住低下去的脸。

我有个致命的毛病，就是耳软心软，容易被人打动。可是我想，无论谁听了他这番实实在在的肺腑之言，也不会无动于衷。就是不听他说，只看看这眼前的一切就同样会被感动。瞧呀！这三间敞亮的房子，宽宽绰绰的院落，一应俱全的用具什物，不就是他用了全副的力气，不声不响、一点点建设起来的吗？这难道不是疼爱自己老婆孩子的力证吗？难道爱情不在事实和行动中间，而在精彩、动听和富于见地的字眼儿里？可是，他老婆走了。他养活了七年的老婆，从这暖暖和和的窝儿里莫名其妙地走了。家庭拆掉了一半。此刻这汉子心里的苦楚不是从那两根拴在桌腿上的绳子上就可明白地看到吗……但是，这时我眼前忽地又出现卓乃丽那间晦暗的小屋、墙上发潮的旧报纸、柜子上的面包头儿。那个女人为什么要撇下这个吃穿不愁的家庭、亲生儿子、疼爱她的丈夫？于是，卓乃丽坚持离家出走的那番道理也一样无可辩驳了。两个人究竟谁有理，谁更有理？他们的话便在我的脑袋里乱哄哄打起架来，绞成一团，分也分不清。

"你说——"赵锁柱依旧捂着脸，他的声音呜里呜噜的，"她为啥偏要离开俺？你刚才说的俺想不通。你能不能叫俺明白明白？"

多可悲，他自己并不知道！

我怎么回答他呢？卓乃丽的道理他是无法理解的，更谈不上说服他。但说服不了他，卓乃丽那边又怎么办？我耳边又响起昨天卓乃丽送我上车时，她混在雨声里的那句低沉的、恳切的、意味深长的话："别叫我再回到过去了！"我此时真不知该怎么办才好了！

"她说……"我只是顺口念叨道。

"怎么?"他忽然抬起头来,用力捂过的脸红红的,"你见到她了?"

我点点头。

"她说了啥?"

我想了想,摇摇头。

他也不作声了。停了一下,他突然问我:"你给俺写个条子成吗?"

"做什么?"

"您把她的地址写下来,过会儿有大车送菜进城,我叫赶车的给她捎一袋米去。"他指指屋子中间放着的刚刚他扛来的那袋粮食说,"她就喜欢吃米。这是我一早拿面跟人家换来的。"

他说这话时,那张呆板而无生气的大脸盘没有任何表情。我却陡然地感到,在这汉子的胸膛里有一颗朴实纯净的心。他没经过文化的熏陶和雕琢,不知道世上曾有过令人钦仰的黑格尔、托尔斯泰和贝多芬,不知道他脚下的地球上还存在着塞纳河、吉卜赛人和百慕大三角,甚至连一张便条也写不好。他像泥土一样简单、平常,只献出自己的一切却从来不向别人要求什么,谁又能体会和感受这颗心啊!这颗心同样是愁苦的。虽然他远远不能理解卓乃丽那些想法,却仿佛已感到不幸在他身前不远的地方等待着……

我给他写过条子,在无话可说的尴尬中,向他暂做告别。我推了车子,走到院门口时,他忧虑重重地对我说:"也许俺不该跟她成亲。她是城里人,念过书,想的跟俺们不一样。俺庄稼人想的就是不缺吃、不缺穿,把孩子养活大就成了……"

他这几句话，表明他已经看到了他们夫妻必将分开的不可挽回的结局。我却一下子找到了他们之间的距离，他们的分歧，他们之间难以填平的沟堑……

在我骑车回往县里的道上，春日当头，路面、树干与地里冻结的冰霜正在融化。从漫长的冬眠醒来，从清融的雪被下袒露出来的田野，是湿漉漉的、黑黝黝的、生意盈盈的，散发着一股浓郁醉人的泥土气息，混合着清新的早春的气味，随着寒意未尽的微风吹在脸上……柳枝虽无绿意，已变得柔软；河面上却依旧封盖着薄薄的冰片，给阳光照得煌煌刺目。有时，你感到春天已经来临，心中被唤起一阵畅快的情绪，但你的目光一触到河边陡坡上那压着枯草的白皑皑的残雪，又觉得严冬依旧顽固地占据人间，不肯轻易离去……我忽地想到，我们所处的社会不也处在一个乍暖还寒、交节换气的时候吗？新旧的思想、观念、见解，都在争夺存在，争辩是非，又争得统一。但统一只是暂时的。没有新事物突破常规和成见，社会就不会前进……

十年前一场空前浩大的政治动乱，把卓乃丽和赵锁柱这根本没有任何共同之处的两个人结为夫妻，犹如维苏威火山曾把岩石和树木融为一体。这是历史的误会。但在新的历史转折中，新的时代潮流里，长期潜在这对夫妻之间的分歧就凸现出来。一个完整并不完美的家庭要拆散了。细想起来，两人的理由都是可信的、合理的，两人都是值得同情的，都是过去的社会悲剧中的人物，而且都在今天一齐把问号摆在了我的面前。显然，他们当中一方获得满足，就必须另一方做出牺牲，忍受痛苦。在社会发展的道路上，已经拉开一大段距离的两个人，究竟是卓乃丽停下来，还是赵锁柱赶上去呢？但她怎么可能停下来？他又怎么能赶得上去？我从哪里去找答案？尽管如此，我还是想给他们一个两全其美的、公正圆满的解决办法！但我力孤难支，希望找一个比我高明的人谈一谈……

1981 年 2 月 23 日于天津

陌客

一

出差在外，住那种简陋蹩脚的低等小旅店，再碰上一位打呼噜如牛吼的同屋伙伴，便是最倒霉不过的了。

我偏偏碰上一位。一看他皮松肉肥、肚大腰圆的模样，便知一准是个打呼噜的老手。虽然我常常失眠，又常常出差住店，对各种怪腔调的呼噜声都耳闻过，但听到这位伙伴的呼噜，仍不免大为惊异！他每晚躺上床，几乎没有完全入睡，鼾声即起，很快就如雷贯耳了。而且要打上整整一夜，中间很少停歇，还能变换出各种花样！我最怕他一种呼噜，就是一声声愈紧愈响，到达高潮，忽然停歇，然后噗的一声，好像把含了满满一口水喷出来，跟着重新再来。因此他每一停顿时，我都要用被子捂住耳朵，怕听他那不知什么时候噗的一下。原来世界上不单有吵人的呼噜，还有吓人的呼噜。

偏偏不巧的是，我所办的事情碰上了棘手的环节，看来还要在这里住上半个月。如果照此下去，白天跑一天，夜里提心吊胆睡不着，可得累垮了。我真佩服同屋的另一伙伴——一个年轻人，爱说，爱热闹，事事好奇，喜欢打听盘问；他是打东北本溪市来的，为厂里搞一台真空镀铝机。这个世界更适合年轻人，他们的事好办得多，机器早就弄到手，但他并不急着回去，因为厂里很多同事托他代买的皮鞋、玩具、糖果、衣料还没购齐。他就整天上街去转，排队挨个争买抢购，晚上回来讲讲白天碰到的趣闻，有说有笑，然后躺下就呼呼大睡，丝毫不觉得同屋那位呼噜大王对他有什么妨碍。

一个人总会由于自己的某种缺陷、不足而羡慕别人。脸黑的羡慕脸白的；记性差的羡慕记性好的；牙齿糟烂的，羡慕别人的一口好牙；手笨的，羡慕人家心灵手巧；老年人羡慕青年人精力有余。我这个多年患有神经衰弱的人，自然对这个能玩能睡的东北小伙子羡慕万分。同时，也暗暗巴望这位呼噜大王尽快离去。我无可奈何，正要换一个旅店时，呼噜大王忽然收到家里打来的加急电报，催他回去。这真是谢天谢地了！

这人一走，屋里静得出奇，好像搬走了一个乐队。我对同屋的东北小伙子说："你晚上别出去了，咱早点睡觉吧！我得把这半个月缺的觉补回来。"说到这儿，我心里忽有所动，有些顾虑地说："但愿今晚咱屋空出这铺位，别再有人来睡了。"

晚饭后，天阴上来，又是风，又是雨。嘿！天助人愿，这种天气，这种时候，多半不会有人来住店了。我打了一盆热水烫脚，打算今晚舒舒服服睡一大觉。那东北小伙子正在床上整理他白天抢购来的乱七八糟的东西。忽然有人推门进来，用一种平稳的低音问我："这屋里是有个空床位吗？"

呀，来新客人了。我的运气真糟！

对于我来说，任何一个同屋的新伙伴，没有经过睡一觉的考验，便都是一个令人担心的未知数。

二

这是一位五十来岁的中年男人，个子不高，手提一个耷拉着背带的黑色人造革皮包。一件旧蓝布上衣的肩头，给雨水打湿。一顶普普通通的蓝便帽，帽檐低低压在眉毛上边；帽檐下是一张发暗而陌生的脸。在我这常出差的人的眼里，一望而知，这也是个整年在外边奔波办事的人，而且准是刚下火车就赶来住店了。

他倒不像爱打呼噜那种人——这并非自我安慰。瞧他，干瘦、利索、沉稳，不是躺在床上就虎啸猿啼那副架势。他进来后，脱下外衣搭在椅背上，就从提包里拿出水碗斟一杯热水，放在眼前的桌角上。也不和我们说话，只是打量我和那东北小伙子两眼，随后就掏出烟，坐在床头，左臂肘支在床架子上，一动不动地抽起烟来。不多时候，这人就像山顶上烟云缭绕的一块石头了。

这大概是那种孤僻、冷漠、落落寡欢的人。如果他不打呼噜，有这么一个半哑的人做伴倒也省得说话应付，劳心费神。

可是，那个事事好奇、没话找话的东北小伙子好像有事做了，他把嘴巴对准这位新来的陌客开了腔："您是出差来的？"

"嗯。"那人头也没抬，只出一声。

"采购吗？"

"不，到商业部办点事。"

"什么时候来的？"

"今天。"

那人明显地是在应付问话。东北小伙子却偏偏听不出来，仍旧蛮有兴致地问："您什么时候走呢？"

"明天一早。"

"您是打哪儿来的？"

"唐山。"那人依旧没有抬头。

"哎——"东北小伙子好似更来了兴致，目光都发亮了，"唐山？地震时您在唐山吗？"

"在。"

"怎么样？厉害吧！听说八层的水泥大楼都塌成一摊，真的吗？"东北小伙子盘腿坐在床上。此刻他支棱着耳朵，把脑袋极力伸向唐山人，好像要钻进唐山人的嘴里去听。

唐山人对这话题却毫无兴趣，他依旧低着头，只是平静地回答一句："是真的。"

"呀！可真是呢！您给讲讲，还有什么特别的事吗？您当时怎么样，您家的房子也塌了吧？"东北小伙子真像遇到一种新奇的游戏。唐山人好像一块磁石，吸引他不停地挪动屁股，现在移到床尾这边来了。

唐山人始终低着头，默默地、一动不动地抽着烟，没有答话。我便说："我家在天津。虽然震得远不如唐山厉害，但地震时我家的屋顶塌下来，屋里的东西一点没剩，粉粉碎碎。所幸的是人没伤着。"

唐山人听了，一直半低垂的脸总算抬起来，看了看我。这是一张满是皱痕、显得苍老的瘦瘦的脸。他目光十分沉静，镇定自若，听了我的遭遇也没有半点惊愕之情。大概由于他是在惊涛骇浪里过来的人，自然不把我这个海边的弄潮儿当作一回事。

东北小伙子却在一旁大叫："老冯，你也遇过这种险事吗？你说说，你家是什么样的房子？地震时你躲在哪儿了？你又不是神人，怎么房子塌了，就砸不着你……"

我没回答。我的注意力一直没离开对面这位沉默寡言的唐山人。我问他："你家里人都还好吧？"

这是经历过大地震，我才学会的对于共同患难的人所表示的一种含蓄的关切。

"嗯，还好吧！地震时，我失去了老母亲、爱人和一个女孩儿。现在还剩下一个男孩儿在家。"他回答。保持着出奇的平静，仿佛连目光也没颤动一下。真叫人难以想象——一个人失去这样几个连心的亲人，怎么还能够保持这般沉静和镇定？即令谈到别人这样的遭遇，也会不免带进感情呀！如果不是他个性过于冷漠无情，便是在那非同寻常的悲痛的打击下，有些变态了。

人家有这样的遭遇，我不便再说什么了。

旁边那东北小伙子，好像获得一件头号奇闻。他一个劲儿地刨根问底，死死追问唐山人惨烈的遭遇。活人的悲剧比舞台上的悲剧，更能满足一个人的好奇心。这唐山人的遭遇中会有多少揪扯人心的细节啊！于是他问起大地震的经过，这唐山人的母亲妻小怎样丧命，唐山人和儿子又是怎么幸免于横祸。这唐山人终于被问得一点点开了口。当这人谈到实情，就不再是勉强应付，而是认认真真回答了。东北小伙子也听得十分认真，他一边听，一边吃惊得呀呀直叫，感叹得唏嘘有声，流露出同情。同情才是真正打开别人心扉的钥匙。特别是东北小伙子问到唐山人和死去的亲人们的感情时，唐山人竟然完全变成另一副样子。他的目光不再是沉静和镇定的了，而是感触万千，时而涌出一阵泪光，亮晶晶地包住眼球，时而这泪光又被他强忍下去，剩下一对干枯而空茫的眸子。他瘦瘦的嘴巴微微直抖，声音给激情冲击得颤抖不止。此时，他已经不再需要别人再问他什么，自管滔滔不绝说下去。说得冲动时，一手抓起帽子扔在床上，露出一头花白稀疏的头发；手里的烟卷早灭了也不知道，还夹着一截烟蒂比比画画。

"……后来，我爱人和女儿的尸体找到了，和许多人合葬一起……我母亲的……却始终没有找到。我在废墟里只找到她老人家一根银分头针，作为纪念……"

他哽咽了，但他越过这感情的障碍继续说下去，就像涨满的湖水，突然决了堤，泛滥开来，恣情奔泻，任什么也阻挡不住了。

看他这样子，简直要大哭一场！

一个镇定自若的人，转眼变成这副样子，尤其使那东北小伙子莫解，他反倒想来阻止这人神经质发作般地发泄下去了，但他没办法。我便对这唐山人说："过去的事儿就过去吧，老兄！人的一生什么事都可能碰到的。但活着总要往前走，那就不能往身上背包袱，而要往下卸包袱，感情的包袱也是一样。再说，我很佩服你们唐山人，经受了有史以来罕见的大灾难，居然挺住了。能够这样坚韧顽强、充满信心地生活，的确了不起。人没有这股劲儿，哪行呢？"

没想到，我这几句话像一片镇静剂，立时使这唐山人不出声了。他怔了一会儿，忽然发现夹在指间的早已熄灭的烟蒂，便扔了，重新点上一支烟抽起来。他神情渐渐复归平静，一时颤动不已的目光渐渐又凝滞成原先那镇定自若的样子。好似风暴歇止后的树木，依旧是肃立不动的。

那东北小伙子也就不敢再发问了。

我这才发觉，自己一双脚仍旧浸在水盆里，热水早变凉了。再一看表，禁不住说："哟，快十一点钟了，咱们睡吧！"

我去盥漱室倒掉盆里的水，用热手巾擦擦脚，又漱洗一番。回屋时，唐山人依旧坐在那里一动不动地抽着烟，那东北小伙子却已睡着了。

我脱衣上床，钻进被窝，便对唐山人说："老兄，睡吧，天不早了！"

"我再坐一会儿。你先睡吧！我给你闭灯。"他说着，伸手拉了灯绳。

灯灭了。一片漆黑，但在我对面四五尺远的地方，有个殷殷的红点儿，一亮一暗，一暗一亮，这是那唐山人在抽烟。我大概由于半个月来没睡好觉，今夜又没有那吓人的呼噜来威胁，神经放松，很快就进入梦幻。

三

半夜里，我似乎醒来一次，但并不完全清醒。只觉得面前那亮晶晶的红烟头，依旧静静地一明一暗。在睡意蒙眬中，我迷迷糊糊地想，怎么这唐山人还在抽烟？是不是睡前那东北小伙子的问话，勾起他的心事，一时睡不着了？但我来不及去想，困倦好像个巨大的迷魂罩儿，重新把我笼罩起来。

第二天醒来时，天已大亮。屋里好静，空气里有股烟味儿。我坐起身，却见那东北小伙子早已起身去了，大概又去逛商店吧！再看左旁的床上，也是空空无人。被子叠得好好的，床单抻得平平整整，那包儿、外衣、杯子，都没有了。原来唐山人也已经离去了。

我一低头，一个景象如同画面一样跳入我的眼帘：在这唐山人睡过的床前，靠近床头的地上，竟有二三十个捏瘪了的烟头，一大片撒落的烟灰和废火柴棍儿。我心中不觉一惊，啊！他整整一夜没有睡觉呢！跟着我好像一切都明白了……

再看看这些烟头，我立即想起昨晚这位不知姓名的唐山人的每一句话。我心里立即泛起一阵深深的懊悔！我当时为什么不去阻止东北小伙子那些好奇的问话？为什么我也在一旁眼瞧着那小伙子揭开这唐山人好不容易才封闭起来的隐痛？不负责任地去触动别人心中的隐痛，是多么不道德的啊！懊悔过后，留下的是内疚。烟头是最常见的东西了，却从来没有像这些烟头，如此沉重又长久地留在我心中。至今我几乎一闭眼，就能清晰地记起那些烟头，和那位陌生的唐山人……这是多么糟糕又无法挽回的一件事呀！

勇士

差不多每个人都有过绰号。绰号的由来却各不相同。多数人的绰号都和自己的长相有关。他的绰号叫"勇士",可与长相毫无关系——绝不是由于他天生这肌强骨硬的身子、愚鲁的性情,而是来源于一件确确凿凿、惊险又辉煌的往事。因此,别人称他"勇士",他微笑不语,好似默认,甚至还有点得意。怎样一件往事,能使他毫不犹豫地接受"勇士"这非同寻常的绰号?

那是十年前,最混乱的年代。他当一派小小的头领,被"对立面"一派倚仗人多势众,把他这小股人马像轰鸡一样,轰出机关大楼。

他便带着本派的被击溃的散兵游勇们,搞来些纸张墨水,写几条辱骂对方的标语,趁着夜深人静,悄悄张贴在街头,却不敢有任何明目张胆的行动。

许多事情的起因往往微不足道。他这事缘起却因为左耳朵发痒。他有耳痒的小毛病。这一次奇痒难忍,好像有两只小虫在耳朵眼儿里边爬来爬去,晚上痒得睡不着觉;白天耳朵就像堵了棉球那样听不清声音。他想起机关大楼三楼上自己办公桌的抽屉里,那根又细又长又得用的挖耳勺儿。他必须取来。

这天,他打听到对方那派人都外出活动,不在机关。他便化了装，用一顶帽子遮盖住早谢的、光秃秃的、容易被发现的头顶。悄悄走到楼前，从外边看进去，果然不见一个人影。太幸运了！大楼里没人。他顺顺当当溜进楼去。楼里极静，只有他踩着楼梯的脚步声。这声音却使他感到紧张。他只想赶快取了挖耳勺儿，一溜烟跑掉。

他跑上三楼，走进办公室直奔自己的办公桌拉开抽屉，正在寻找挖耳勺儿的当儿，只听"轰"地一响，堵着屋门口站了一大群人，全是对方一派的。不知他们原先都埋伏在哪里。糟了！跑不出去，又不能从窗子跳下去。对方这群人兴致勃勃，非要批斗他这个自己送上门儿来的倒霉蛋儿。他想，自己大小是一派头领，哪能任由对方侮辱而丢掉尊严威风？如果自己真叫对方批斗了，自己一派就会丧失斗志，不打自垮。但他此时此地，孤身一人，又不是这群人的对手。怎么办？

意外的机会来了。就在这时，楼梯那边有声响，不知谁说一句："又一个吧！"这群堵在门口的人回头张望之时，他扭脸看见朝东的窗子开着，窗外有一棵笔直的大杨树。机会不可失，他几步跑过去，一跃跳上窗台，顾不得背后的人们喊：

"你要跳就摔死你！"

"别叫他跑啦！"

他跃身蹿出去，双臂张开一拢抱住那粗粗的树干，并顺着这粗糙而滚圆的大杨树干，飞快地一直滑到地面上。当那群人在窗口伸出脑袋吃惊地往下瞧时，他已拔腿跑掉。

从此，对，从此他就神气起来！试想一下吧！谁有这种胆量，敢从三楼抱着一棵树滑下来？没别人，只有他。这便是"勇士"绰号的来历。时间久了，这"勇士"的绰号渐渐代替了他的名姓，那段事相隔渐远，没人提了。响亮又光荣的绰号却留了下来，像枚英雄勋章一直挂在他胸前。过了十多年，直到今天。

今天，几个年轻人与他正在办公室端着饭盒吃午饭。这几个年轻人大多是新分配来的大学毕业生。他们在十多年前还是娃娃，自然不知他那段带有传奇性的往事。闲聊时，年轻人从他的绰号问到那件事。无论谁"过五关"的事他都挂在嘴边，张嘴就能讲。

他讲了，年轻人都哧哧笑，不信。

"你们去问问办公室的老邬，还有财务室的老曾，老王也行。他们都是见证人！"他说。真话没人信，最容易着急。

"干什么问他们，你有本事敢再来一次，给我们看看吗？不就窗外那棵杨树吗？你要是敢去摸一下，我们就信！"年轻人笑道，脸上带着一种讥笑与嘲弄。

"敢当然敢。没必要！"

"哈，敢说不敢做。敢情你这'勇士'是冒牌儿的。"

年轻人一起笑起来。

"这算什么，来就来，叫你们开开眼！"他给激怒了，撂下饭盒，踩着椅子噌的上了窗台。

谁料一站到窗台上，感觉立刻不一样了。大杨树干离窗口好像比平时看上去远得多。足足有两米！这楼怎么这样高，直上直下，下边停放的自行车像玩具那么小，车铃只有指甲盖儿一般大。他不明白，那次他是怎么跳下去的。明明就是从这里跳下去的嘛！登时，他身上所有强犟的劲头和激涌起来的勇气，好像化成烟儿散了。后边几个年轻人喊着："你敢吗？敢吗？怎么不敢了？"他动也不敢动，跟着轻微地颤抖起来，先是双脚，随后双腿，最后连嘴巴上胖嘟嘟的肉都抖动不止。他感到自己的重心要向外移动，不自觉赶紧后退一步，为了安全，只好坐在窗台上了。他脸上苍白而沮丧，绝对不可能再重演一次了。

从此，又是从此——那个"勇士"的绰号便从他身上陡然消失，而且永远消失了。就像一盏灯灭了，顿时暗淡无光。无论年轻人怎么笑他、逗他、激他，他连再试一试的想法也没有了。年轻人便把他认真地讲述的那段光彩的经历，只当作胡说八道。他光秃秃的脑壳里便充满苦恼和不解。那件往事毕竟是真的。但他不明白，为什么当初能够做到，现在却根本做不到呢？

匈牙利脚踏车

一

孟大发一直盼着来一笔意外之财，使他平淡拮据的生活像通上电的灯泡那样陡然辉煌起来，使他那间黯淡、简陋不起眼的斗室登时应有尽有，花钱不用愁，天天酒足饭饱，再用不着总去小饭铺里，硬着头皮大口吞食又咸又没味儿的麻酱拌面。也有几套讲究的衣服、新皮鞋和好表，使那些手头宽绰得令人眼馋的哥们儿反过来羡慕他。但哪来得那笔意外之财呢？他自小没父母，拉扯他成人的亲姨也在去年患风湿病死掉。没有遗产，没有一门有油水的亲戚可沾，更没人对他慷慨解囊，好运气好像与他隔着千山万水，呼唤它也不来。他只在四年前一个夜里，从大街上拾了半包烟卷。烟卷倒是好牌子，点着刚要抽时，忽然怀疑这烟卷有毒，最后还是远远地扔了……就这样，直到那场谁都知道的大动乱之后，有关部门处理一批所谓"无主"自行车时，他托了人，仅仅花了四十元钱就买到一辆匈牙利"钻石牌"的自行车。这要算他有生以来碰到的最大、最幸运、最显赫的事了，有如拿破仑用了为数有限的士兵就在奥斯特里茨打了大胜仗。不过大人物有大人物的快乐，小人物有小人物的喜悦罢了。

这辆车买来时尘封土裹，漆皮发污，满是锈斑，好在没有硬伤；车把、架子、瓦圈等几大件都是原套的。但小处的毛病并不少，车条折了三分之一，前后还剩下两块闸皮，缺了大约十多个螺丝，没有铃铛盖儿。大概这车许久没人骑，推起来皱皱巴巴。他把这车子推到厂里，请一位相好的保全工帮忙，水擦油洗，拿了龙，所有零件都添补齐了，谁知这么一来车子竟然完全变了样。原来这车都是浮土浮锈，一经洗擦，电镀锃亮，漆皮乌黑发光，上边的"钻石"商标清清楚楚，总有七成新以上。尤其是放在半明半暗的地方，竟和新车相差无几。厂里的几位自行车行家看了，都说这车顶少能值八十块钱。这个鉴定使他心花怒放，每天关灯入睡之前，必定要拉开灯，再瞅它一眼，这样入睡便格外地香甜。

但是，世界上，无论好事坏事、大事小事总得过去。新鲜的玩意儿刚到手如获至宝，看惯了也就习以为常。他反而觉得这辆车不过使他省了些钱而已。他梦思夜想的那种好运气，依旧远在天外，依然还没在地平线上露出头来。这辆车再便宜也是辆旧车，骑新车的人还都满街跑呢，这又算得什么？于是他天天骑着这车上下班，日久天长，只当是个代腿儿的交通工具，全不当一回事了。

二

他天天上下班都走解放路。这条笔直的大道原是半个世纪前横穿法、英、美、德四国租界的赫赫有名的"中街"。如今便是由市区往土城和陈塘庄两个工业区的主要干线。每天上下班时，这里便成了一条无穷无尽的自行车与其他各种车辆汇成的凶猛湍急的大河。那一片刺耳的、紧急的、催人的铃声和喇叭声就是这条大河通过的声响。如果有一辆车突然横过身来，迫使后边的大小车辆一停，就立即造成半个小时以上的交通阻塞，也使无数人在当天自己单位的考勤簿上记上迟误的时间。可是这样一条道路，对于孟大发娴熟的车技并不成为困难。他能在这人间车缝中像泥鳅一般滑溜溜地转来转去，拧着车把，扭动腰身，自由自在地穿行，甚至还能和偶然较上劲儿的同路的小伙子赛赛车。这辆结实、灵便、轻快的匈牙利车便成了他的好帮手，使他每次都能遥遥领先地骑到土城的交叉口，傲然地回过头去瞥一眼给他远远甩在身后的那个气喘吁吁的败将……只是这种赛车要常常招来同路行车人的怨骂，而且相当危险，如果给别人的车挂一下，即刻会摔得人仰马翻；尤其是在这条道与围堤道的交口处——由那条弯弯曲曲横插而来的道儿上，源源不断地拥来许多骑车的人，汇入这车流中。在冬天里，这些横冲而来的男男女女中间，一些人没戴帽子和头巾，给北风吹得前额的头发倒戗竖立，活像一队奔来的野马。他们一加入，车流的密度倍增，车把几乎蹭着车把，行者提心吊胆，唯有像孟大发这样年纪轻轻、手疾眼快、精力饱满又闲得难受的小伙子，才认为这正是他们的用武之地。

这天，他又骑到围堤道口。从那边过来一个骑车人，开始跟在他后边，骑了一阵子就赶上来，与他并肩而行。他感觉旁边这人不断地瞅他，他以为是熟人，扭脸一看，并不认得。这人很年轻，穿一件宽宽大大又粗又硬的劳动布面的制服棉衣，一张苍白、精瘦、轮廓分明的面孔，虽然给寒风迎面吹着，却没有冻红的颜色。那细长的眉毛和深陷的眼睛倒显得分外乌黑。在他与这个陌生人目光一碰的当口，那人竟对他露出一种温和、善意、礼貌的微笑，还和他搭讪道："今儿正顶风，骑起来真费劲。"

"可不！"孟大发应付一句。

那人不再说话，骑了一阵子，却又说："你这车是匈牙利'钻石'牌的吧！"

"噢？噢，对！"

"这种车不大怕顶风上坡，钢好。"

"是啊！"

"你这车骑了不少年了吧！"

"嗯？嗯，是！"

孟大发哼哼哈哈说了几句，觉得对方有点儿没话找话，并非他天性不爱说话，只不过因为顶着风，一张嘴就有一股凛冽的风直灌到肚子里去，他不想说话。那人也不再说什么，一并骑到土城交叉口，孟大发向东拐弯，那人径直骑去，两人也没打个招呼就分道了。就像普通两个陌生的同路人那样，聚了又散开。

转天，孟大发骑车上班，恰巧在围堤道口，又遇到昨天那人，两人由于有了一面之交，更由于那人主动地对他表露出一种好意的、不期而遇的微笑，使他不由得对那人点了一下头。但孟大发无意与那人同行，好摆脱与一个不熟识的人同走一段长路所带来的尴尬。奇怪的是，他故意骑得慢些时，那人骑得并不快；他加快些速度，那人骑得也不慢。他恨不得自己的车能像小孩玩的弹力飞机那样嗖的一声蹿去。就在这当儿，那人又对他开了口："你在轧钢三厂上班吧！"

"嗯！"孟大发答应道。心里却想，他怎么会知道？

那人的话立刻使他明白："你车后的牌子上写着'轧三'，我想你大概在轧钢三厂上班。我就在前边的红卫医疗设备厂。"

然后两人无话，到土城交叉道口又分手。

此后，孟大发经常在上班去的道上碰到这个苍白的脸儿、深眼窝，并不讨厌的青年人，渐渐熟了，他也就不想摆脱这萍水相逢的同路人了。更何况这人平和、自然、大大方方，同他一边骑车，偶尔随便说几句，便会不知不觉骑过这条累人的长路。这样，他俩就更加熟识起来。他知道这人是个技术工，与自己同岁，但人家却是四级工了，赚钱也比自己多十几块。在这话来话往中间，他也把自己的情况零碎地告诉给那人。他问那人："你叫什么？"

"蓝大亮。蓝色的蓝。"

"嘿，真哏，你叫蓝大亮，我叫孟大发，中间都是个'大'字。咱俩都没结婚，还都是二十六岁。"

"要不咱俩有缘分呢，在大街上就交成朋友。"

两人都笑了，全不以为然。

又过半个月。一天孟大发下班回家，只见前面有人慢慢悠闲地骑着车，一看这人背影好熟，赶上去瞧，嘿，又碰上了，蓝大亮！这时候，天色已晚，路旁人家的灯儿像天上的星星，渐渐多了起来。蓝大亮忽然说："走，咱们到那边的小馆子里吃点什么去。我有些饿了。"

"不，不，我……"

"你不是单身一人吗？我想你平时下班常在外边吃饭，我下班后有时也在外边吃点什么。你现在要没什么事，咱俩就一块热闹热闹吧！"蓝大亮说。他的表情确是很诚恳。

"不，不……"孟大发嘴里这么说，脸上竟有了无故受人恩惠而不大自然的神气。他肚子里还有条馋虫，已在高兴地唱起歌来。

孟大发终于被蓝大亮请进一家小饭馆。在蓝大亮到柜台上买菜牌时，孟大发还过去装作争争抢抢的样子，随后就找到一张空桌，坐下来等候蓝大亮了。蓝大亮花钱可真冲，手面大，漂漂亮亮要了一桌子菜。红的、黄的、辣的、咸的、酸的、甜的、荤的、素的、腥的，都有；还有暖烘烘的白酒和冰森森的啤酒。在酒杯叮叮当当的碰响声里，美味的鸡块在舌头上舒舒服服的转动中，辛辣的芥末把鼻孔刺激得通气无比顺畅之时，他隔着模糊迷蒙的酒意，看着对面这个新交的朋友，他感觉在以往所结交的哥儿中间，还没有过如此斯文平和的小伙子，尤其那双陷在眼窝里的黑幽幽又明亮的眼睛，温厚、亲近，又深邃莫测，尤使他心喜的，便是他从未交过这样一个花起钱来如此爽快大方的朋友。他心想：我得和他交一辈子朋友！就一把抓住蓝大亮的手腕，生怕对方要站起来跑掉似的。他含满酒气的嘴里，舌头像打了卷儿那样含糊不清地说："往后咱们日子长着呢！你就看咱孟哥们儿够不够朋友吧！只要你有用得着咱哥们儿的地方，你自管说。"

蓝大亮笑了。他依旧是那样温和地笑着。两人边吃边喝，一边闲谈。蓝大亮问他："大发，你每天骑那旧匈牙利车上下班得劲儿吗？"

"得劲儿。虽然比不上新车，可是蹬起来一点也不费力。你别看它旧，一擦就变模样了。我，我，我不过是懒得擦它。"

"你骑这车有年头了吧？"蓝大亮边说边问，神情随随便便。

"没多少年。实告诉你，我去年才买的。单位发的票，说是无主自行车，也有人说是查抄物资处理。才四十块钱。"孟大发咬着一个滚满糖汁的鱼头，同时咧一下嘴角表示挺得意，"你说便宜不？"

蓝大亮注视他一眼，问："你买来后没有拆卸开大擦一下？"

"没有，洗洗车轴，上点黄油，配齐了小零碎儿，就蛮好骑了。"

蓝大亮笑了，再没提这辆自行车的事，开始扯些别的事情。两人又吃又喝、又说又笑，在旁人眼里，简直是一对亲密的小哥们儿。

到了星期天。天气真好，上午十点多钟，日头暖极了，晒得桌面都发热了，简直有点春天的意思了。孟大发正在家里洗他的工作服。这工作服已经三个月没下水，都分辨不出它本来的颜色了。他正在起劲地搓，忽然蓝大亮出现在他屋门口。蓝大亮今天没有穿往常那件劳动布的棉外衣，而套了一件深灰色对开襟的罩褂，深蓝色、烫得平平的裤子，一条驼色的薄围巾宽松地绕在肩上。这穿戴虽不讲究，衣料也极普通，却不知为什么在他身上竟这样落落大方，连他那张脸看去也比道上相遇时愈发显得清俊了。

"哟？你怎么来了，你怎么知道我住在这儿？"

"哎，你真糊涂，不是你告诉我的吗？今儿我也歇班，没有事，找你来玩了。"

"噢噢，好啊！"孟大发答应着。心想蓝大亮一来，今儿中午是不是又要请他美餐一顿？他要站起来给蓝大亮掬水。

蓝大亮一按他肩膀，说："你先洗衣服，别管我，我坐坐。"说着四下看看，便坐到屋角一张木凳上，木凳旁正停放着那辆匈牙利自行车。蓝大亮解下围巾，顺手搭在车把上。一边与孟大发闲聊，一边仿佛无意地摆弄着那辆车，摇一摇轮子，摸一摸座鞍的螺丝母，再用手指随随便便弹着车架子的铁管。等孟大发洗好衣服，出去倒了脏水，晾好衣服回来，蓝大亮正坐在那里抽烟。他也递给孟大发一支烟。孟大发接过烟一看牌子，竟然是"凤凰牌"过滤嘴高级香烟。他平日只能抽廉价的又苦又呛的"战斗牌"烟卷，此刻上下嘴唇一夹那有弹性的过滤嘴，把香喷喷的烟缕吸入体内，便有种说不出的快感。这快感很快就转化成为对这位朋友的好感了。

蓝大亮吸了两口烟，平静地说："大发，我有件事求你，不知该说不该说。"

"什么事？瞧你说的！你只要不把咱哥们儿当外人，就自管说吧！"

"你知道——"蓝大亮吸一口烟，吐出来，停顿一下，好似难以启齿，随后才说，"我这人不喜欢骑国产车，总想买辆外国车。尤其是匈牙利'钻石'牌的，我买了一两年也没买到……"

他说到这里，孟大发马上警觉到对方是想图自己这辆贱价买到手的车的便宜。他刚要挡住对方下边的话，不料蓝大亮好像知道他心中的想法，抢先畅快又干脆地说："你听我说，我这人想要什么东西向来不在乎钱，咱俩是朋友，我绝不想图你的便宜。如果你愿意把这车子让给我，我也不能按你买车时的价钱付给你钱。我想出一百二十块钱。这样可以不耽误你用车，你拿这一百二十块钱马上就能买到一辆不太差的车骑。"

"什么？一百二十块！"孟大发吃了一惊，想不到世界上还真有为嗜好而挥金如土的人。开口就是一百二十块，比他买这车竟然多出两倍的价钱。要不说有钱的人大方、容易办事、好做人哪！这一百二十块钱到手后，顶多拿出一百块钱就能在旧车市场买到一辆七八成新的"红旗"或"飞鸽"牌的加重自行车，还能富余二十块钱。哪儿能碰到这种找到自己头上来的便宜事?！他心里十分高兴，只是碍着面子，一时难以应允。

"你别跟我客气了！"蓝大亮很是坦率，他说，"你拿着工作证或者户口册子，咱们到旧货商店办个过户手续。钱我这里有。"

孟大发扭捏一阵子，就推了车同他去了。

旧货店估车价的人是个肥得发喘的大胖子，别看他身子笨拙，弯一下身子看看车轴就要喘上半天，但眼尖面冷，还是个地道的行家。他对这车总共不过扫了六七眼，就说这车最多值八十块钱。还不时向买主蓝大亮斜眼示意，叫他不要被对方欺骗而花大价钱买这辆已入暮年、式样过时的旧外国车。孟大发马上急起来，说："我们愿买愿卖，一百二十块，您给办一下过户就成了。"

那胖子把脸一沉，说："小伙子，愿买愿卖是你们的事，可是要我办过户手续，就得价钱公平。一百二十块？哼，再添二三十块钱就买辆新车骑了。看样子虽然我比你多活一二十年，可你也不小了，做事得规矩实在。凭良心说，你看这老掉牙的车值多少钱？"

孟大发给胖子这一番说得面皮火辣辣的。他又羞又恼，想要争辩。蓝大亮却在他身后扯了一下他的衣襟，暗示他不要争执，然后出面客客气气对那胖子说："您有事先忙去。我们商量好价钱再找您好吗？谢谢您了！"

胖子没说话，转过肥大的啤酒桶一般的身子去了。

蓝大亮便对孟大发说："你真傻，跟他争有什么用。俗话说，

'货卖于识家'。他不识货，你跟他争得出什么结果来？我的意思，就按八十块钱办过户手续，其余的钱我另给就是了。怎么样？你要同意，就把自行车和户口册、工作证都交给我。我去办，你别出面了，省得跟他争执起来误事。"

孟大发看了蓝大亮一眼，觉得他的神情是诚实的，便说："好！"他生怕失此良机，就叫蓝大亮去办。

蓝大亮自己去找那胖子，很快就办好了手续把过户发票和卖车钱交到孟大发手里。此时已到了中午，蓝大亮又把孟大发请到附近一家"苏闽饭店"里吃了一顿。这是个有名的高级馆，饭菜比前一顿自然讲究得多。这排场，加上两人的神情，都有种庆贺之意。在饭桌上，蓝大亮掏出钱包，又拿出四张十元的大票子给了孟大发。孟大发假意推让几下跟着就收下了。随后两人出了馆子。孟大发兜里揣着鼓鼓囊囊的钞票，肚子里填满酒肉，心里盈满喜悦，乐陶陶地朝蓝大亮摆手再见。蓝大亮腾身跨上那辆已归属于他的匈牙利车，面对孟大发依旧像先前那样温和地一笑，便飞也似的走了。他骑得又快又熟，好像这车原先就是他的。

孟大发当天下午就在旧车市场买了一辆"红旗"牌加重自行车，足有八成新，漆黑锃亮，比那辆匈牙利车像样得多了。他才花了九十块钱，手里还余下三十块钱。当晚他灯熄得很晚，坐在床头，抽着烟，看着以旧换新的车，再看看白白得来的几张大钞票，直到上下眼皮都快粘在一起了，他才熄灯入睡。这时，他真以为好运气从此跳到他脑顶上了。而这好运气正是那阔绰的蓝大亮给捎来的。他明白，一个人容易冲动正是他容易上当挨赚的时候，等利害在他心里渐渐苏醒过来，他就要权衡得失了。因此，孟大发要乘这蓝大亮正在结交新友义气昂昂的热火头里，不等他醒过味儿来，狠狠捞他几下子。孟大发想，明天在道上碰上大亮就要打听他的住址，主动找上他家的门去。

可是……可是为什么从这天起，他在道上就再也遇不到蓝大亮了呢？一天、两天、一周、两周、一月、两月……再不见蓝大亮的踪影。难道蓝大亮就像他这好运气一样，只是不期而遇，偶见偶散？像一只鸟儿从眼前飞过，他眼疾手快，最多不过抓它一把毛。等到他把那买车余下的三十块钱花得所剩无几时，一天夜里，他从梦里醒来再也睡不着，就想起这买车、卖车以及与蓝大亮的巧遇和突然断绝这段有点离奇的经历，咀嚼着其中的滋味，渐渐感到事情有些蹊跷，当他为这蹊跷的事设想种种答案时，就有一个猛然觉醒过来的不祥的结论来撞他的心扉。他突然不敢往下想了，只抑制不住地出了一声："看来，今后我再也见不到他了！"

他把这秘密藏在心里，没对别人说。但这秘密像个毛毛虫在他心里爬来爬去，又刺痒又难受。他终于忍不住了，就去找同车间的一个信得过又比较有脑筋的同事说了。那人以旁观者异常冷静的态度听完他的故事，忽然使劲一拍他肩膀，"呀！你上当了。大发！"

"怎么？"他问，但他心里已经明白了。心中有了结论的事再经别人证实，更加确凿无疑。

"你那匈牙利车的大梁管里肯定藏着东西，要不那姓蓝的小子怎么再不露面了？再说他又不是傻蛋，肯出那么大价钱买你那辆旧车？你平常那些精气神儿都跑到哪儿去了？怎么没想到呢？"

"我……唉，先不说这个！你说，那大梁管里可能有什么东西？"他说，脸色都变了。

"那还用说，准是什么首饰、金条、存折、钻石、现款，这些都可能有。我猜这小子准是有钱人家，'文化大革命'初期抄他家时，他藏在这里边的。后来这辆车也被抄走，或是丢了，他就到处找这辆车，碰巧看见你骑着，就跟你缠上了，然后乘你小子财迷，就花了大价钱把车弄走。就这么一回事，没错。完了！到嘴的鸭子飞了！你要长点心眼儿，说不定发大财呢！"

完了！一生中可能唯一的一次发财的机会，竟从手边眼巴巴看着溜去了。"混蛋！"他扬起光溜溜、什么也没留下的手掌，啪的打了一下自己的后脖子。

三

孟大发懊悔中忽然想起了一个故事：从前有个渔人，终日垂钓河边，幻想着有条红尾金鳞的大鱼游来咬食。但他守在河边二十年，那露出水面的漂儿就像死树枝的枝头，一动不动。日子久了，钩儿锈了，也不曾等来一条寻食的鱼，甚至连只饿虾也没有。可是有一天，忽来了一条不可思议的、奇大无比的、五光十色的大鱼，一口就把鱼食吞进口中，连钩儿也给一同吞进去。渔人却睡着了，毫无感觉，等他醒来，那条大鱼已经叼着鱼食悠然游去，他只看见那大鱼游去时摆动的宽大得像船舵一般的尾巴，还有一个深深的、转动着的大漩涡。他再一提竿，什么也没有了，只有一点鱼腥留在那光秃秃的鱼钩上……他感觉那渔人就是他。

他后悔、沮丧，他又不甘心啊！他便首先到土城南的医疗设备厂去打听蓝大亮，原来那厂并无此人。本来他可以到旧货商店找那办理过户手续的胖子，从过户发票的存根上查找蓝大亮的踪迹，但这事如何对人开口？他只有悄悄寻找，暗中留意。在上下班的道上，在电影院散场后的人群中间，在饭店、商店、杂货店里，在一切有人活动的地方去寻找那人、那车、那藏匿在车中的财宝。每逢公休日，他整整一天都在外边溜达，跑遍市区大大小小的公园，挤在市中心最热闹的地带，左顾右盼，累得双眼发疼，一双小腿却练得像小铁棒那样坚硬；他还是头一次这样关心和注意每个人的容貌，感到世人的面孔竟然如此千奇百怪，千模万样。这样，一年一年地坚持下来，他似乎比居里夫人寻找镭的信心更为坚定，抱定宗旨非要找到那个蓝大亮不可。

四年以后，他在人民商场附近的存车处突然发现了一辆匈牙利"钻石"牌自行车，很像他原先那辆。当时他的心都快从胸口蹦出来了。他走到车前细细一看，一时又不敢确认这辆车就是自己那辆。事隔四年了，不单旧物难辨，车子本身新旧也会发生变化。这只有等着看取车的车主是不是蓝大亮了。于是他就站在存车处对面的便道上，目光死盯着那辆车。可是他足足站了两个多小时，仍不见人取车。那天真热，四下没有一块阴凉，他觉得自己很像远处的一根旗杆，立在这儿死晒着；直晒得汗都没有了，头又晕，口又渴，再这样下去，他就要燃烧了。他便到不远一家冷食店去买一根冰棒，等他举着这根冰棒跑回来时，那车子已叫人取走了。

又失去一次可以挽回过失的机会。

这一下对他的打击可不小。失望是他的大敌，一次次消灭他的企盼与希冀。他想，即使找到蓝大亮，如果蓝大亮不承认车子里藏着什么，他又有什么办法？于是他的热劲儿也就陡然冷却下来。时光如水，可以把任何浓烈的事情渐渐冲淡。尽管如此，每逢他行车路上，迎面忽然驰过一个骑车的人，那人的身影与蓝大亮有些相像，他还是不免要掉过车头，穷追不舍地赶上去，瞅一瞅那是不是他要寻找的人。而每一次误认，只能加重那件往事带给他的懊悔与沮丧罢了。

四

如今孟大发已经三十五岁，还是光棍，不过他日子好过多了，升了两级工，外加奖金，每月都有七十多块钱收入，于是烟卷的牌子和盘中餐都升为中等以上了。不过照他自己的话讲，他长了一张"吃钱的嘴"，自然没有足够的积蓄可以容他考虑娶妻养子之类的事。至于那辆匈牙利车，他很少再去想了。因为那是件想也白想的事。

一天，他在大街上闲遛，忽然有人轻轻一拍他肩头。他扭头一看，这人有些面熟，他不由得怔了一忽儿。那人笑吟吟地说："不认得了？我是蓝大亮啊！"

"啊！蓝大亮，对，对，没错！"大发一看他那特有的爽快又温和的笑容就认准是他了。但他与十年前却大不一样，有一种人到中年而微微发胖的样子；原先瘦削苍白的脸，如今红光满面，皮肤发亮，鼓起来的嘴巴使脸盘的轮廓也不大清晰了；不过由他那深眼窝里闪出的目光仍旧幽深沉静。他的装束也依然如故，干净、整齐，并不讲究。孟大发"哎呀！"一声，双手禁不住紧紧抓住对方伸过来的一双手。十年来踏破铁鞋无处找寻的人忽地站在面前，已成死灰的欲望重又熊熊燃起，他的手不觉很使力，好像要抓住那笔巨财，生怕它重新丢失似的。

"你、你、你……"他简直说不出话来了。

蓝大亮含笑着说："你是不是一直在找我？"他跟着加重语气说："你肯定到处找我，没有找到，对吧？"

"我，我确实找过你，但那红卫医疗设备厂并没你这个人哪！"

蓝大亮笑起来。他告诉孟大发的话，愈发使孟大发不解了——

"是的，你不会找到我的。我不叫蓝大亮，也不在红卫医疗设备厂工作。至于我的家，就在这附近。现在你如果没有什么事就请到我家来，我有话对你说。"

孟大发茫然地随着那人走了两个路口，拐进一条胡同，进了一扇透孔的镂花铁门，里边是一个小小的整洁的黄土小院，几株小杂树横斜穿插，都长满绿油油叶子，中间一条石板铺成的小径，通向一幢日本式、小巧精致、红色尖顶的小房。蓝大亮把孟大发让进一间屋子。这屋顶虽矮，间量却很宽敞，临院一面是弧形的玻璃窗，光线直入，满室通明，宽大的窗台上摆满清馨袭人的花草。一盆高高挂起的吊兰，长长的绿枝纷纷垂落，有的将及地面。临窗横放一台旧式的双人对坐的大书桌，上面一堆堆书报、杂志、稿纸、邮件；还有墨水瓶、糨糊罐、笔和笔筒……四周是许多整整齐齐放满书籍的大书柜和几把客坐的椅子，倒没有一般人家时兴的摆设：沙发、茶几和地灯之类。对于孟大发来说，屋里的一切都是陌生的，但在这重重叠叠的书籍所造成的一种沉静又神秘的氛围中间，他反而感到莫名的拘束感，感到这间房屋的主人与自己全然是两种人、两码事。那人请他坐下，用香茶好烟款待他，然后那人坐在书桌后一把圈形扶手的大椅子上，问他："你是不是怀疑我骗走了你的自行车？"

这句话问得直爽，使孟大发猝不及防，"我？"

"你是不是怀疑那辆车里藏过什么东西？"

这一句比前一句问得更为直露，孟大发无以应答，连连摇着一只手说："我？不！不！我没有！"

"不对，你怀疑了。你肯定认为这车原来是我的，'文化大革命'初期抄家时，我曾在车里藏了什么财宝，后来车被抄走，我就到处找这辆车。见你骑这辆车，就设法从你手里把车弄走了。对不对？"这个托名"蓝大亮"的人说到这里，竟然朗朗笑出声来，然后神情变得严肃又郑重地说，"你想得并不错，'文化大革命'初期我家的确被抄，我也确实在车里放了东西……"

"真的？"孟大发眉梢一扬轻叫起来。

"真的。但后来我的车也被抄走，我以为一切都完了，谁料到幸巧碰到了你。我在路上与你相遇之前，已经跟踪你半个多月了。认识你之后的一段时间里，也不敢确认那辆车就是我原先那辆。后来，我去你家找你，在你屋里仔细辨认一番，才确信无疑是我的车，便从你手里买来。那当天，我拔车鞍子一看，东西都在里边，一点也没少……"

"啊……"

那人变得喜笑颜开，他说："如今我所藏的那些宝贝都公开了。这几天，我正打算去找你，谁想竟碰到了你。我……"他停了一下，随后喜气洋洋地说："我打算把这宝贝分出一部分赠送给你。"

孟大发大受震惊，双腿下意识地一用力，差点从椅子上站起来。"怎么？难道世界上真有这种得而复失又失而复得的事吗？那岂不成了小说？难道这人如此慷慨，竟把自己的家产分送给我——一个并不熟悉、无甚关系的朋友？"他又窘又不敢相信，还有种狂喜压也压不住地从心中冒到脸上来。

"你，你这是干什么……"他竟不自觉地用了一种接受人家馈赠的口气说话了。

"不，我一定要送给你。但我先得请你原谅，当初我从你手里买回来那辆车时，欺骗过你。我活了三十多岁，仅仅欺骗过你一个人。这也是出于无奈，至于其中的缘故，你很快就会明白。"

"不不，那没什么。"孟大发说着已经站起，完全是一副等待领奖的模样。

那人微微一笑，笑里含着一种很难猜透的意思。他站起身，从柜里拿出个长方形的、崭新的东西放在桌上。孟大发以为是什么宝物，这东西花花绿绿，好似个锦缎盒子，定眼一看，却是几本厚厚的新书。"这是什么？"他不明白对方为何拿出几本书来。

"你先看看。"那人笑吟吟地说。口气与笑意是先前那样的温和。

他奇异地翻动这几本与财宝毫无关系的书，以为这书里藏着什么秘密。但翻了几下，中间并无什么特别之处，不过是几本刚刚出版的新书，手一翻动，书页里便散出一股新纸与油墨的芬芳。一本书名是《烈火》，一是《太阳将在早晨出现》，一是《强者的眼泪》，还有一本诗集《为了未来的备忘录》。上边都署着同一个作者的姓名：蓝天。

"这蓝天就是我的真名。"这位终于袒露真名的人向他揭开过去的一切了，"当初我藏在那辆匈牙利车大梁内的东西就是这些。"

"什么？"孟大发说，"不可能！你不是说那是些宝贝吗？"

"这难道不是宝贝吗？"蓝天目光炯炯地瞧着他，开始把遮掩这桩往事的大幕缓缓拉开，"你想知道这几本书的来历吗？我可以告诉你——'文化大革命'开始那一年，我和你一样，都是二十三岁，在这之前我几乎什么也不懂，而突然到来的大风暴使我周围的一切都发生变化。从广阔的社会到每一个小小的家庭，以至每一个人的内心。生活的骤变再一次考验着每一个人哪！它用过去战争年代一把同样刻度的尺子来重新衡量每一个人的思想、意志、信仰和品德。我看到那时，有的人悲痛欲绝，有的人移祸他人，有的人丧志变节，也有人依旧对未来充满希望。有的人在自己的利害上患得患失，有的人则忧国忧民，壮心未已。我的家在一夜之间被毁掉，但我的心并没能粉碎。'人民'这个字眼儿听起来好像很空泛，但如果你真正了解到每一个人的心，了解到他们的想法、倾向和渴望，你将会在这亿万颗心汇在一起时，看到人民是一种有形的、实实在在的、不可抗拒的力量。为了使我们的后代不再重演这一悲剧，使历史不再出现这样痛苦的曲折反复，我们这代人应该跳出个人的恩怨和悲欢，从时代的制高点，正视生活现实，从中提炼出有益于未来的历史教训。于是我就在那一两年把一切耳闻目见，种种感受，作为素材忠实地记录下来。我知道，这东西在当时一旦被人发现，不仅自己会大祸临头，还会累及父母和亲友。我就想了一个好办法，把这些东西藏在自行车的大梁管里。谁知道，我父亲单位的人来搬运封存在我家的查抄物资时，把我这辆车也一齐推走了。我便到处寻找这辆车的下落，因为记在这些纸上的当时的真情实感与细节，在事后是很难回忆得起来的。如今这几本书其中的一部分素材，就是当初藏在车中的……"

"那、那怎么可能呢？"孟大发不甘心事情落得如此结果，同时也对这人的做法大惑不解，难以相信。

"你不信吗？好，我拿给你看——"

蓝天说着，回身从柜里又拿出一个挺大的纸包，打开一看，原来全是一个个又长又细、卷得很紧的旧纸卷儿，每个纸卷儿最外边裹着的纸还带着在车管里摩擦而沾上的铁锈。孟大发看得发呆了！

"当然，我这十年写的远远不止这些。但我做的这一切都没有白做。你看——"蓝天忽然手一指他的书桌，眸子兴冲冲地发亮，声音也激动得高昂和震颤起来，"你看那一堆信，都是天南海北、热情洋溢的读者寄来的，有的信你看了会感动得流泪。这不就是我工作价值的最好证明吗？当然，在别的一些人眼中，也许这不算什么，但对于我来说却是无比宝贵的了。它说明，在那人人抱怨的十年中，我没有虚度年华、滥用光阴，没有给生活的重锤压得变了形，没有变得百无聊赖、醉生梦死、颓唐衰志；但在当时要做到这些有多么困难！必须是绝密的，不能有半点的企求名誉的虚荣，还必须准备当黑夜过于漫长时，甘于埋没，无人知晓，一辈子默默无闻……这也是我买了你的车，从此再不见你的原因。我却一直相信，我是在悄悄地为祖国、为人民做了一点有用的事啊！当一个人确信自己生活得有意义，他才是一个幸福的人。从这点上说，世界上真正的财富，是内心的充实，你说对吗？"

孟大发直愣愣地听着，他给这个突如其来、完全意外的结局弄得又惊讶、又迷糊、又绝望。但这位容光焕发、精神振奋的蓝天的一番话，却使他感到，他与蓝天中间隔着相当遥远的距离。他们是同龄人，一起来到这个世界上，走的却全然是无关的两条路。他们都在追求，追求的都是财富。自己追求的是金银财宝、酒肉享乐和意外之财。人家却在那非常岁月里冒着危险执着地追求另一种东西。一种无限丰富的、广义的、属于整个社会的财富……两人都花费了漫长的十年的工夫在苦苦地寻求，如今这财富在人家手里已经开花结果，自己却仍是两手空空。

当他有生以来头一次悟到这点道理时，他已经在这个人家中坐不住了。

1981 年 5 月 3 日于天津

正义的感召

我相信，在那个时候有着无穷尽的、动人心弦的故事，我只把自己知道的一个说出来。这不是发生在哀声动地、怒气冲云天的天安门广场上，而是在那场亘古罕见的暴力镇压后所展开的庞大、细致而又急迫的大搜捕中……

一

下班了。矮胖敦实的厂"革委会"主任魏谦把老花镜塞进硬邦邦的眼镜盒里，收拾好桌面上的东西，刚刚拿起那只随身携带的旧手提包，负责政工保卫工作的干部王好为闯进来。他带着一股外边的凉气，那动作仿佛有种大事临头的感觉。

"有事吗？"魏谦问。他有慢性咽炎，声音沙哑。

"有。十分重要！一个重大的'反革命'案件，是市公安局直接抓的。"

魏谦略感吃惊，抬起他大而灰的眼睛瞅了瞅王好为。在对方瘦削、干黄、紧绷绷的脸上看不出什么来，但那双像黑色的玻璃扣子似的圆眼睛却闪出一种特殊的光芒。你去想象吧！渔夫见到鱼漂儿跳动时就是这种目光。这是每当他遇到一桩可以大大施展一下全副本领的事情时而不自觉放出的信号。

"你说吧！"魏谦把手提包撂在桌上，站着和他说话。

"刚才公安局来电话说，据他们掌握的情况……"他说到这儿忽然停住，眼睛盯在没有关严的一条门缝上，他过去咔嚓一声关上门，走回来压低声说，"四月五日那天，咱厂有人在广场附近、西单电报大楼和王府井大街等处张贴一份反动传单。这人作案时没被发现，不知是男是女。而且传单是用复写纸复写的，字体是仿宋体，但所用的纸是咱厂的公用信笺。从这点确认案犯百分之九十以上是咱厂的人。公安局叫咱协助侦破，时间限得很紧，只给三天，从明天算起。"

"什么反动传单？内容是什么？"

"具体内容我也不知道。公安局只告诉说这张传单的矛头直接指向党中央的领导同志，很露骨。公安局他们下了决心，说一定要抓住。魏主任，您看是不是明天一早就下手办，及早办。这案子还有点难度呢！因为作案的人没留下自己的真笔迹。公安局查了指纹，也不明显。"

王好为说完话，屋里就没声音了。随后只响起魏谦掏烟、擦火柴和抽烟的声音。一会儿，浓白缭绕的烟团就隐没了他的面孔。王好为不断地转动着黑亮的眸子，在魏谦虚幻不明的脸上扫来扫去，不耐烦地皱起眉头。他不明白魏谦对这件事的反应为什么如此平淡和迟缓。魏谦直到夹在手指中间的烟卷抽去了一截，才说话："你打算怎么办？"

"画圈。先画圈！把可疑的人都画进去。先画大点儿，再一个个往外排除，逐步缩小……"王好为似乎早已思考成熟，说得快而流畅。但只说了一半就给魏谦的问话截断："你这个圈儿的范围是什么？你所说的'可疑的人'都是哪些人？"

"凡是去过天安门广场的都圈进去！"王好为伸出右手细瘦得像干树枝一般的食指，在空间里画一个挺大的圈儿。眼睛瞅着魏谦，等待对方同意。

魏谦的眉毛轻微地挑动一下，跟着问："你知道咱厂都有谁去过广场吗？"

"我清楚。"王好为蛮有把握地说，"自从总理逝世后，厂里有些人情绪很不对头。这些人差不多都去过广场。当时他们并不是偷偷摸摸去的，谁都知道。然而我那时就感觉到，这是一种阶级斗争的新动向。摸了底儿，情况基本掌握。虽说不是全部的，上下差不许多。连一些人有问题的言论也都掌握起来。尽管对这份反动传单一无所知，但可以肯定是去广场的人干的。我明早就做调查，看看有没有线索。同时把圈儿画好。这工作有半天就足够了。紧接着可以下手办。您看怎么样？"他说得兴致勃勃，像要干一件特别感兴趣的事情一样。

魏谦仍然没有很快地接过话。王好为等得焦躁起来，再次向他征询意见，他才慢吞吞地把快烧到指尖的烟头按死在烟缸里，眼瞧着冒着烟缕、按瘪了的烟头，说："我的意见是……仅仅去天安门广场悼念总理的人不予追究。至于张贴传单的……调查清楚了再说。"

一个浅浅的问号好像水面上的水花，在王好为脸上一闪即逝。很明显，魏谦对待参与天安门广场事件的人的态度与上级很不一致。魏谦对上级指示向来是不折不扣地遵照执行。今天这个变化，被王好为察觉并捕捉去了。以王好为的习惯，他对任何"出轨"

的思想都十分敏锐，随时随地留意着。无论对谁都是一样。他几乎靠本能这么做。"好！"他表面答应着，心里存下了这个疑问，并另有打算。

二

"老魏，这事你得抓紧。单位的第一把手要抓大事。阶级斗争是最大的事。当前，破获天安门广场事件中的'反革命'案件就是大事中顶大的事。三天里案子能不能破获，可就看你的了！我这两天，天天都要给你去电话，你不能叫我失望呀！"

转天上午十点，魏谦在公司开完紧急政工会议，公司主管政工方面工作的马主任站在走廊上，对他说了这几句话。

这个会本应王好为来参加，因为各单位到会的都是政工干部。但今儿一早王好为对他说，公司点名叫他来。他开着会，心里旋转着一个谜团。此刻，再一听马主任的话里，似乎包含一种不同以往的、不大信任他的意思。马主任那双小得几乎睁不开的圆眼睛还牢牢地盯着他的脸，好像在察言观色。这一切虽然表现得极细微，却被他明明白白感觉到了。他认定王好为事先向马主任反映了他。因为昨天他的态度太冷漠，太不积极了，与往常厂里发生什么重要案情时他的态度不大相同，甚至完全相反呢！这不可能不被王好为察看出来。王好为多厉害呢！

王好为是他一手提拔的。为此，他却常常感到后悔。

王好为刚从外厂调来时，是一般小干部。分配到生产股当一名统计员。统计员是不露头角的工作。在这个工作中，王好为只给人

281

一种脑子好使、记忆力强、精明和会说话的印象。除此并无其他出色之处。可是后来他在厂里大批判会上一出面，就显出高人一头。他善于动笔，虽然文字干瘪，思想空洞，结构千篇一律，算不上文章，但他能从报刊上摘下最时髦的字眼儿，凑成一串串，念起来还顺当。他舌头伶俐，吐字清楚，声音又响亮。每次批判会他都成了压轴儿的。似乎有他写的批判稿，有他上台发言，批判会就像个样子。局和公司一开批判会，厂里就派他去。逐渐厂里写个材料，汇报情况，总结经验，报喜请功，都由他来执笔。他灵得像只鹦鹉，或者像猴子，对于七十年代初兴起的一种新八股和官样文章，无师自通。刚刚时兴的词句马上就在他的字里行间出现。他还能把几片叶子凑成一朵花，虚构的本领足抵得上一名头等的作家，夸张起来丝毫不受事实的束缚。那几年，工厂的风气被空头政治和说假话搞得乌烟瘴气。许多领导不愿意正视下边的弊病，而喜欢见到这种呈上来的漂亮而空泛的材料。这也造就了一批人。几个专事编文诌句的土秀才，比流汗、实干、默默工作的人吃香得多，受重视得多。一种陋习衍习成风，反而变成正常的了。王好为不单成为厂里的佼佼者，他的名字在公司和局里也渐渐不陌生了。

魏谦呢，他是常见的那样一种干部。和那些到处钻营的风派人物比较起来，无疑是正派的，带有正统的味道。绝不干邪门歪道的事。长期工作使他经验丰富、成熟老练，成见也很多。在实用主义者眼里，就显得刻板和僵硬了。实际上也是如此。服从上级是他早养成的习惯。他深信这是党性的表现，是衡量下级干部是否称职的标尺。哪怕心里对上级某项指示发生疑虑，执行起来依旧坚定不移，绝不深思或深问。日久天长，成了一架机器，所有部件都习惯于按规定的动作运动。本来应当是生气勃勃的工作，却事务化了。连最生动的思想工作，也像用现成的模具去翻造成品那样。在缺乏创造性的地方，新鲜的东西就会愈来愈少，一种微薄的暮气混在他的精神里，使人时时感到。

六十年代爆发的"文化大革命"猛烈地冲击过他。生活的教训给他带来的后果并非都是积极的。他嘴里说"相信群众相信党"，但是，当党的一贯政策受到某些张牙舞爪的人严重歪曲的时候，当许许多多的事叫他想不通的时候，他就更是事事不离开上级的指示精神。他认准这是一旦再受到冲击、再有什么反复而不致获咎的安全法则。

为此，他一度很喜欢王好为。

这个青年不单机灵能干，政治上还相当灵通，能够准确领会上级意图，随着变幻不定的形势自如地旋转。魏谦交给他的工作，样样处理得圆满，完成得漂亮。他们厂蝉联四年局里的先进厂，这和王好为手里的笔杆子有很大关系。魏谦便想提拔他，对公司领导一说，立即得到同意，原来王好为在公司取得了同样的好感。公司领导向局里一提，结果又是同样的。谁知道他怎样给人留下的好印象！

王好为被调到厂工会，主管宣传。后来搞"运动"时，公司把他抽上去做工作组副组长，下到一个被称作"问题非常复杂"的工厂去。这一下，他就把藏在身上的本领全都显现出来了。每天忙碌于人员"问题"的分类排队，对重点人的攻心战，质询、斗争、批判。他精明敏捷，头脑清晰，分析力强。能抓住对方的心理活动，发动凌厉的攻势；办法无穷无尽，点子多得出奇。善于撬开最硬的嘴巴掏出自己需要的话，还能迫使对方按照自己的需要说话、交代问题、写供词，作为定案的根据。为了这些事他不辞辛苦。有时对重点人搞疲劳战，他自己也一连几天不睡觉，累得模样都变了。年纪不到三十五岁，前额的头发脱落不少，脸上骨骼的形状都凸现在外。皮肤褪尽了血色和光泽，像旧报纸那种颜色。但他干得蛮有兴致，任劳任怨，似乎这才是他理想的和得心应手的职业。"运动"暂告一段落时，他"证据确凿"地给八个人戴上帽子，一个人送进专政机关——带着这样显赫的成绩回厂里报到。按照公司马主任的意思，他被安排做厂政工组组长。原组长头年患心脏病去世后，一直还留着一个空缺。

可是他上任之后，魏谦就发现他身上存在着显著的缺陷。在此之前是没发现过的。他每次对案情总是估计过大，对人的错误想象得过大，猜疑的成分太多，随随便便牵涉和触及旁人，下手又太重。好像胃口过大的人遇到食物，带一种狼吞虎咽的架势。经他手定的案子便有许多靠不住、经不起推敲的地方。魏谦猜不透他这样做是由于缺乏经验，不够老练，还是为了贪图宏勋而夸大事实，虚张声势。魏谦几次对他当面提出来，并和马主任谈过。但马主任却觉得，"运动"中一股脑儿揪出一批，再一股脑儿落实、还原、平反，是正常现象。被揪的人总有些错误，搞大了不过冲击大些，算不得什么，所以马主任毫不在意。过后王好为知道了，对魏谦暗暗搞起小动作。制造些舆论传开，说"魏主任在'运动'中缩手缩脚""不抓阶级斗争"云云。王好为的活动量很大，在公司和局里找到几个有实力的人当后盾，渐渐不把魏谦当作一回事，甚至还暗示魏谦，自己有和他分庭抗礼的力量。今天，魏谦又尝到这种力量。

在刚才的会上，马主任有些话像是针对他说的。会场上的气氛也很紧张。一场对参加过天安门广场事件的群众的大围剿开始了。无以数计的人要被列入受审查的名单。他觉得这一次不同于以往的"政治运动"。它来得又疾又猛，其势汹汹，夹带着腥风血雨的气息和金属镣铐的声音。会上很少说话。连这些人本身都感到一种压迫和惶惶不安之感……

他想着事，没坐车，一路走回厂。一早天就阴，现在下小雨点了。他没带防雨具，头发和肩头给雨水打湿，脸颊和手背也淋上凉滋滋的春雨。他并不觉得。

他进了厂，正是吃午饭的时候。在院内来来去去的人见了他，都和他打招呼。尽管他严肃而刻板，工人们对他并不反感，还怀着几分尊敬呢！

刚走进办公楼，只见走廊上细条条立着一个瘦长的、墨色的身影。这是王好为。好像预先知道他回来而站在这里等他。

"您回来了，魏主任。请您先到这屋来……"

魏谦进了政工组。屋里没旁人。几套黄色的桌椅在阴霾的天光里非常刺眼。王好为跟了进来，习惯地关严了门。

"怎么样，魏主任？会上有什么新精神吗？"

魏谦斜过他大而灰的眼睛瞟了王好为一下，只淡淡说了一句："你都知道。"

这句话说不清是责备，是不满，还是讥诮。王好为脸上立即泛出一种尴尬的表情，跟着又给他自我强制的镇定神色赶跑了。他装作没有理会到魏谦这句话的样子，扯到另一个话题上去："上午我摸了摸情况。四月五日去过天安门广场的总共一百九十七人，占全厂四分之一。我给公安局打了电话，问他们是否掌握案犯作案的时间。他们说是那天上午。这样就可以把那天上早班的人刨掉，还剩下这么多人。您看吧，这是名单。"他拉开抽屉拿出一张纸递给魏谦。魏谦接过来，一边掏出烟卷抽着，一边看。名单上的人，魏谦大都是熟悉的。

"可能性较大的是这个——石晶！"王好为说着，用右手瘦瘦的食指尖在石晶的名字上点得"嗒嗒"响。

"噢！他？你的根据是什么？"魏谦问。

"根据？我只有怀疑的根据！事实必须找犯案人去要！"王好为每次办案，只要魏谦向他要"根据"，他就恼火。好像魏谦阻拦他去做一件饶有兴趣的事。

"我现在问的就是怀疑的根据！"魏谦目不转睛地瞅着他。王好为感到魏谦对他有种隐隐的不满情绪。

"根据自然是有！"王好为换了更强硬些的口气说，"四月五日，咱厂一部分人往天安门广场送花圈，就是石晶发起和召集的。那一周，他是夜班，正好白天活动……"

"我说过，悼念总理不算问题，不予追究。"

王好为冷冷看了魏谦一眼，接着说："他说过一句话，我掌握。他说：'总理是叫人迫害死的！'这句话很恶毒，明显把矛头指向中央某些领导同志。这是他可能去写反动传单的思想基础。据车间有人反映，他近来工作很卖力气。您是知道的，这个人向来工作不好，生产出过事故，还挺顽固。现在却突然改变。为什么？有一种人，为了使别人不怀疑他，往往在作案前后的一段时间里表现得积极一些。这种心理和反常的表现，恰恰是他犯案的一个最好的说明。"他说完冷笑两声，随后嘴角往下一撇，把两道深深的鼻唇沟拉成两条垂直的线，显得自负和得意。

魏谦的目光移到挂满雨珠的玻璃窗上。他的思想已经围着石晶这个名字飞旋起来。

石晶是他比较熟悉的一个青年。二十多岁，由于风湿病从黑龙江的建设兵团病退回来，进厂才两年。人挺聪明，也很守规矩。但不知为什么，总也打不起精神来。对学习没积极性，对工作缺乏责任心。每次写大批判稿都是找来报纸一字不差地抄写一段，交差了事。似乎没有任何事能够引起他的兴趣，使他关心。王好为曾研究过他，但他这种人太平常了，不好不坏，也不犯错误。王好为拿这种人是最没办法的。可是有一次上夜班，他睡着了。工作手套卷到机器里，若不是一个同班的老师傅及时拉下闸，事故与损失就是不可避免的了。王好为抓住这件事对石晶进行周密调查。石晶出身好，父母都是干部，难以断言他这个过错有"反动的阶级根源"。查来查去，只查出他爱看闲书，这些书都是"文化大革命"前书店出售的。王好为便断定他"受'封资修'毒害太深，不想革命，才出现问题"。王好为叫他把书交出来，搞公开批判，他不交，居然和王好为大吵起来。魏谦知道了，阻止了王好为的做法，并找石晶长谈了一次话，基本上是魏谦单方面说教。石晶挺有礼貌，没有丝毫顶撞，却也没有任何顺从的表情。过后一如既往。他给魏谦的印象是落后、消沉、冥顽，惰性很强，非常难办。可是在总理逝世后举国哀痛的日子里，石晶表现得很反常。他的眼睛总是红红的，愁眉不展。厂里举行的哀悼总理的活动，他都积极参加。数月来，胸前一直佩戴着一朵用白纱和锡箔精制的小花……魏谦听说过，四月五日厂里一部分人去广场送花圈是他发起和组织的。现在又听说他在工作上表现得很努力，这就更加令人莫解了。究竟是什么力量使一个落后又顽固的青年发生这么大的变化呢？

"魏主任，您看怎么办？"

魏谦被这声音从沉思中唤醒。他怔了会儿，说："回头研究一下，查明原因，不要轻率下结论！"

"咱没多少时间了。今早马主任来电话叫我通知您去开会时还说，三天必须破案。这个案子是局和公司的重点，也是公安局的重点。从现在算起，还有两天半。必须在今天下午把重点人确定出来……"

魏谦听出来王好为在用马主任压他。他左手的拇指与中指捏着烟卷的根部，食指不停地敲着烟卷，烧尽的余灰像雪花一样飘落下来。他看着自己口中吐出的烟，问王好为："你想怎么办？"

"我上午已经把名单上的人分别找来问过了。当然还没有承认的。我也没指望犯案的人轻易地承认。我叫他们每人写一篇字，吓唬他们说公安局要查笔迹。我说公安局有查笔迹的专家，就是换了字体也一样能查出来，先诈一下，叫他们神经紧张。等吃过饭，把他们弄到这儿来开个会，再加大点压力，看看反应。我通知过他们了，一点钟开。如果会上还没动静，我主张明天请几个公安局的人来，对石晶这种人搞搞攻心战！下午的会您参加吧？"

魏谦听了，没表示任何态度，只说："先吃饭，饭后再说。"说完就走了。

王好为盯着魏谦走出去的背影，眼里射出一股恼恨和阴冷的光。跟着眼珠转了两转，抓起电话机，飞快地拨了号码，"我找马主任，噢，是您。我是好为。我跟您反映个重要情况，就是……"他的声音愈压愈低。

三

魏谦吃过饭，推开自己办公室的门。桌上的电话正响着。他拿起话筒，是公司马主任打来的。马主任劈头盖脸就问他："你的具体破案步骤怎么样？"

"下午研究。"

"研究？你的个人打算呢？你没有成熟的想法吗？"

魏谦没回答，他停顿着，等待对方再问其他问题。马主任没再追问他，而是换了一种训责和不满的腔调，还含着警告的意味："老魏，天安门事件是'反革命'事件，你总不能怀疑吧！这里边有一个转弯子问题，实际也是个立场问题，路线问题。有人给天安门广场上悼念总理的假象迷惑住了，看不透事件的实质，对我们当前打击'反革命'的做法不理解，迟疑不前，甚至抱抵触情绪。这种情绪只能对当前的工作起反作用，使自己走向反面。天安门事件的实质是反党中央、反毛主席的，至于对总理，也要根据斗争形势的发展重新看……"

"老马！"魏谦忽然像打开感情的闸门那样，非常冲动地说，"我认为，对总理，无论什么时候，我们共产党人对他的看法态度也不会变！至于群众在天安门广场上反党中央和毛主席，我没看出来！"他用力把自己沙哑的声音送进话筒，皱巴巴的嘴唇在话筒上摩擦着。

听筒的一端响着对方严厉的声音："老魏！这回你怎么了？党报上已经播送了天安门事件的情况，你不信吗？性质也定了，你不同意吗？你这种情绪很不正常。我们对中央可不能怀疑，否则就要犯大错误！你这些话对我说还没什么，因为我了解你。要是换个场合，可就要出问题喽！我是为你着想。你是几十年的老党员了，'文化大革命'都过来了，可不能在新的斗争中栽跟头呀！你说他们反党你看不出来，可你厂子里有人去贴反动传单，怎么解释？你是一个党员，党性是起码应当具备的吧！有人反党，你该怎么办？还用别人重新给你上一堂党课吗？"

"如果真有人反党，我当然要捍卫党！"

"对，反党的人就在你厂子里。"

"不过……"

"没有什么可犹豫的。老魏！公安局不会冤枉好人！反动传单在人家手里，人在你厂里。你快和小王研究一下，尽快行动吧！刚才公安局来电话说，他们明天一早去你厂协助破案。恐怕要对重点人拘留审查。你可别叫人在屁股后面赶着走，那可是立场问题了。唉，老魏，我真不理解你了。这么多年，我还是头一次见你这样反常……你快抓紧时间吧，再见！"

魏谦听见对方放下电话的声音，停了一瞬，才下意识地回答道："再见！"沉一会儿，发现手里还攥着那个断了线的话筒，他咔嚓一声撂下，掏出烟点上一支，在屋子中间漫无目的地转了两圈，开开门去找王好为。

他推开政工组的门，见里边坐满了人。原来王好为已经把名单上的那些人召集来了。男男女女混坐一起，椅子不够，有的两人挤在一把椅子上。人们见他进来，竟没一个人和他打招呼，都默不作声。有几个人抽着烟。这边一张办公桌前放着一把空椅子。王好为没在屋。

"王好为呢？"他问。

一个姓顾的中年女工淡淡地回答："跑到隔壁接电话去了。"

魏谦没坐在这边的空椅子上，他走到靠窗的一张办公桌前，踮起足跟，坐在桌面上。这时，也没人像往常那样给他让座位。人们都闷闷不语，沉着脸；有的脸色相当难看。眼睛各自盯着一个地方。屋子中间是一大片湿鞋底子踩的足迹。

魏谦吸着烟，眼瞧着屋里这些人。差不多都挺熟，有工人、干部、后勤人员，每天和他打头碰脸。有的天天和他打交道，同他有着各种各样的关系、联系。坐在他对面的一个矮小的老头是食堂的厨师老胡。每次做辣菜，总在放辣椒之前先盛出一小碟留给他，因为他有咽炎，喉咙怕刺激。还有的人和他一起工作二十多年了，关系很好，此刻却像敌对似的，一眼也不瞅他。使他惊讶的是，这些人中有以前的劳模，现在的大庆标兵；有的平平常常，一般，不起眼。也有的在"文化大革命"中曾是势不两立、仇人一般的两派。有的犯过错误，有的是平日里缩手缩脚、谨小慎微的知识分子。有的是在运动中胡闹过的青年。此外，像老胡这种人，早到了退休年龄，却不肯离开灶台。他给人的印象是：有体力能支持的情况下尽量多干些日子，保持住原工资，能有些富余钱喝酒，连报纸都从来不看，一向不管闲事的迷糊老头——他们，似乎都不按往常的标准来区分，一起汇集到天安门广场上波澜壮阔的洪流中去了。一个崭新的问题闯进他的心中，撞碎了固有的成见，人真是不好理解！到底应当怎么看人，估价人，应当怎么去判断这异乎寻常的变化呢？

他想着，忽然发现这些人的左胳膊上套着一色的黑纱。显然这是一种无言的示威。三个月来，这黑纱就像一块沉重的大铅板压在人们心上。心都快压碎了，压得喘不过气来。人们舍不得摘下它，用它表达对总理深远的怀念。还有另一层意思，就是借以对那种仇视总理的邪恶势力公开表示抗议……

门一响，王好为走进来。他的脸紧绷绷，步子兴冲冲，带着主宰者的神气，兼有一股杀气。他看见了魏谦，点点头，请魏谦坐到中间来，魏谦摇了摇夹着烟卷的左手，坐在桌上没动。王好为便立在屋子中央，四下环视一周，好像发现了什么似的，大声问："石晶呢？为什么没来！"话里有点狠巴巴的。

没人理他。再问几声，所得到的回答依然是一片沉默。他扭头对魏谦说："您看出来了吧！石晶他没来。我通知他了。他没来！"

魏谦没吭声。一片浓浓的白烟把他和王好为隔开。

"张秀明！你去把石晶找来！"王好为朝人群中一个梳长辫子、穿白布大褂、模样温顺的姑娘下命令似的说。这姑娘是厂医。

不料这姑娘根本没动，等他大声再说一遍，才板着面孔冲他说："我没处去找！"说完，眼睛朝前看，不再搭理他。

屋里的人对她的回答都露出满意的神情。有人还故意笑笑，既是赞扬张秀明，又是嘲弄王好为。

王好为恼了，猛站起身，要亲自去找石晶。正在这时，门外走进一个二十多岁的小伙子，中等身材，肩膀宽宽的，头发乌黑，脸儿红润。在高高的颧骨和凸起的眉棱之间，眼睛有深陷进去的感觉，显得深邃。他穿一件宽宽大大、又粗又硬的蓝工作服，手里拿一块棉纱，一边揉擦着手上的油污。他正是石晶。石晶进来后，无意间与魏谦的目光相遇。魏谦忽然觉得石晶的目光和以前完全不同。以前的这双眼是冷淡和消沉的。此刻，却分外振作，深沉和锐利。魏谦不由得微微感到震惊！

"喂，石晶，你怎么来晚了？"王好为很不客气地问道。

石晶一双深邃的眼睛镇静地看了看王好为，以同样不客气的口气回敬他："你去问机器去！"

"问机器，什么意思？"

"机器不能停。没人来替班，我能丢下机器不管吗？"

这句话出自向来对工作不负责任的石晶的口中，使魏谦更觉奇怪。

王好为碰了一个钉子，无话可说，只好眼巴巴看着石晶走到人群中间坐下。他把没发泄出来的一口气强咽下去，咳嗽两声清清嗓子，自我振作一下，又捋了捋袖子，露出细瘦的手腕，好像一个行家碰到什么事可以大显一下身手似的，开始用吓唬人的声调说："今天，厂里找你们来，不用说你们也知道是什么事。今儿上午，你们都留了笔迹。公安局已经取去查过了。现在告诉大家，已经查出来了！这个人——就在这间屋子里！"他的话一停，目光迅速地在众人脸上掠过，好像一道探照灯光在漆黑的河面上扫过，寻找异常情况。他没发现什么，便接着说："我警告这个人，你别以为无产阶级专政可欺！我们已经抓到你的尾巴了！告诉你，你这个案子是市公安局直接抓的，是重点案件，非要搞得水落石出不可，你没路可逃！再告诉你，实际早在张贴这份传单时就有人盯住你了。今天查笔迹，不过为了再一次证实。上午我叫你留笔迹，你还装得若无其事。哼，你装得挺像，但只能是欺骗你自己。听着！我们再给你一个机会，先不点你的名，让你主动自首认罪。如果你老实认罪，将来定案时可以考虑宽大一些。如果你负隅顽抗，继续与无产阶级专政为敌，自作聪明，隐瞒罪行，我们就把你揪出来。反正你过不了今天下午了！"他的话凶狠，又肯定，把握十足，真像已经侦破了贴传单的人。连魏谦都将信将疑了，怀疑他抓到了证据而对自己耍了花招没有讲。而他的语气又如此厉害，咄咄逼人，仿佛要把人逼到绝境，强使对方屈服他的手段。屋里的空气给他这几句话搅得紧张极了，好像扔出十多把刀，满屋"嗖嗖"乱飞。

然而，并没人搭腔。依旧一片沉默。

"怎么？你不自首认罪，等我点名吗？""时间可是有限的！机会就这一次！""你还抱有幻想吗？我劝你不要太相信自己了！""快，怎么啦？快老实交代！"

王好为把这些话说得差不多了，并不见任何效果。他只好等待着。手表的声音也听得见。无声的沉默包围着他，紧箍着他，一点点歼灭他的自信。他再一扭头看魏谦，想求助于魏谦。可是魏谦快被不间断吐出的烟雾吞掉了，也一直沉默着，似乎加入到用沉默抵抗他的这一群人中间去了。

雨大起来。这样大的春雨是少见的。外边白茫茫一片雨雾。雨水渗进窗缝，沿窗台流淌下来。没有人去堵塞雨水，好像天灾远没有这人祸严重。

王好为的右胳膊肘架在身旁的办公桌上，伸出两个细长的、像干树枝一般的手指，一个劲儿"嗒，嗒嗒！"敲着桌面。这是他心中焦躁与烦恼的节奏。后来他实在等不下去了，便朝这群铁铸般一动不动、一声不出的人们咆哮起来："不说！你们以为不说就能扛过去吗？以为我们没办法吗？你们对自己的问题都很清楚，你们是天安门'反革命暴乱'的参与者。有的书写和抄录过反动诗词，有的发表过反动演说，有的起哄闹事，往广场上送花圈来给中央施加压力。还有这个贴反动传单的！给你们明说吧：你们都是在局里挂了号的人！这本账还要一笔笔地算哪！今天对有其他问题的人也是一次争取立功赎罪的好机会。如果谁知道——听到或见到这个张贴反动传单的，现在就起来揭发，你个人的问题我们可以考虑不予追究……"王好为正说得兴冲冲、气势汹汹，可是突然像给人卡住脖子，声音戛然而止。

魏谦觉得挺奇怪，他抬起头，忽见眼前烟雾里闪烁着一片亮晶晶的星星似的东西。细细一看，原来满屋的人都瞪大眼直视王好为。那眼神愤怒、讥讽、轻蔑，甚至是仇恨的，而且来得十分强烈。王好为给这突如其来的一片怒目惊得呆住了。但当他意识到自己所处的地位和手中的权力时，便放下心来，放胆地用一种狂妄、凶狠和恐吓的目光盯着面前这群人，想把这群人吓退。

人们绝不妥协和退缩，眼里反而射出被激怒的、更强烈和坚定的光芒。

这是目光的交战，无声的对峙，却拿出心中全部的爱和憎。在这奇特的搏斗中，魏谦已经深深感受到斗争的实质了。在众目睽睽之下，王好为坚持不住了，渐渐变成两道颤动的流光，不知往哪里看才好。

电话铃响了。王好为站起来接电话。在电话的对话里，他重新恢复了元气："谁？是我，我是好为。噢！是您呀！马主任。我……我正在开那个会。嗯……"说着，他眼珠一亮，好像来了主意。他放大声说话，显然是故意说给屋里这些人听的："那个家伙还是不肯承认。有的人态度很恶劣，有抵触情绪。谁？他呀，在这儿，还那样，没说话。什么？明天一早他们来，您也来，太好了！您说吧，没关系。噢，明天要拘留几个，好，我听您的。什么？叫我现在去一趟，我马上去。再见！"他放下电话，回转过身时，脸上的表情变得傲慢而神气。他冷笑几声说："反正我是执行上级的指示，不是成心和你们过意不去。你们听见刚才的电话了吧！我实话实说，明天一早，公安局来人，鉴于犯案的人拒不走坦白从宽的道路，明天要给他换换环境和条件，可能对他交代问题会有利一些。再向你们透露几句，我们根据反动传单张贴情况，认为这个案子不是一个人干的，还有同谋犯。明天有可能要多拘留几个，至于拘留谁……谁自己明白。好了，诸位有什么说的没有？没有就散会！"

"等会儿！"人群中忽然有人叫道。

王好为听到这声音，眼睛像点灯那样亮了。魏谦翘首望去。是石晶！石晶走到人群面前，面对王好为极其镇定地说："你们不用找别人了。传单是我写的，我贴的！"意外的狂喜使王好为激动得举起右手的干树枝一般的食指指着石晶，叫着："你承认了！"

石晶点点头，却有一个女人清脆而果决的声音从旁边响起："我承认，是我。不是石晶！是我写的，我去贴的！"

魏谦一看非常吃惊，王好为更为惊讶。原来是厂医张秀明！那群人，包括石晶在内，也都现出惊异神色。可是跟着发生的事情就更令人完全莫解了——厨师老胡忽然走到前面来，横伸开两条短而粗的胳膊挡住石晶和张秀明，丝毫不是往日那种慢吞吞、笨拙的样子，声音也变了。他一字一句斩钉截铁地说："不是他们，是我！"

"你？"王好为的眼睫毛都立起来了。

"不，是我！"另一个圆脸、戴军帽的青年说。

"是我！不是他！"

"是我！"

"是我！"

屋里的人，除去王好为和魏谦，都一齐这样喊叫起来。各种各样的声音混成一片。他们围在王好为面前，瞪大眼，张大嘴叫着，一边比画着手和胳膊；又冲动，又愤怒，脸儿一概涨得通红。王好为感到了一种威胁。

"怎么？你们都是？"

石晶冷笑一声，"你怕多了？天安门广场上有过数百万呢！而且仅仅是全国人民的代表哪！"

王好为叫道："你荒谬，反动！你们这是事先预谋好的，和无产阶级专政为敌！你们别以为这样就能把'反革命'分子包庇下来。我早知道是谁……"他虽然挺凶，但已经无法解开这个僵局。他转身求救似的招呼魏谦："魏主任，您看怎么办？他们想闹事……"

所有的目光都集中在魏谦身上。魏谦已经离开桌面，站在那里。周身烟雾缭绕，足旁满是烟灰和踩熄的烟头。手指还夹着大半截烟卷，早灭火了，也不觉得。他被眼前这一幕所震惊，心里的感觉鲜明地表现在他布满浅细皱纹的脸上。他走过来，没有搭理王好为，抬起那双大而灰的眼睛凝视着面前的、冲动着的人们。他的目光冷静、温和，居然还含着一种深深的赞佩。随后他用大家所熟悉的沙哑的声音说："同志们回去吧！已经下班了。明天再说！"

会就这样结束，人纷纷散了。王好为自知拦不住众人，又没有别的办法，只好任他们离去。他对魏谦的做法很不满，又不理解，等人走净了，他问魏谦："您怎么放他们走了呢？咱还没确认出来哪一个是犯案的人呢！看今天这势头，说不定是他们合伙干的。"

魏谦淡淡一笑，他笑得叫人捉摸不透，并跟着说："我知道是谁了！"

"谁？"

"明天再说。"

"是谁，您就说吧！我一会儿去公司向马主任汇报。他等着我呢！您要真知道是谁，咱这个案子就算破了。叫马主任也放心了。等明天公安局的人一来，咱就往上交人！"

魏谦只回答这么一句："你不用管了！我明天准把人交出来！"他说话时很严厉，还有种颇为强烈的厌恶情绪。

王好为从来没见过魏谦对他如此厌恶。魏谦既然知道是谁，为什么不肯说呢？他不明白，一切都不明白。也不敢强求魏谦说，便急急忙忙拿了雨衣，去公司把这几小时内发生的意外而反常的事向马主任详细汇报。

四

王好为走后，魏谦回到自己的办公室独自待了会儿，出去把正要走出工厂大门的石晶叫住，领到办公室来。厂里的人差不多走净了，机器的喧闹声停了，雨也住了，静得很。只有檐前滴水和屋顶一时没有排尽的残水在铁管里淙淙流动的声音。偶尔还有迟归的人匆匆穿过走廊的脚步声。

天渐黑了，拉开灯，屋内充满橘黄色的灯光。门窗紧闭着，有种沉闷的感觉。石晶坐在桌前一张椅子上。一双深邃的眼睛直勾勾地盯着魏谦。魏谦倒背着一只手，另一只手半举在胸前，指头中间夹一支燃着的香烟，在屋子中间宽阔的空处来回踱步。他好像把石晶忘了，只他一人独自待在屋中似的。实际他没有忘。他在想怎么从自己纷杂的、像团得紧紧的乱麻般的思绪里，清清楚楚地抽出一根线头来。然而他开口说出的话，仍然混乱不清："你去过天安门广场，是吧？……嗯？"他没听见石晶回答，停住步子，忽见石晶正目光灼灼地瞧着他。那目光投来了异常强烈的愤怒与睥睨，还闪着一种嘲讽和挑战似的光芒，回答的话完全出乎他的意料："你也去了，主任！"

魏谦大吃一惊，禁不住失声说："你怎么知道的？"

"我看见你了。看见过你两次！"石晶一阵阵现出轻蔑的冷笑，"你去了，可你怎么不敢承认呢？怎么不去自首呢？反而板起面孔来问我们！你去干什么？盯梢吗？监视吗？收集你们所谓的'敌情'吗？为今天这种对广大人民的血腥镇压和残酷迫害做准备吗？"

魏谦觉得石晶的话像烧红的钢针刺着他。他再也听不下去了，叫着："不，不，我是去……"

石晶把他的话拦住，换了另一种口气说："不用你说，我知道你去做什么。因为我看见你流下许多泪水……"

魏谦仿佛站立不住脚跟，身子晃了晃，咕唧一声，沉重地、软塌塌地坐在身旁一张椅子上，垂下了头。他的秘密被人揭开了，痛苦被人发现了，心中的矛盾披露出来。他再不能遮遮掩掩，一切都已经袒露在外，耳听着石晶冲动的声音："你当时夹在人群里，流泪、顿足、失声痛哭、摇头叹息……我都看见了。你爱咱们的好总理。你尊敬他、心疼他、怀念他；你也和那里的成千上万群众一样，为失去总理痛苦不堪，担忧党和国家的命运和前途。如果你说真心话，你完全明白谁视总理为眼中钉，谁千方百计想把总理搞垮。他们这样做究竟为了什么？你亲眼目睹过广场上的一切，你如果不违心的话，你完全清楚那究竟是一场'反革命暴乱'，还是人民群众对一小撮野心家、阴谋家的革命大示威。然而你今天却站在人民的对立面，助纣为虐，来迫害昨天和你一样的人，你的良心何在？你敢在总理的灵前说出你今天的行为吗？你对得起总理吗？"

"不，不，石晶！"魏谦突然仰起脸，脸颊上流淌着亮晶晶的热泪。他举起一只手，用力张开五指，好像要堵住石晶的嘴。"你不了解我！"他叫着。

"我了解！你要说这不是出自你的真心，而是上级命令，必须服从。如果是这样，你就更不能被原谅！——一个党员在正义的面前必须服从邪恶，岂不荒唐！你以为下级干部只是执行上级指示的工具吗？他不需要大脑，只要无条件的服从吗？那和封建时代下官对上司一味地不加分析地俯首遵命有多少区别？如果这样，党员的先锋战斗作用表现在哪里？多年来，一小撮野心家、阴谋家拼命搞法西斯专政。他们扼杀党内民主，粗暴地取消党员的民主权利，连宪法所保证的公民的起码权利也叫他们剥夺了。在这种法西斯控制下，只准他们为所欲为，指鹿为马，颠倒黑白，不准党员群众半点非难。许多人变成了麻木不仁、明哲保身的驯顺羔羊了！变得自私了！他们便得以更加变本加厉地奴化人民。这是多么可怕的恶性循环呀！如果叫他们篡夺了党和国家的最高权力，我们的党还是共产党吗？我们的国家还是社会主义国家吗？看吧！十多天前，他们对上百万革命群众动用了那么残酷的暴力。这是中国历史上罕见的大镇压呀！难道这不是资本主义复辟？不是法西斯暴行？难道仅仅因为他们占用了党的名义，你就不敢否定他们？你作为一个党员，一个干部，一个中国人，亲眼看到这样疯狂地迫害人民群众、野蛮地践踏民主的暴行，居然不气愤，逆来顺受了？你的党性、你的阶级感情、你作为一个人起码应有的正义感都到哪里去了？难道生杀大权操在他们手中，你就低头屈服了？不，天安门广场上数百万人所代表的中国人民就不这样！它说明中国人民的觉悟正在发生一个巨大的飞跃，对党和国家的前途和命运，在今天看得比什么都重要了！"

魏谦被这个青年充满激情的话、无可辩驳的道理、直出心扉的真情打动而折服了。他浑身一动不动，好像铸在椅子上似的。他感到，正义、无畏和追求真理的热诚使这个青年变得英俊可爱了。他的前额如此宽展，黑黑的眉毛如此生动挺劲，浑身洋溢着旺盛的活力。他还觉得自己那么微不足道、怯懦、自私；羞愧的感觉在他脸上热辣辣地烧着。他愈发想知道这个青年变化的根由。他究竟从哪里获得这样强大的力量？石晶下边的话便告诉他了：

"主任，您是了解我的。我以前落后、消沉，对什么都没兴趣，连好奇心都没有，责任心更是少得可怜。这一切您都非常清楚。为什么！因为在这一小撮人的横行下，一个青年的理想抱负只能是自己精神的累赘，苦恼的根子；学习被当作罪犯一样；说假话加上大胆可以创造奇迹；人们对社会民主的尝试就像玩火似的，要引来横祸；对触目皆是的不合理的事情只能视而不见，充耳不闻；实用主义比政策更解决实际问题……而且我不相信人们有力量能够改变这种局面。你想想吧！你在生活中也有那么多看不惯和行不通的事，也有满腹牢骚。可是当发牢骚也会招致灾祸时，谁还去关心国家命运？我那时就是这个样子。可是自从总理逝世，我开始变化。特别是天安门广场上呼喊起来的声音，把我从浑浑噩噩的梦里唤醒了。在那人如潮花如海的广场上，耳听着千千万万人从胸腔里发出的哀恸之声，我想，人死了自己的亲人也不至于这么痛心吧！这因为人们把对祖国命运的忧患也掺入进去了。这是对整整一个时代的怀念啊！多少年来，人们给压抑得默默无声，一旦爆发出来就势不可挡。人们从来没有像此时此刻这样，把国家的命运看得比自己的生命重要得多。这对于祖国来说比什么都珍贵呀！广场上那些人难道没料到法西斯的血腥大棒正等着他们吗？当然料到了。他们是迎着刀光剑影冲上去的！从这里，我看到了祖国的希望。这是伟大的中华民族传统精神的复活，是毛泽东思想被人民群众掌握在手的真正体现！它以最高昂的时代强音把愈来愈多的人感召起来，汇成一股无比强大的时代洪流。我就是被召唤去的一个！在这洪流中间，我时时痛悔过去的软弱、消沉与自私。我也感到自己变了，变成一个新时代的人，不是过去的我了。我身上充满力量和勇气，心里充满信心和希望。我像大河中飞腾的浪花，再不是沉在死坑底的一颗冰凉的石子了。我要感谢天安门广场的大革命，它把一切健康的、勇敢的精神都呼唤起来，把人们的正义感全调动出来，它使祖国和人们自己的前途都充满希望呵……”

这是多么动人的话语！他的声音给内心的激情冲荡着，变得铿锵有力，像敲打铜鼓那样响亮，震动着魏谦的心。魏谦的心发生共鸣了，怦怦跳得好响。一下子，仿佛把他带到昨日的天安门广场上，再一次奔进那大气磅礴、铺天盖地的热浪中去，并随同那翻滚的热浪飞腾起来。石晶说得多好啊！天安门广场上的成千上万的群众喊出了时代的最强音。虽然它暂时被镇压下去，它的精神却像一面光艳的红旗占据整个天宇。有如一声嘹亮的号角响过，声音依然在九百六十万平方公里的大地上回荡。它使每一个人都强烈地觉悟到自己对祖国的前途负有崇高的责任、义务和使命！这种责任和使命是天经地义属于人民的，不是任何人赐予的，也不是任何人可以遏止的……

魏谦猛地站起来。他周身滚动着热血，克制不住的激动使他嘴角痉挛地扯动着。石晶和他相对而立，刹那间无须多说一句，立刻把他全部思想感情都感受到了。石晶兴奋又冲动，两只手在自己的衣兜里乱掏，终于掏出两张纸块，递给魏谦。

"看，主任，这就是那张传单的底稿，我写的。另一张是复写的。"

魏谦一怔。他瞅着这两张写满了字的揉皱了的方形纸块，慢吞吞接过来。同时他感到，他接过来的是一种同志式的信任与这个青年的安危。

他读着传单，上面这样写着：

要，不要

我们要民主，不要法西斯；

我们要繁荣富强，不要吹牛皮！

我们要实事求是，不要瞒天说谎；

我们要革命的实干家，不要野心家；

我们要周总理，不要秦桧，更不要慈禧；

为了实现总理的遗志，为了我们伟大的祖国，同那些披着人皮的吸血鬼去战斗吧！同志们，我们要无所畏惧！

"砍头不要紧，只要主义真！"

他抬起眼再看石晶时，觉得石晶的面孔模糊了。待两滴热泪落下，石晶含笑的面容才在他眼前清楚地重现出来。他把传单递给石晶，毅然地说："你拿回去毁掉。我，我绝不出卖同志！"

"不，主任。您看得出来，我已经完全相信您了。只请您原谅我刚才的莽撞和无礼。我告诉您实情：这传单是我拟的稿，但不是我一人张贴的。王好为很狡猾，对这一点已经有所估计。我把传单交给您，想请您明天对他们说，是您今晚从我这里吓唬出来的。请您以您的职权把传单的事局限在我一人身上。不能再裹进其他同志。我看出来，您在刚才的会上态度不够明朗，王好为对您抱有疑心。传单给您，为了使您更有资本，好把这件事揽在您手里，绝不能叫王好为再插手，必须保护住更多的同志。"

"不！"魏谦坚决地摇着手，把传单往石晶的怀里塞，一边说，"不行，我不能这么做！"

石晶挡住他的手说："您只能这么做。也只有您能这么做！我拜托您了！"说完转身开开门走了。不管魏谦怎么招呼他，径自回家去了。

魏谦独自站在屋中，双手捧着这张传单。传单就像一团熊熊的火在他手里烧着。

五

第二天早晨，是春天的雨后的早晨。

空气给雨水洗过，纤尘皆无，纯净无比。再给阳光一照，简直发亮了。湿漉漉的地面、凹处的积水都闪着金色的晨光。大街两旁杨树枝条上刚钻出不久的打着卷儿的新叶，给雨一淋，全舒张开来，绿油油，如同娇嫩的小巴掌，扇动着春风；淡淡的青叶气息在雨后分外爽快，和在湿润的空气里随意飘散。

魏谦在离工厂大门很远的地方，就看见院内十几株海棠树繁花盛开，深粉红的花色连成一片，柔和又强烈，朴素又鲜丽。好像春天带来的希望都给这些绚烂的花树展示出来了。

魏谦一路和上工的工人们打着招呼。成群的小麻雀成排地站在电线上和他打招呼。工人们和他打过招呼，都不觉再惊奇地望他两眼。连天天碰到他、熟悉他的小麻雀们也惊奇地摇动着小脑袋：主任今天变了样儿，他像是要去哪儿赴宴似的，衣服穿得整整齐齐，鞋子刷过，花白的头发向后拢得光光的，脸也刮得光光的，显得分外年轻了。细细一辨，他的精气神儿也与往日大大不同。步子迈得又大又冲，脚步声像一个年轻运动员。脸上微微含笑，灰眼睛闪闪发光。一切显得那么振作和神气，旧日里给人的暮气沉沉和僵硬之感一扫而空。

他在厂院内碰到石晶，说了一声："你来一趟。"

石晶先是惊异地望了一眼大变模样的主任，然后跟在后边走进办公楼。走廊上恰巧没人。魏谦转身递给他一封信，压低声说："你去吧！没事了。"

石晶拿着信回到车间，在一座大刨床后边把信打开，不禁吃了一惊。里边原来是昨天他交给魏谦的那两张传单，还有一张便条，上边写道：

　　你千万别再找我了。记住！无论我发生什么事情，你和同志们都不要参与进来，打乱我的计划。

石晶完全不明白魏谦要做什么。

这时，魏谦已经坐在办公桌前，把所有抽屉柜门全打开，将属于他个人的笔记本、文具、饭盒、手巾、电镀勺儿掏出来，连同桌上的水杯，用一张牛皮纸包了一个包儿，然后塞进那只旧手提包里。

上班的铃声响了。办公室负责文件的小赵走进来。他每天早晨照例先到魏谦的屋里转转，看看有什么事没有。魏谦把手提包交给他，说："托你件私事。你有时间把这个包儿送到我家去。"

"什么时间？"

"随便，哪天都行。你对我老婆说，包里有一个塑料皮笔记本是送给我的小儿子甜甜的。你别忘了。"

"不会忘。怎么？"他打量一下魏谦，笑着问，"主任要出门吗？"

"你能保半天的密，我就告诉你。"这句话有玩笑成分，使小赵很奇怪。因为魏主任平时很少说笑话。

"行，您去哪儿？"小赵是个胖胖的青年人，还有点孩子气。

"去一个新岗位。"

"哎呀，您调走了吗？去干什么？"

"去战斗。"

"主任，您不是不爱开玩笑吗？快告诉我，您去做什么？"

"确实去战斗，还是一场非常严峻的战斗呢！"魏谦的脸重新变得严肃起来，跟着又温和地说，"去吧，小赵。到下午，你不去打听也会有人告诉你了。"

小赵莫名其妙地瞧着魏谦，模模糊糊觉得有什么重大变化即将发生。他猜不到，心里涌满乱糟糟的假设，拿了包儿走了。

魏谦掏出烟卷点上，像品味那样慢慢抽起来。吐出的烟缕在射进窗来的光束里慢慢化开，如同清晨从谷壑升起的山岚，蒸腾而上，变幻万千。他瞅着这缭绕旋动的烟缕，仿佛在欣赏这奇妙的现象。他神情舒坦，满脸皱纹全张开了，看不见了。没有一条深思焦虑的皱痕。他好像把一切都考虑好、安排好、准备好，无牵无挂，并下了坚定不移的决心。

过不久，有人敲门。门外还响动着几个人的声音。

"进来！"他发话。猜想是他等待的人来了。

门开了，果然是马主任、王好为，还带来两个穿公安制服的人。这两个人，一个中年，黝黑的皮肤，显得老练。另一个年轻而精明，和王好为有某些相似的地方。

"老魏，给你介绍一下——"马主任走上来说，"这两位是市公安局的。来，这位就是魏谦同志。"

魏谦没同那两个人握手，只打个手势，叫他们坐下，自己坐在原来的位置。王好为关严了门，坐在一旁，同时瞥了魏谦一眼，发现魏谦十分异常。这时马主任说："老魏，听王好为同志说，你已经掌握了作案的人，今天我们来，就听你的了！"

魏谦淡淡一笑。笑得挺特别，使马主任和王好为都捉摸不透是什么意思。魏谦伸手在烟缸里轻轻磕了两下烟灰，烟头露出红光。随后他抬起那双大而灰的眼睛把对面的四张脸挨个凝视了一下，用一种相当平静的声调说："贴传单的人和写传单的人，是一个人。就是——我！"

这句话如同一个无形的拳头，同时打在那四个人的脸上。四张脸立即发生奇怪的变化。马主任一双小得出奇的眼睛睁得从来没有现在这么大，连黑眼珠四边的眼白都露出来了，声音也变调了："是你？"

魏谦还那样坦然地坐着。他瞟了马主任一眼，又是淡淡地一笑。然后从上衣口袋里掏出几张纸块，递给对面那个中年的公安人员，说："你看，是这张吧！上头的一张是我拟的草稿。下边几张是我用宋体字复写好，没有张贴出去的。我认为我写这张传单，是党给我的民主权利。我没罪。我向你们摊开这件事说明我是正大光明的，没必要遮遮掩掩。"

"就是这张！"中年的公安人员看过传单，抬起黝黑的脸朝马主任点了几下说。

王好为一把抓去传单，草草一看，马上从那张假造的传单草稿上认出魏谦的笔迹。他吃惊地看着魏谦不动声色的面孔，跟着又恍然大悟似的说:"原来是你！对，我早发现了，你这两天神态非常反常！"

魏谦对他点点头，笑了。他很满意王好为这个自以为是的判断。笑中含着辛辣的嘲弄，一忽儿又变得非常欣慰。他把桌上的烟具放在衣兜里，站起身来。突然觉得自己变得又高又大又结实，像一堵铜墙铁壁。面对眼前这几个人，他是打不垮的；身后仿佛还有许许多多人，受到他的保护又给他以强有力的支持和无穷的力量。

1979 年 1 月

跨过高度

——一个人半生中的七个片段

当一个高度或难度横在面前，没有别的出路，只有豁出命去跨过它！

——摘自本篇小说主人公的日记

一

我眼前横着一根杆。它在我头顶上四十多厘米的半空中，挺直又安闲，雅加达无云而艳蓝的天把它映衬得异常清晰。这是当今世界上没人跨越过的高度。因此它好像横卧在高高的支架上，悠然自得地入睡了。又仿佛带着一股高傲、轻蔑、不可征服的神气，一动不动地横在那里。而我，一个普普通通的中国人发誓要跨过它！当然，发誓的不止我一个，世界上还有无数人成年累月在磨炼肉体，锤打意志，一心要跨过去。我却常常暗问自己，我为什么不能？为什么可能是别人而不是我？生命给人努力的机会很多，给人成功的机会极少。今天是这有限的机会里十分珍贵的一次。因为我无论在身体上还是在精神上，自我感觉都不错。一个运动员进入良好的竞技状态，就像交上好运一样难得。我昨晚梦见自己从来时乘坐的那架飞机的翅膀上跃过。如果这横杆就是那银亮的翅膀多好。在甜睡

310

里我是多么优雅又轻松地腾身飞过……

但是，我的心陡然感到一阵慌乱——

在国家田径队里，人人都知道我在比赛时有三个改不掉的坏毛病。第一，必须先上厕所，把身上任何多余的东西都打扫掉；第二，必须叶教练站在一旁；第三，必须场内安静。每次我在国内比赛，叶教练总是要和大会人员交涉，临时关掉场内的扩音喇叭。为此，有人指责叶教练过分纵容我。叶教练听了也不说话，平日像法官一样严肃的脸露出宽解的笑意，好像叫别人也给我这样一点宽解。我呢，就像左撇子，形成了就难改掉。谁知这毛病竟在这儿吃了亏——先是场内没有厕所，运动员入场后就不准再出场，我小肚子下边就出现一种沉甸甸的感觉，立刻破坏了内心的平衡和稳定。我忽然想到叶教练，却找不见他，原来比赛还规定，任何国家的教练员都不能随同队员进入比赛场地。糟了！我的心突然没底儿了！背后没靠山！我急忙四处寻望。场内看台上的观众衣服五颜十色，再加上草帽、小伞、墨镜、旗子……好像风儿吹动的大花坛，叶教练在哪里？比赛时要求精神高度专一集中，我已经涣散了，同时生出一种孤独感。感到自己孤单无援，个人的力量渺小又有限，我急需要稳住情绪和强化信念，但我从哪里吸取力量来补充自己？

轮到我跳了。就在这时，我最怕的事情出现了。比赛场的一角忽然喧声大噪，大门敞开，马拉松比赛的运动员拥进场内，围着跑道进行最后一圈的竞争。四周观众全都站起来，挥旗、呐喊、奏乐。扩音喇叭也大声呼喊助威。我好像陷入数万名疯子胡喊乱叫的中心。从来没有像今天这样，我的三个忌讳同时出现，心里顿时一团乱，三十分钟前稳坐在胸膛里的十足的信念，竟然一下子无影无踪。眼前的横杆好像向上升高了半米，犹如天上一条可望而不可即的白云。我硬着头皮跑上去，心里已经六神无主了。起跳之后，觉得自己的身体好重！我的右腿仿佛碰了一下那个又高又悬、轻巧易落的东西，跟着就一头栽落下来。裁判长左手的小红旗无情地向下一挥，失败了！我跳得实在太糟了，简直像只瞎鸟撞在杆上。看台上传出一阵哄笑和尖利的口哨声，一时我连头也抬不起来。

我抱着一个撞碎了的愿望，登上回国的飞机。心里的懊丧就别提了。如果谁揍我一顿，能够松解一下沉闷得难以忍受的心，我情愿叫他揍我半死！

飞机在飞。叶教练坐在我身旁一声不吭。他那张黑黝黝的脸，几天来给赤道的强光晒得更黑，再罩上一层沉郁的情绪，好比阴沉沉的天空，好憋气，打一个响雷也好啊！这比对我说任何尖刻严厉的话压力都大。

曲立先拿着一张外文报纸走来。他是当时最有希望的撑竿跳高运动员，国家队里出名的美男子，北大文科学生，能讲一口漂亮的英语。他性情开朗，又爱说话，是我在队里最要好的朋友。他说："大倪，你知道外国报纸怎么评论你吗？"

"怎么？"

"告诉你，你可别生气。"

"你说吧！他们怎么骂我？"我说。我真巴不得有人骂我。

"他们骂的并不是你。你听着——"曲立先一字一句念着报纸上的话，"中国人所吹捧的倪翔一败涂地，向我们证实了这种说法更加可信：中国人一向善于吹牛和弄虚作假。"

我浑身像泼上一盆热油一样火辣辣的。一扭脸正与叶教练的目光相碰，他的目光简直像两把锋利的剑直扎进我的心。这是埋怨？责备？恼火？不，对于我，队友、教练和亲人们的愤怒也算不得什么，但是别人的奚落和嘲弄我受不了！突然我憎恨起自己来。在比赛场上我为什么感到孤独？我不是与祖国的荣辱以及更多的东西连在一起吗？我真混蛋！

"这是哪家报纸？"

"文章是 ×× 社一位著名的体育记者写的。"

"这记者叫什么名字？"

"维高尔。"曲立先脸上郑重的神气不变。

"维高尔！维高尔！维高尔！"

我心里默默念了三遍这名字，其实只念一遍时这名字就已经像用凿子深刻在我的心上了。好你——维高尔，走着瞧！

二

那是遥远的过去。

童年。我羡慕别人的童年幸福甜美，也许因为我没有过。我很早就殁了爸爸，与妈妈相依为命。我的童年像快要干涸的小溪流过的可怜巴巴的细流。

爸爸死得很冤，他坏了左肾，不巧又碰上一位不高明又粗心的医生，看反了 X 光底片，竟然错切掉右边的好肾。坏肾不能持久。他把我和妈妈丢在了世上。妈妈究竟怎样使我吃饱、长大、上学，我一直不很清楚。

我上小学五年级时，一天下学，天气死热，路口那边站着一个妇女，臂肘上挎着篮子，毛巾下盖着冰棍。同学们都跑去买，我也从裤兜里摸出一点钱挤上去。忽然我发现卖冰棍的妇女竟是我的妈妈！我傻了！直怔怔看着同学们吵吵闹闹、又争又抢买她的冰棍。我转身跑去，一直跑到铁道边僻静地方，坐在一块石头上哭了，哭得很委屈。第二天我没上学，去到一家铁工厂门外拾碎铁块，用卖废铁的钱买了白面馍馍、青菜和一条鲜嫩的猪肉，还买了两朵妈妈最爱戴在头上的、清香好闻的芭兰花。我抱着这些东西跑回家，心里好轻快，觉得自己成了大人。妈妈接过这些东西，惊奇地问我是从哪里来的。我实话告诉她。她发白皲裂的嘴唇立即抖颤起来，问我："为什么？"她的声音哆嗦得厉害。

我掉着泪说："我不愿意看见同学们买您的冰棍！我受不了！"

她突然一下子把馍馍、肉菜和花儿摔在地上，挥起手"啪"地打了我一个耳光。在我的记忆里，这是她第一次打我，也是她一生中唯一的一次。打得这样用力，为了叫我记住？

她浑身抖得厉害，声音哽咽，似乎想哭又哭不出来，上身摇摇晃晃，好像要昏厥过去。我跪在地上抱着她的双腿，害怕她出事。过一阵子，她强压住这过分的冲动，说话的声音却变了调儿："人不怕吃苦受罪，最后能争回一口气来就成！"

这一句话连同这耳光，我一并记住了。长大后我更懂得这句话里包含着多么坚韧倔强的志气，也更懂得这耳光里包含着多少爱和希望！

妈妈实践了自己的诺言，辛辛苦苦把我养大，高中时我被选拔进了国家田径队。她把我送出济宁老家之后仅仅三个月就急病发作去世了。我却一直没能实现她的愿望。每次失败，当我落入那堆得高高的海绵垫上时，都会想起这一记遥远的耳光来。那久已从脸颊上消失掉的感觉，重新热烘烘地感到。我什么时候能对她还愿？妈妈把毕生血汗都花费在你身上了，你不感到心上有一笔沉重的债务压迫着？当然，把时间、精力、心血花费在我身上，不止妈妈一人。因此我从雅加达回来后的一个多月，一直不敢去看挂在墙上的妈妈的遗像，不敢正眼瞧教练，不敢在队里抬起脸来，甚至不敢在大街上走……

那期间，我天天在日记本上写这同一句话："我再不会放掉任何一次机会的！"

三

这又是一次机会，非常难得的好机会——

我身上无伤，体重适宜，精饱力足，腰板像薄钢板一样柔韧挺劲而富有弹性。我似乎一提劲儿，身体就能神话般化成一股烟，轻飘飘飞上去，而且身上有一种搏斗欲。运动员能否创造好成绩，首先要看他是否处于这种最佳状态。我现在的状态只比在雅加达那次更好！曲立先说，连我脸上的笑容都像花开那样自然。

这是在一九六六年，金边，第一届亚洲新兴力量运动会上。

到达金边已是夜晚，可能由于激动，躺在床上睡不着。曲立先住在我隔壁。叶教练知道我俩碰到一起就说起来没完没了，事先立条规矩，不准我俩互相串屋。其实如果允许我俩说上半小时，反而会使心情平静下来，睡意也就来了。可现在已经午夜十二时了，我依旧静大眼看着闭灯之后灰蒙蒙的屋顶，脑神经兴奋得好像绷紧的弓弦。心想，曲立先是否已经睡了？我轻轻敲了三下墙，隔壁竟然立即应声敲了三下，原来他也没有入睡！好啊，真够朋友，连失眠也跟我做伴。我用被子蒙上头，闭上眼，尽量什么也不想，但只迷糊一下，便又醒了。手表的夜光针指在"Ⅱ"字上。我抬起手敲了三下墙，隔壁又响三下，他还没睡！就这样，我俩每隔一小时，互相敲墙三下，一夜都没睡。凌晨将近六点，有人轻轻敲我的门，我想必定是曲立先忍耐不住悄悄过来了。我光脚下地开开门，走进来的竟是叶教练。这么早他来干什么？难道也没睡？

他坐到椅子上，掏出烟抽，闷不出声，似乎有什么忧虑的事。好一会儿，才说了一句："这次无论如何要破世界纪录。"说完就走了。奇怪！他就是为了这句话才到我屋里来的吗？不对，这是他时时不离口的一句话呀！而且他早把二米二九这个高度用红笔画在我练习用的跳高架上了。难道他还有什么别的心事？他向来不对运动员表露任何个人的烦恼，唯恐影响运动员的情绪。前四年，他心爱的女儿游泳不幸淹死，在队里居然没叫人看出一点异样，他只请了一天"事假"而已。对于这个过于坚强和内在的人，他今天的行为使我感到有点反常，在吃早餐时，我留意观察他一下，他的神情竟然同平时完全一样了。

我们起了早，为了赶在别国运动员的前边，到比赛场适应一下场地。金边的场地不大好，地皮松软得像酥油饼。我活动一下身子，然后把横杆放在一米九〇上试跳了几下。虽然昨天一夜未睡，精神依然很好，身轻如燕。这时来了几名朝鲜人，其中有两个是跳高选手，我们互相都认得。我马上把场地让给他们，穿上外衣，和叶教练一同往回走。走了几步，迎面过来一个高大魁梧、蓄满棕色卷须的人，肩上背着两只照相机。

"这人挺面熟。"我对叶教练说。

"这就是骂你的那个 × × 社体育记者维高尔。"叶教练说。

我一听浑身立时充满一种渴望，转身就向跳高场地走去。叶教练略微一怔，跟着便随我走来。不用解释，他明白我的意图。

我回到场地，故意不脱去外边的运动衣，挑战似的望了望站在一旁的维高尔，然后直对横杆，从正面跑上去，一扬腿来了个"直奔屈腿跳"。这种非正式比赛所使用的跳法，最能显示一名跳高选手的天赋。跳过之后，我把横杆升到两米，又来一次"直奔屈腿跳"，横杆从我身下一闪而过！几名朝鲜人鼓起掌来，我微笑着向他们点点头，又用眼角瞥视一下目瞪口呆的维高尔，扭身就走。

叶教练不吭声，但他的嘴角痉挛般地抽动了几下，显然内心挺冲动。

在这次运动会上，虽然我没有打破世界纪录，却为祖国争得了一块金牌。我很想知道那个维高尔怎么评论我的。可惜曲立先在比赛时摔坏了腰，伤势不轻，提前送回国。在归来的飞机上，随队的杨翻译笑呵呵找到我说："大倪，你是否想知道那个大胡子对你的评论？"

他从口袋拿出一份外文报纸摇了摇，笑眯眯一歪头，眼镜片闪闪发亮。他想打开报纸给我念。我一手盖在报纸上，急不可待地："你快说吧——"

"他说，如果将来中国人在跳高上创造奇迹，我丝毫不会感到奇怪。倪翔的表演已经做了很好的说明……他还说——"

"行了，这就够了！"

几年了，今天我终于从胸膛里舒畅地吐出一大口闷气，真痛快！

我看看坐在身旁的叶教练，他却没有任何表示，默不作声，不停地吸烟。好似重演当年从雅加达归来那一幕。他怨我没破世界纪录吗？不，他明明知道这次我没破纪录是与比赛场地过软有关。但此刻他为什么如此阴郁？他黑黝黝的脸上怎么出现这么多皱纹？仿佛几天里就老了十岁。我正在想，他忽然扭过脸，但眼睛并不瞧着我，问我："你现在的自我感觉如何？"

"什么感觉？"我问。

"竞技状态。你现在能破世界纪录吗？"

现在？我莫名其妙，运动会已经结束了，到哪里去破纪录，难道在飞机上？我说："我的状态很好。如果再来一次比赛就有可能破纪录，可是——"

"好！"他打断我的话，"我想回到广州就公开举行一次运动会，叫你冲一冲世界纪录怎么样？"他一直没正眼瞧我。

"为什么不在北京？"我问。

叶教练沉吟半天，也仿佛犹豫半天，才抬起眼睛直对着我，声音放得很低：

"国内'文化大革命'全面展开了。北京已经到处揪人。如果回到北京，团长和领队说不定……我们今天回到广州，明天就开一次运动会，刚才我跟团长和领队谈过，他们都答应了。"

我心里立即有种紧张感。其实，我们出国前，北京就不太平静了。但到了国外，团长、领队和教练对我们只字不讲国内的事。严守秘密。他们都是体育界的内行，深知情绪是运动员身上最脆弱、最敏感和最难把握的东西。他们尽力不触动这东西。我猛然想起，到达金边的第二天凌晨叶教练到我屋里来的事。他那时大概已经得知国内的情况，便寄全部希望于这次比赛了。不料，这次又……哦，他是想为我再创造一次机会呀！当我明白这一切之后，又难过，又愧疚，又感动，心里有种迫不及待的情感，说话的声音大得出奇："开吧！我能！"

叶教练使劲吸着烟，眼瞅着舷窗外峥嵘的云团，说："这恐怕是你最后一次机会了。"

最后一次机会？真会是这样？多么残酷！如果真是最后一次，我就把整个生命都押上去。

飞机刚刚在广州机场着陆，立即有一大群人围上来。起初我们以为是来欢迎的人们呢，跟着就觉得不大对头，这群人都戴红袖章，举着旗子，挥拳呼口号。我们刚下飞机，下边的人就一拥而上，把团长和领队拉出去，胸前挂上大牌子，跟着一桶糨糊扣在脑袋上，又扣上一顶高高的大纸帽子。顷刻间，旗棒乱舞，呼喊叫打，乱成一团。我们全看呆了，出国才几天，怎么国内的人都疯了？

我一扭头，叶教练正在我身后，他那神气似乎说："完了！没机会了！"

一瞬间，凝聚在我身上的所有力量陡然消失，心里一片茫然，双腿像铸了沉重的铅。

四

滚圆的篮球在球筐边上弹了几下，几只手一起伸上去争夺，由于用力，手背上一条条青筋鼓胀出来。我却从这些手上轻轻地把球摘走，立即赢来一片掌声。这一手好比"仙人摘桃"。

这是在首都钢铁厂的一场篮球友谊赛。对方是清一色、整齐而正式的厂队，我们反而是七拼八凑的杂牌军。其中有两个国家篮球队队员，大部分是体操、田径、游泳和足球队的队员。这期间，国家运动队不搞体育，都搞政治。政治风波一过，大家闲着难受，就凑一支球队到处联系"打野球"。人手不齐时，便打电话邀来几个业余队的高手。实力不弱，对外却没有个正式队名。逢到比赛，只好请人家在记分的小黑板上用粉笔写上"联队"两个字。什么"联队"？谁也不知道，游手好闲的联队呗！反正现在很少有人干正事，打球是个消闲解闷的好办法。我在这个队里是个不可缺少的主力——我原地弹跳一米多，摸高三米五十，球筐却只有三米零五。我在场上，三米以上的空间归我一人所有，我那毫不费劲、拔地而起的惊人弹跳力，那漂亮的"摘帽儿"，那干脆利落的"扣篮"，常常赢得满场的喝彩与惊叫，使我获得一种美滋滋的快感。荣誉感吗？

今天的球打得很得手，单我自己半场就拿了十八分。比赛中间休息时，我坐在一块大钢锭子上喝水。这正是下午五点多钟，工人们换班吃饭。球迷们都端着饭盒边吃边看。忽然有几个身黑体壮的工人溜溜达达走到我面前，一边用小勺儿舀着饭盒里的菜饭吃，一边上下打量我。有个翘鼻子、细眼睛的小伙子问我："你是跳高的倪翔吧？"

"是的！"我听了很愉快。他们居然认出我。我朝他们友好地微笑点头。

不料这几个工人勃然变色。中间一个赤红面膛的中年大汉，光着膀子，脖子上搭一条毛巾，沉着脸，粗声粗气、毫不客气地冲我说："你不跳高，跑到这儿来干什么？我们干活养活你，不是想看你打球的。打球的人有的是！"

说完，这几个工人有的用眼角扫我一下，有的面无表情，摇着结实粗壮的肩膀，若无其事地转身往高大轰鸣的厂房走去。

我怔住了，打球的兴致一扫而光。我换上衣服，也没和同队的伙伴们打招呼，骑车就走。在大街上，我的心绪糟极了。那几个工人直来直去的话，呛得我满肚子火；我感到自己的心仿佛给这些重锤似的话砸得裂开。跳高？好像是上辈子的事。国家队停止训练两年了，怨谁？如果仅仅是几个人拦在我的跳高架前，我敢从他们脑袋上跨过去。但体育场除去被当作批斗大会的会场之外，平时就像炮火摧残过的战地一样死寂无人。去年我在认定自己的运动生命已经完结、心头颓丧不已的时候，学会了吸烟，打扑克，喝酒，还结了婚。我的妻子——国家游泳队的跳水运动员。本来我俩相互发誓：她不拿一项世界冠军不结婚，我不打破世界纪录不结婚。可是我们结了婚，谁也不愿再提当年那信誓旦旦的豪言壮语。可能怕提起来白白招惹麻烦和苦恼。难得糊涂吧！但是，丢掉的何止一句豪言壮语？如果是一句空泛的话丢掉也罢，倘若它里边凝聚着理想、意志、信心、发奋的精神呢？算了吧！如今世上还有多少人想这些没用的事！有一次我在体委职工宿舍大楼后，看见树上架一根棍儿晾衣服，这棍儿竟是跳高用的横杆，上边油漆剥落，杆子压弯，这简直是对我心中神圣事物的亵渎，我真想上去把这杆子扯断，但愿世界上再也没有这种东西，这东西只要存在就会使我不安宁。可是我没敢扯断它。因为它现在已经不属于我，而属于那个晾衣服的人……

而现在这几个钢铁工人的话，好像一下子把我的心砸开，不管我怎样疼痛，硬是把我故意在心里埋藏得很深的那根横杆掏出来，摆在面前，躲又躲不开，看我怎么办？我简直有点走投无路的感觉。忽然我面前出现一座熟悉的公寓大楼，噢，这不是曲立先的家吗？我的心一动，在楼前停了车，走上楼去敲门。

这个不幸的人！他在那届亚洲新兴力量运动会上摔伤回国，经过诊断竟是腰椎折断，下肢瘫了。幸亏家中有个老母亲照顾他。他还有个十分要好的女朋友，名叫杨帆，小学的语文教师。大家都认准那姑娘最终会抛弃他。一个年轻姑娘怎么肯与瘫子终生为伴？最近听说他俩吵得厉害，那姑娘很少到他家中来了。我不大相信，因为我深知杨帆与曲立先的感情。有人认为，最不可靠的是感情，最可靠的是钱。我的看法恰恰相反。

他挂着双拐来给我开门，母亲出门了，家里只他自己。瞧他，整天憋在屋里，原先那健康而泛红的血色从他皮肤上褪去，一张生气勃勃英俊男儿的脸，罩着一层黯淡衰弱的病容；身上那结实健美的肌肉软化和萎缩了，尤其两条腿，好像两条细而无力的白面磲儿，可怜巴巴地当啷着，使短裤的裤腿显得过于肥大。每次见到这情景，我就不敢回想当年他手把撑杆，将要腾空而起时那生龙活虎的样子。有时，我竟暗自感到一点满足，正像有人对我说的：你总算落了一个好身体，别操心世界纪录吧，地球上那么多人，早晚会有人打破的。

我坐下来，我俩向来无话不谈，本想把烦乱的心事说说，但话到嘴边却不想说了。说了有什么用，不过白费口舌而已。我掏出烟抽。他坐在书桌前，双拐倚在两边，桌上一堆书隔在我们中间。我忽然发现他的脸色很难看，好像在生气。

"你怎么了？"我问。

"没什么！"他说。

"我都从你脸上看出来了，你还不说。"

"我刚和杨帆吵过架。"他迟疑一下，还是告诉了我实话。

"这怨你。你都这样了，她仍旧对你很好。你凭什么跟她吵架？"

"这不怨我！"他说，"我告诉你，你不准对任何人说，尤其不准告诉杨帆——我是故意和她吵架的！"

"为什么？"我惊讶。

"我想叫她讨厌我。"

"奇怪！"

"有什么可奇怪的？我不能叫她给我当一辈子护士。但是她不肯离开我，我就故意伤她的心。"他说着有点激动，苍白而瘦削的下巴有些微抖。

"我明白了。不过你这样做未免残忍……"我说，"她那么忠实于你。"

"是的。"他的声音变得低沉又含混，眼睛闪动出晶晶的光亮。

"这种做法对她是否起作用？"我问。

"不，她是有心人，恐怕已经明白我的用意。"

"你打算怎么办？"

他沉默着，眉头皱得紧紧的，大概很苦恼，然后他坚决地一摇头说："我绝不能放弃这种做法，只能更狠心地刺激她，要有决心！"他的手向下一摆，做出一个下定决心的手势说："还要做得像真的一样。以前我总狠不下来，有点像做戏……"

"那样，你可能很痛苦。"我说。有些动感情。

他点点头。眼看他要掉进翻腾而起的感情的波涛里，他却靠着乐天开朗的性格，手一挥，仿佛把卷地而来的情感的大浪推开，对我说："咱们谈点别的好不好？来，我给你看点东西，你可得保密。"他弯腰从书桌最下边的抽屉里拿出两个大本子，精神明显地振作起来，说话声调恢复惯常那样的响亮："你看，这是我翻译的国外最新的撑竿跳高技术资料。这是我综合国内外资料和自己的经验写的《身体训练方法五百例》，不过这只是草稿，还得补充资料，写得也不够规范。我最缺资料，这里引用的资料都是一个朋友从体委图书室封存的资料中悄悄拿出来的呢……"他说得兴致勃勃，双眼灼灼放光。

"我不明白，你弄这个干什么？"我禁不住说。

曲立先听了我的话立即一怔，用一种看待陌生人的目光瞅我一眼。我自觉失言，便换句话说："这很难。"

"你跳高难道不难？"

"不是一股劲儿。"

"如果要干，什么事都能干成。如果不想再干，跳高也会到此为止！"

"你是在讽刺我？"我敏感地觉察到。

"是的。"他严肃地瞧了瞧我，一本正经对我说，"我一直有话想对你说，但怕惹你苦恼而没有讲。作为一个好朋友，这不应该。我今天要明白告诉你——在最后的高度上，你正在退缩下来！"

他把一切撩得明明白白。我也实话实说："我的运动生命大概已经结束了。"

"为什么？"他的一双眼睁得大大的，好像大吃一惊。

"你是知道的，训练停了这么久，也不举行任何运动会，连跳高架子都不知弄到哪里去了，难道让我在自己家的墙头上翻来翻去吗？即便破了纪录也没人承认！"

"你甘心叫世界纪录压在头顶上？连身体训练也撂下了？"

"世界纪录用不着我操心，地球上那么多人，迟早会有人打破。"我不知不觉把别人劝我的话当作最有力的辩解词。

"什么？"曲立先大吼一声，突然对我发起火来，这还是第一次，火气真不小，说话就像往外喷小火苗，"你难道在地球之外？你难道忘了在雅加达维高尔骂你的话？"

"世界都会知道，这并不怨我。我在运动场跌打滚爬十几年，难道不想干出成绩？"我说着把大半截烟卷按死在烟缸里。我的情绪也激动起来，不能自制。积在心里的委屈、怨恨、烦恼，以及刚刚在钢厂憋进肚子里的火气，一股脑儿地发泄出来。曲立先偏偏不肯退让半分——

"你别说过去，说现在！你现在消沉了，顺从荒谬的生活逻辑了，随俗了，自暴自弃了，老婆孩子了……不，你先别冲动。我不相信环境条件可以置人于死地，那只是弱者、懒汉、无能之辈的借口！你，已经在外国人跨过的横杆下边垂头丧气地蹲下了。但是你曾经——不！你今天也完全可以跳得更高！"

"我请你看看外界现实，别关起门纸上谈兵！"我大叫。

"一个人要想战胜外界的困难，先要战胜自己内心的怯懦！你现在已经把横杆降到最低了。人家都说你倪翔这辈子就顶这儿了！"

我嚯地站起来，说话的音量大得惊人："谁有本事谁去跳！我永远不跳高了！"

他坐在那里，眼睛好似一双火球，直瞪着我，跟着举手啪的一拍桌子，喊声比我更大："请你走！懦夫！你不是我的朋友！"

我几步走出去，头也没回，一摔门走了。骑车回家的道上，心里像开了锅，脑袋里像炸了营，浑身却涌出了一股莫名其妙的力量。我想从车上蹿起来，跳过头顶上的横树杈，跳过半空中的电缆，甚至想跳过前面一大片高楼。我能跳，能跳，能跳……

这是我有生以来最艰难的时刻吧！

五

宽阔的人民大会堂宴会厅。这里举办国庆招待会。辉煌的灯火，照亮老年人的白发、中年人饱满而印着皱痕的前额、年轻人翘起的根根清晰睫毛。如果把灯闭了，会出现一种奇迹，所有的人的眼睛都是亮的。因为现在人人都巴望能看到总理。

总理将从哪个门走进来？左边那门？对，许多人都已经起身拥向那边，我也挤上去。必须寻找机会能和总理说一句话。这句话关系重大。

昨天我接到请柬后，许多运动员和教练不约而同地来到我家。他们要我无论如何设法把国家队停止训练的情况告诉总理。只有他，这个时代安定的中心，神圣事业的维护者，力挽狂澜的人，才能够把处处逆行的时针拨正。

"能吗？"差不多每个人都这样问我了。叶教练这样问我三次，他以前可不是这样絮叨的。

"能。总理认识我，我要想尽一切办法和他说上话。"

我心里装着国家几百名运动员和教练员的愿望，要见总理的迫切感也就增加了几百倍。我在人群里一直挤到最前面。站在几位满头霜发的老将军中间。这个位置很好，正对着大厅的入口。我的身材又比左右的将军们高出一头，总理更容易瞧见我。这时，一个矮胖的摄影师扛着一架又大又笨的摄影机走到我前面停住不动了，正好把我挡住，可能他也看中了我选中的这个好角度。我一拍他肩膀，心急顾不得客气，一摆手说："躲开！"

他回头看了看我这副严厉的面孔，不知我是什么人，赶忙扛着摄影机跑开了。

大厅前边的一排灯亮了。在轰然响起的掌声中，总理和许多领导人走进来。我的心"怦、怦、怦"跳得又响又快。总理和迎上去的许多人一一握手。我担心总理看不见或者认不出我来。但总理已经站在我面前，握着我的手问："小倪，你现在怎么样？"

我激动和紧张得差点儿把该说的话忘掉，幸亏这句话昨晚在我脑袋里响了整整一个通宵。

"总理，国家队已经停止训练两年了。"我的声音直发颤。

总理浓眉一皱。浓眉下那双炯炯的眼睛闪过一种深沉的、多虑的、略带惊异的目光。这目光含着忧国忧民的壮阔又深切的情感，一直透进我的心里。总理问："你们的军代表来了吗？"

　　"来了。"我说。回过头在人群中寻找。

　　我很快就看见了军代表老金同志，我朝他招手，他一听是总理找他，急忙又慌张地往前挤。总理抬起手制止他，高声说："你不必挤过来了，人太多，过一会儿我去找你们！"说完总理就和我身旁的老将军们挨个握手，很快走过去。

　　我回到自己的座位上。同桌的都是体育界的代表。军代表老金同志悄悄问我："什么事？"

　　"不知道。总理不是一会儿就来吗？"我说。那时人们都很注意说话的分寸。

　　总理致过祝酒词，大家饮过第一杯酒，宴会开始。各桌代表一边吃一边相互交谈。前边乱哄哄的，看来总理被那边的代表缠住了。只能听见一阵阵祝酒、碰杯和笑语声传来，还能听到总理加重语气时的声音，但什么也看不见。我们这桌太靠后了。我担心总理太忙，又看不见我们，不会来的。就在这时，我忽然看见总理疾步穿过一排排餐桌，直向我们走来。他身后跟着一个干练的中年人，大概是秘书。我们全都站起来，周围许多桌的代表也都站起来。总理走到我们桌前，面对军代表老金同志一字一句、干脆有力地说："明天上午十点，我去国家队看训练！"跟着扭头对他的秘书说："请记准时间。"他只说了这一句，说完后用极快的速度，认真又有力地同我们一桌人一一握过手，转身就走了。这闪电般的一瞬将意味着什么？我望着总理走去的背影，像一个石头人一般地站着，但我的心却像一团火燃烧着。

总理这句话像一阵风吹进国家队所有运动员的耳朵里。又像春风一下子改变了凋敝的大地。军代表老金连夜召开紧急会议。第二天早起，全体运动员将各个训练馆和体育场进行大清扫。各种运动器械都从尘封的库房里搬出来，修理、安装、擦净。运动员们都从箱子里找出最新的运动服。这些许久不穿的运动服套在身上，竟像穿上节日的盛装，使人精神一振。许多运动员见到我，都暗暗把手贴在肚子上或胯边，朝我跷起大拇指，有的打我一个"脖溜儿"，那是按捺不住的喜悦心情的流露。这时，一些运动员已经像脱了缰的马，扯断索绳的鸟，在运动场上飞跑翻越，虽然他们久久被捆束手脚，看眼下这股气势，如果今天召开一个运动会，说不定会破它七项八项纪录！

我对军代表老金说，我要头一个给总理表演跳高。

老金笑呵呵说："是你把总理请来的，当然要先由你来给总理表演！"

这一突来的情况，使老金有点不知所措，那张平日总威严地板着的面孔，今天却一味地对我掬出笑颜，仿佛我无论提出什么要求他都能够答应。

我把横杆架在一米九〇上，自己在跳高架周围做准备活动，等候总理到来。叶教练穿着运动服，手扶跳高架站着，一言不发。他无论忧喜，都习惯于藏在沉默里，不爱表露在外，但他满是皱痕的厚嘴唇分明在微微抖动，并且不住地抬起手腕看表。

整整十点钟，总理来了。几位军代表陪着总理来到跳高场地。总理站在离我十几米远的地方，交盘手臂，以一种沉静又庄重的神态看我跳高。

我把目光从总理身上移到横杆上时，浑身有种要蹿上云天的渴望。助跑几步，用力腾身越过。我从垫子上翻身下来，把横杆向上唰的提到二米。

"小倪！"总理忽然叫我。他远远做一个要我降下横杆的手势。我没听总理的话。我好像在为总理跳，又像代表所有运动员答谢为我们夺回运动生命的总理。我几步助跑后再一次跃过。我再把横杆向上唰的提到二米二十。

"小倪！"总理苍哑的声音焦急又迫切，他双手向下打着激烈的手势，是命令也是恳切地要求我不要再升高横杆了。我却坚持要跳。

总理快步走上来，把我拦住，对我说："小倪，我不是来看你能够跳多高的，只要看见你还在跳高就行！你还年轻，不要像我这样。"他用左手拍拍自己受过伤而落残的右臂肘。

一股强大的温暖剧烈地冲入我的心。我只觉得眼前的一切一阵清楚，一阵模糊，无法仔细看看就站在我面前的鬓发花白、老痣斑斑的总理。我一句话也说不出来，只是朝总理一个劲儿深深地鞠躬、鞠躬、鞠躬，眼泪"啪啪"地落在场地上。

谢谢，谢谢您！因为您使我懂得了怎样做才是真正地感谢您。

六

穿白制服、头扣天蓝色窄檐儿圆帽的裁判员，转动一下写在木板上的试跳高度，全场一片惊呼声。二米二九，世界高度再一次横在我的面前。

这是在一九七〇年。湖南，长沙，劳动人民体育场。四周看台上的观众把目光都对准我，场内的扩音喇叭不响了，这大概又是叶教练与大会交涉的结果。

我扎紧起跳脚上的钉鞋，站起身活动一下脚腕，抬一抬腿。每个运动员都有他精力充沛的鼎盛时期，希望只在这时期里伴随着他，过去了则不再来。我已经处在自己黄金时代的末期。但我坚信，我仍是这有限的时间和寥寥可数的机会的主人。最后的冲刺才是对一个人的意志的真正考验。这一次我一点都不紧张。在经受了几年磨难和打击之后，重新站在横杆前，我变得更加自信，也更加成熟。我相信这句话，非同寻常的打击，对于一个弱者可能是致命的，但对于一个强者却是最有效的锤炼，来吧！我开始习惯的六步助跑，和谐又恰当，我在起跳后摆起的左腿舒展有力，收腿裹肩恰到好处，然后整个身体翻转过杆，做得从容不迫。这瞬息间完成的一连串的动作，像放慢了的电影镜头，使我似乎看见自己从这黑白相间的三角杆上跃过的每一个细节，竟是这样轻松自如，随后便落在又高又厚的海绵包上。成功啦！全场立刻爆发出一片山呼海啸般的欢呼。不料就在这时——不等我从海绵包上翻身下来，不等裁判长宣布成功的白旗往下一挥，只听哗啦一响，横杆的一端突然斜下一大截，跟着脱落下来！怎么回事？我跃过横杆时，杆儿明明一动没动！原来是一桩意外的事故——跳高架的螺丝没有拧紧，支架滑落下来，横杆掉了。这怎么办？算不算？我惊呆了。

裁判长也惊呆了，没了主意。这不仅是过去比赛不曾发生的事，国际比赛也无此先例啊！叶教练跳上去与裁判长大吵大叫，满头花白的头发随着脑袋的摆动，像耍动的枪缨甩来甩去，看样子他真要狠狠给裁判长一拳哪！他从来没有这样激动过。是啊，多少年的辛苦和血汗，家庭、安逸、生活的乐趣，什么都不要了，就为了换取这一个高度啊！裁判长的表情痛悔莫及，他知道这粗心和过错将会造成多大的损失与遗恨！

全场观众都是我跃过这高度的目睹者和见证人，他们一齐叫喊："算、算、算！算、算、算！"在这有节奏的、震动人心的呼喊声中，我明白地感到每个人身上都有和我一样的对祖国和民族的荣誉感。我从没想到自己的事业与这么多颗心紧紧相连。

拿不定主意的裁判们都看着我，仿佛在征询我的意见。这成绩应该算！因为我跨过了这个高度，肯定无疑，出现事故与我无关。我便松解鞋带表示不需要再跳了。但当我正要脱下钉鞋时，不知为什么，忽然想起数年前在雅加达，那个大胡子记者维高尔的话：中国人一向喜欢吹牛和弄虚作假。不行！我想。不能给别人留下任何一点可以争议、怀疑、寻隙的余地，必须做得无懈可击。中华民族自古就是堂堂正正的。要成功就得漂漂亮亮，不能勉勉强强、窝窝囊囊！尽管事故是这个该死的粗心大意的裁判长造成的，成败荣辱必须由我担当。再跳一次，必须再跳一次！可是在我重新勒紧鞋带时，我又犹豫起来，我不能保证自己能够再一次跨过这个高度。一个运动员所创造的最好成绩，也许一辈子只能有一次，永远不会再有第二次。再跳，只有万分之一成功的可能。这是多么重要的选择啊！

我就这样把鞋带松开又扎紧，一次、两次……直至第七次，叶教练和裁判长一起走到我跟前，那眼神似乎在询问我的决定。他们好像没有勇气把这话说出来。问我？我忽然感到这是命运在对我挑战。那就应战！我说："再跳一次！这次不算！"

我心头一狠，手里用劲，鞋带叭的被扯断。我咬着下唇接好鞋带，重新扎紧。站起身时，正瞧见叶教练和裁判长用木拍轻轻拍实起跳处的地面。叶教练头上的华发，使我的想象忽然跳到早已去世的母亲的面容上，还有母亲留下的话，总理、赤红面膛的工人……于是，我的心情像风吹的湖水波动起来。

当观众知道我自己决定重跳一次，全场顿时一点声息也没有了，如果不向四边看，好像周围一个人也没有。这世界只剩下重新架起的横杆和我自己。但我清楚地感到几万双眼睛在瞄准我，在祖国的四面八方，有更多颗心在关切着我。

我忽然感到一点紧张。横杆好像随即升高，心里立刻出现一种乱无头绪的感觉。糟了！我预感自己再跳恐怕不会再获成功，并开始后悔自己所作的重跳决定，一边我又暗暗骂自己这种后悔是可耻的。心中的强与弱两种东西开始搏斗。我向裁判打个手势，表示要静一静情绪。叶教练忽从一旁走到我身边，轻声说："你再跳过去三次也不成问题。你今天的状态极佳，刚才过杆时，身体距离横杆足足有六七厘米。"

"真的？"我问。我多么希望是这样。

叶教练十分肯定地点点头。他用那一向沉着的目光，把一种毫不犹豫的坚定的信念力透进我的心里。我的心立刻轻松下来，充实起来，自信——这生命中最宝贵的东西之一——又得到恢复。我向裁判长高举起右手，表示准备就绪，要求试跳。这时我浑身充满昂然而必胜的精神。裁判长扬起白旗，宣布试跳开始，一步，两步，三步，四步，五步，六步，每一步仿佛都有一股力量充填进我的身体里。就像火箭将要离开地球时一下下加足力量，我猛然跃起，一瞬间感到地球的吸引力都消失了，飘然地飞腾起来。当地球恢复它的吸引力时，我已经落到柔软的海绵包上。我赶紧抬头看那横杆，它沉静又稳定地横在头上，成功！又一次成功！实实在在地成功啦！我马上用双手捂住脸，再不敢看这横杆，生怕它再掉下来。我跃身跳下海绵包，捂着脸，不回头，撒开腿一直往前跑。这时四边已经发出惊天动地般的欢呼。我只管没头没脑地往前跑。跑着，跑着，突然站住一回头，却见无数人跟随我身后跑来。在全场观众忘情欢腾的背景上，我一时看不出紧随我身后跑来的是谁。跟着我认出跑在最前面的是叶教练和那裁判长，他俩边跑边挥手、喊叫，满脸都是亮闪闪的泪水……

我那时的感觉，感觉——是我，不，不是我自己，而是所有中国人一起用力跨过了这世界最高的横杆啊！

七

我使劲敲着曲立先家的门。自从那次吵架过后，我一直没来过他家。尽管我时时想念这个多年来的好朋友，但心里早发过誓，只有跨过了世界新高度时再来，否则永远不来！今天我可以放心大胆地敲他的门了。

里边是谁来开门，脚步这样快？这绝不会是他，也不会是他的老母亲。门开了，站着一个娴静、稳重、秀气的姑娘，眯着本来就细长的眼睛朝我微笑。

"啊！是你，杨帆！"我说。

她笑眯眯点点头，没说一句话，好像在和谁打哑谜。我正感到奇怪，只听里屋有人大叫："杨帆，你怎么不出声，是不是打赌我赢了？我昨天就说，倪翔肯定今天会来的！是不是大倪？"

这是曲立先的声音，跟着我听到拐杖头急促的触地声。

"是我，立先！"我叫着。

曲立先拄着拐杖从屋里冲出来，快到我跟前时，竟把双拐往两边一扔，双臂把我紧紧抱住，整个身子的重量全都压在我的臂膀上。他大声说："好样的，大倪！太好了，太好了，真是太好了！"

人在过分激动时，语言的可选择性变得极小。

杨帆蹲下把拐杖拾起来递给曲立先，我们一起往屋里走。曲立先使用拐杖已经相当熟练，运动员有一种保持身体平衡的本能，何况他曾经是个撑竿跳的高手呢！走进屋，立刻感到干净整齐，温暖舒适，窗台上葱茏茂盛的花草更添生气。我差点儿说出这屋子像新房，因为我不知道他俩现在的关系如何。

我们坐下，曲立先仍旧很激动。他说："怎么样？先把奖牌拿出来给我们看看吧？"

"我没带来。"

"为什么？"

"昨天一到家，我就放在母亲的照片前面了，先放上三天，叫她多看看，再拿给你们瞧！"

"那好，应该的。"曲立先点点头说，"你的情况先别说了，从报上已经看到不少。我很想知道叶教练怎样高兴。他在运动场上熬度了将近二十年，终归如愿以偿。"

"他哭了。像小孩子那样大哭。我还是第一次见到！"

曲立先感慨地说："所幸的是，这是甜蜜的眼泪。为了这个高度，他付出的辛劳和你一样。"

"甚至更多。没有他，就没有这一切。当然，没有总理，也不会有这一切。你知道总理去国家队的事吗？"我说。

"当天就知道了，还是你请去的，对不对？我们要感谢总理的远远不止这些。"

"是的。"我说，忽然我把头一歪，笑着说，"此外还有一个人，应当好好感谢他。你猜是谁？猜不着？就是你！"

"我？"曲立先用手指自己的鼻尖，还是不明白我的意思。

"还记得上次咱们吵架吗？其实我一摔门出去之后，就不生你的气了。第二天我找到叶教练，制订一套训练方案，悄悄开始锻炼，而且还戒了烟和酒。"

杨帆站在曲立先身后，一手搭在椅背上，也不言语，只不住地咦咦发笑。

曲立先也笑了。他说："可能你至今也不知道，我那次是故意刺激你。我知道你的脾气，愈是遇到刺激、轻蔑、挑战，反而愈有力量。对吗？"

我至今才知道他用心的良苦，心里感动起来，说："我真笨。不过你这'激将法'的确起了作用。我始终记得你那两句话——你已经把横杆降到最低了！懦夫！"

杨帆又露出笑容，曲立先却没笑，郑重地说："不，那实际上是你多少年来遇到的最难跳过的高度。人生的高度，命运的高度，同样需要征服的！"

这话使我豁然开朗。原来世界上有那么多横杆，看得见和看不见的，它们互相联系着。我的思维又跳到另一件事上，问他："你呢？你那些事还继续做吗？"

曲立先叫杨帆从身后的柜子上抱来十来个大厚本放在桌上。这都是曲立先翻译的国外体育资料，还有那本《身体训练方法五百例》，已经脱稿完成了。他的目光一落到这白纸封皮上，好似一亮，不知是目光把这血汗积成的书稿照亮，还是这书稿中蓄含着的能量引得他眼睛兴奋地发光。他以一种自豪的口气说："我已经掌握了将近八千个英语单词，还准备明年开始自学日语，今后专门搞体育资料的翻译工作，也算为你们这些在赛场上搏斗的人添点弹药吧！"

我忽然觉得，这个没能在撑竿跳高中创造更好的成绩的人，却在这里跨过了一个非常人所能跨过的高度！我说："你才是一直没离开比赛场的人。你同样跳过了一个艰难的高度。"

"是很难。因为我们不是为了自己，再难也能征服。任何新成绩诞生的同时，也就意味着它已成为历史。你刚刚跳过一个高度，跟着就会有一个更高的高度等着你，需要你花费更大的力气去征服它。"曲立先说。

听了他的话，我忽有所感，就紧接着说："一个人不但要超过别人，还要不断地超过自己，他才会永远向前。"

"好极了，你说得好极了！"他叫起来。

说话投机是最高兴的事，好像两根带电的线接通了，所有的灯都亮起来，心也明彻通亮。曲立先回头对杨帆说："你怎么不给大倪弄点水喝。你瞧，我不是对你说过，我俩在一起总是这样，说起话来就什么都忘了，谁也不知道照顾谁。哎，你快把那个——对，把那个拿来，请他吃呀！"

杨帆端来一个漂亮的大糖果盒，打开放在我面前。艳丽五彩的糖果讨人喜欢。

曲立先说："这糖——"脸上忽现窘意，扭头对杨帆说："你告诉他吧！"

杨帆微笑，却执拗地摇头不语。

"这糖一是为你祝贺，二是我俩请你吃的。"曲立先停顿一下才说，"我俩上星期结婚了。"

"呀，怪不得我觉得你今天容光焕发，怪不得你屋里这么干净漂亮！你——"我朝他叫着，"你对外保密了吧！怎么田径队没一个人告诉我。不然，我今天总得带点礼物来呀！"

"二米二九，多好的礼物！我还要什么！"他笑呵呵地说，"我的确对外保密。只我家里人知道。我妹妹从广州来了几天，前天回去了，把我妈妈也带去玩些天。这几年，我把妈妈拖累得够呛。"

"你为什么不告诉大家？你们的婚事大家听了会很受感动的。"

"自己真心要做的事，何必拿来去感动别人？"

这是句含义很深的话，我一时来不及仔细体味，一眼瞧见杨帆站在那里，一直微笑不语。我忽然想起上次，曲立先要故意刺伤杨帆的心，迫使她离开自己这个终身残疾的人。我想，杨帆肯定不止一次受到曲立先的冷落和刺伤，忍受住那些为了爱而下决心故意说出的狠心无情的话。但她没有离开他，她懂得爱的真谛，她用更崇高的爱回答了他。任何真正的爱都是应该具有献身精神的……我对这可尊敬的年轻女教师说："你怎么一直不说话？"

她才开口："我听了你们的谈话在想，当一个人跨过一个新的高度时，他的内心境界就会是另一番样子了！"

我禁不住脱口而出："你也跨过了一个非同寻常的高度呀！"

她没回答。我们三人都没说话，仿佛一起陷入深思。这时我感到，我们三人的心连成一气，好像一片壮阔的海，一片值得自豪、波光跃动、坦荡无际的大海。

1982 年 9 月 4 日

升华

你喜欢蓝天深处游弋的云彩吗？有时，它薄纱似的飘浮在你头顶上又高又远的地方；有时叫风儿撕扯成千姿万态、任你联想的形状；有时被正午的日头逼照得像镀银般晶亮夺目；有时给晨光夕照辉映成一片壮美绚烂的彩霞。它时而疾驰，时而凝止，时而悠闲自在，时而雄心勃勃；如山峰般堆砌，如羽毛般铺展；丝丝缕缕，片片朵朵，就像浓墨一样渲染整个天宇，使单调的天空变成无穷无尽的画面！

这是大自然赐予人最普通常见却从不重复的景色。有一角天空，就有无限变幻的云景。你知道它来自哪里？天边？海上？还是极巅绝顶、人迹罕至的云洞？不，不，它不过是从江河湖泊，从大地上那些平平淡淡、弯弯曲曲的坑洼沟渠里升华而起的……于是你就领略到，升华这一现象的神异的力量。它把平庸化为奇观，把寻常之物改变得叫你必须刮目相看。

二

门儿啪的，仿佛给一股怒气撞开。

谁？

她走进来。板着秀气的小脸，眉毛向上挑，目光却向下垂直；她一直朝着坐在大书桌前的教练吕国骏走来，眼睛根本不瞧吕国骏。她走到桌前，把手中红色胶面的球拍往玻璃桌面一放，冷冷地说："今晚的比赛，我弃权了！"说完，把穗子样光滑的头发一甩，转身就走。

吕国骏一怔，站起来叫住她："你，韩冰！为什么？"

韩冰站住，却没转回头，背着身说："我只会打球，不会让球！"说完仍站着没动，似乎等着吕国骏回答。

"那、那、那——"吕国骏求援似的瞅一眼坐在一旁的领队黄河宽。黄河宽好像碰上迎面闯来的一辆车，蒙住了，还没反应过来呢。吕国骏焦急无奈地叫起来："这怎么行！这是国际比赛！"

"那是你的事！"韩冰好像内心又充进一股更强烈的火气，说完，噌噌走了出去。

吕国骏冲她的背影大叫："你这是胡闹！"但门已经被韩冰摔上。声音被关在屋里，在四面墙间冲撞，回荡。

领队黄河宽把这突如其来的事翻来覆去想了几通，下意识地挠着半黑半白的头发，一双焦灼的眼投向吕国骏，"要不再给小韩做做工作？就怕……"

吕国骏好像没听见。他扒在窗台上，身在三十一层高楼，眼底是开阔的异国名都的景色。瞧，在深郁的树中钻出各色各样的屋顶，方的、圆的、白的、红的、透明的、奇形怪状的；还有教堂，精致的桥，移动着云影的湖泊，带状而反复交织的高速公路上跑着的成群的甲虫般的小汽车；在这之上，在晨雾散尽而分外清澄辽远的空间里，一大群鸽子悠闲地飞来飞去。它们迎着太阳飞时，身影发暗，背阳飞时雪白而耀眼……然而这一切，在头一次出国的吕国骏的心里却唤不起任何兴趣、好奇和新鲜感，充塞他脑袋里的，还是在国内天天使他伤脑筋的那些事——

嘿！那张瘦瘦的精悍的脸又浮现眼前了。他最讨厌这张脸。为什么这脸像摆脱不开的影子，死跟着他？这是韩冰的教练马如飞的脸。人们都说，马如飞这脸上忽闪闪的黑亮亮的眼睛里含着睿智，他却觉得这双总在眨动的眸子里埋藏着许多心计，别看他总笑，笑的后边呢？

自己培养的队员很少在全国比赛中拿名次，而国家队里总有马如飞的人，到底他运气好，有办法，还是智高一筹，谋多一策？不去管他！反正运动员能使他的教练增辉添彩，也能使教练黯淡无光。因此，在任何场合，任何名单，他的名字总挨在马如飞的后面。在运动队里，由于他姓"吕"，大家暗地都叫他"驴"教练，还说"驴"就得跟在"马"屁股后边！他多么盼望手底下冒出一个尖子，一下子蹿到那个总是志得意满的"马"前边去！

尖子终于冒出来了，她是杨歌。这个像男孩子似的北方姑娘渐渐成熟了。运动员的成熟＝年龄＋经验。她在这个等式的两边都出现了满分。就像花坛里的花，每一小时都有一朵开得最饱满。而马如飞栽种的花不是将将开过，就是含苞未放。时运是活的，该轮到杨歌，也该轮到吕国骏了。今年"飞天杯"邀请赛，杨歌显出优势并拿到奖杯。她的姓名便与吕国骏一同出现在报纸上。吕国骏觉得自己就像那锃亮的奖杯，开始闪耀光彩了。

偏偏这时，马如飞又从江口业余体育学校发现了韩冰。这个素来不见经传的、外表冷冰冰的姑娘，半年里竟奇迹般地成为市里唯一可以与杨歌抗衡的对手。

好呵！没等吕国骏喘过气来，马如飞又压上一发重弹。看来这个寸步不让的同行，真是死对头了。

这次，他们被派出来参加国际邀请赛。体委指名叫马如飞做领队兼正教练，他是副教练。依旧挨在"马屁股"后边！他巴望杨歌这次能捧回金奖，马如飞自然一心想叫韩冰露出头角。但马如飞是领队，说了算，谁知他会捣什么鬼？

马也有失前蹄的时候，看不见的细菌帮了吕国骏的忙。临出国前四天，马如飞突然食物中毒住进医院。体委临时决定由办公室主任黄河宽担任领队，刚从运动员提上来的女教练罗小惠做了副教练。他一跃当上了正教练！他想起知己朋友安慰他的一句话："老天爷给人的机会是均等的。"

他出国前去医院看望马如飞。马如飞把韩冰托付给他。而那双由于病困而显得疲乏倦怠的黑眼睛里，透出一点点不大放心又无可奈何的神情。他满口答应照应韩冰，心里打好的算盘却不容更改。但他无论如何也不曾料到，半决赛选手将在两个外国选手中间遴选出来，估计多半是韩国那个擅拉强弧圈球的名将金安淑出线。

自己必须淘汰自己一个。他当然要拔出杨歌。尽管杨歌有能力战胜韩冰，但熟悉杨歌打法的韩冰，万一打出超水平来，就能进入决赛，起码是亚军。那么躺在国内医院病床上的马如飞，就能以逸待劳了。

他说服黄河宽去劝韩冰，在半决赛中把胜利让给杨歌。他的理由非常充分：杨歌的球路宽，适应性强，经验丰富，比韩冰更有把握击败金安淑。韩冰的弱点恰恰是对付强弧圈球比较吃力。弄不好冠军就叫人家拿去。

一早，黄河宽拿这套话对韩冰说了。韩冰当时面如冷冰，一声没吭，刚刚来撂拍弃权这一手便是回答。这回答出乎吕国骏的意料。他原以为韩冰最多会带着意见，回国后向她的教练马如飞诉苦，没料到八十年代的运动员真的如此不驯顺。这等于与他针锋相对，将他一军。

"要不胜负听其自然吧！"黄河宽加重语气的话闯进了他纷乱的思索中。

"不行！"吕国骏突然扭过头来，几乎吓了黄河宽一跳。

"你说怎么办？"能力不强的黄河宽没有主意。

吕国骏皱着眉头。他把难题塞给黄河宽："看来她对我有成见！还得你去找她谈。告诉她，不能不打，还必须打。你叫她有点自知之明，杨歌完全能赢她。但不能叫杨歌在半决赛中消耗太多的体力。她要是弃权不打，明天提前回国！"

三

谁会拒绝冠军、金牌、奖杯？把那与世无争的隐士桂冠套在生活角逐中失意者的脑袋上，任他们躲到僻静的角落自寻安慰去吧！

比赛场就是擂台，胜败荣辱就是运动员的喜怒哀乐。对于有限的运动生命，处于巅峰状态时期的任何一场比赛，可能是他唯一扬眉吐气的机会。错过这黄金时刻，就像丢掉了黄金一样。

韩冰趴在床上，脸贴着又软又厚的线毯，眼盯着壁纸上抽象的图案。这图案就像她的思绪，愈细看就愈绕不清楚。

她想起教练马如飞讲过的往事。当年的马如飞在一次全国比赛中夺魁在望，由于父亲病危而放弃比赛。失掉这次机会，好比误过正午的太阳，再不会光芒逼人了。他忘不了这件要抱憾终生的事！十多年来，小小银球千万次撞击她的球拍，其中有多少快乐、懊丧、希冀、失望……总算马如飞发现了她。但如今，她还是市队一个有争议的队员。吕国骏认准她这种既传统又单一的近台直板快攻的打法，在当今世界乒乓技术发展得眼花缭乱之际，没有很乐观的前途。

吕国骏这话是否在理？

她虽然入队才半年，凭着敏感，对吕、马二位教练暗含不露的较量早就清楚了。她明白，吕国骏是拿她的弱点来诋毁她；她更明白，马如飞不让她改变打法，是因为她这种已经定型的打法只能巩固和加强，破坏了这种成形的打法，就等于取消了她。这策略是明智的。她这种眼看着要过时的打法，如果再得不到机会淋漓尽致发挥一下，很可能两年之后便要无声无息地"挂拍"了。

因此，她这次是拼命来的！她以一种不顾一切、近似发狂的劲头儿，一路打败七八个对手，包括三名世界著名的种子选手，闯入了前四名。这成绩不仅叫别人吃惊，也叫她自己吃惊。她却没有陶醉，更不满足，一心朝着摆在主席台前的、尚无归属的奖杯扑去！

谁料到，这当儿偏偏碰上队友杨歌，偏偏黄河宽把吕国骏的意思告诉她，只能输不能赢，还必须输得像真的那样！她一下看透了这个驴教练的驴心驴肺！

不行，宁肯弃权不打，也不能做这种哑巴吃黄连的事！一个白晃晃的东西落在眼前。

球儿？圆圆的乒乓球。跟着听到一个粗拉拉、笑呵呵的声音："瞧，这家伙在装洋蒜，眼皮睁着呢，球砸在脑袋上还装不知道。"

她回头，两个姑娘站在门口。

一个健壮而带点粗豪气，穿着翻领的红短袖衫子；一个苗条文静，外套一件蓝色，肩臂带着两道白色的运动衣。这是杨歌和副教练罗小惠。两人笑嘻嘻看着她，手里都拿着球拍。

"走！练球去！"杨歌摇着球拍朝她说。

她可真不像女孩子，说话声连小伙子也很少这样粗哑。

"哦？我……我不去……我歇会儿。"韩冰趴在床上没动。

"懒蛋！"杨歌上来拉她，"走吧——"

"我真不去！"韩冰用劲一抬胳膊，挡开杨歌的手。

她冷冰冰的脸没有任何表情，使站在一旁的罗小惠有种异样的感觉。杨歌却什么也没察觉到——她的心儿和声儿一样粗。

"你不去，我们去！"杨歌拉着罗小惠就走，临出门又探进头来做个怪脸，"你等着吧！晚上我准叫你喝汤！"

两人出来，走到走廊尽头，罗小惠压低声音对杨歌说："你发现韩冰有点神气不对吗？"

"你别神经过敏。她就这样，晚上她赢了球，保管那张小冰脸儿化开，那就不叫寒（韩）冰，改名叫热水了！"杨歌笑着说。

"你刚才不说叫她'喝汤'吗？"罗小惠打趣地说。

杨歌一皱眉，"我担心我腰不行。倒霉！昨天叫日本那小丫头吊小球抻了一下，中午一觉醒来，紧巴巴的。"她用拳头一凿腰，"哎哟！"

"怎么？"罗小惠站住，问她。

"还真疼！"杨歌龇牙咧嘴地说。

"快去找阎医生看看，晚上你还比赛呢！"

"不不！"杨歌扭了扭腰说，"先练球去，说不定活动下就灵了！"她说得挺自信。

她俩往训练馆去。

这时，趴在床上的韩冰正犯疑心呢！她想，一个暗地叫我让球，一个当着别人面说要我"喝汤"。好呵，你们合伙来算计我！

她气得一翻身坐起来。

黄河宽走进来，手里拿着她上午撂在吕国骏桌上的那个红胶面的球拍。看样子准是来"说服"自己的。当头头的，除了"管"人，不就是"说服"人吗？哼，来吧！

黄河宽坐在她身边的椅子上，半天没说出话来，不知由于这姑娘厉害，还是自己理亏，磨蹭半天，费劲地张开嘴却只吐出了半句话："今晚的比赛，你……"

韩冰伸手将那红球拍一把拿过来，接过话说："甭说了，我参加比赛！"

惊喜的神情顿时从黄河宽的眼睛里冒出来。但韩冰跟着又说："我该怎么打就怎么打！我不能保证赢，也不能保证输！"

四

吕国骏急了，心想只有一条道儿——必须叫杨歌狠狠击败韩冰。于是马上就去找杨歌。他从杨歌的卧室直到训练馆来回跑了两趟，最后总算在随队的阎医生那里找到杨歌。

杨歌趴在地毯上，阎医生单腿跪着给她按摩。床太软使不上劲，只能趴在地上。

阎医生一见吕国骏就说："老吕，今晚杨歌最好别参加比赛了。"

"什么？"他像挨了当头一棒。

"她左侧腰肌急性拉伤。"阎医生一边按摩一边皱着眉头说，"比较重。"

"怎么搞的？"他一急，说话像吼。

杨歌偏过脸说："昨天抻一下，我没当回事。刚和罗教练去练球，又抻一下，这下可够呛。哎哟，阎医生，你手轻点行吗？"

"你这纯粹是胡闹！"吕国骏攥紧的拳头不知砸向哪里，只好"啪"地砸在自己另一只手心上。

杨歌疼得直咧嘴，说话还乐呵呵："这倒不错，小韩甭打就进入决赛了。"

"不行！今晚必须打，阎医生，你看她坚持一下行不行？"吕国骏焦渴的目光盯向阎医生。

阎医生莫名其妙地看他一眼说："就怕肌肉不能顺从意志。如果再抻一下，恐怕站也站不住了。"

吕国骏心里的火冲进脑袋，脑袋里的火不知怎么泄出来。他只想骂人，如果杨歌真不能参加比赛，根本用不着韩冰让杨歌，倒是杨歌让韩冰了！真是命该如此吗？

他有话不好当着阎医生讲，便对杨歌说："按摩完，到我屋来一趟。"

回到屋里，他像等救火车那样，等到杨歌进来，就急皮怪脸地说："你今晚打不打？"

杨歌有点怕她的教练，噘着嘴说："唉！活该我倒霉，打吧！但我这腰不顶劲，多半得输给小韩。"

"不，必须赢！"他说，带着强制的口气。

杨歌瞅一眼心急如焚的教练，宽慰道："我知道，您估计那一组金安淑出线，怕小韩顶不住金安淑的强弧圈。您别急，我有好法子，冠军飞不了！"

话不对茬。她哪里知道吕国骏的心事？

吕国骏默了默神儿才说话，低沉的声调里含着强烈又浓郁的情绪："杨歌，我对你可以说几句真心话了。你可能不知道我急什么……你已经二十二岁了。往后你还有几次这样的机会？现在你不拼命冲一冲，会后悔一辈子的……"这时他忽见杨歌嘴一张，似乎要分辩什么，便把话锋一转，拿话压她："我看小韩绝对不行！你要是把这场球让给她，就等于让给金安淑。"

杨歌也急了，"我的腰顶过这场，不见得顶得过决赛那场，我也不见得比小韩更有把握！"

吕国骏用手使劲掐着眉头。他冲动起来，用恳求的语调说："你就为我拼吧！你要打出来，我的日子也好过些。为我，行吗？"

沉默。没有回答。

她抬眼正看见教练头上的华发。前几年还是满头黑发呢，那些为她耗掉的心血就是从这头发中间流失掉的呀……她怎么能拒绝教练？于是她低下头，默许了。当她身子微微一动，腰部突然发出难以克制的、撕裂般的疼痛；她忍住了，没叫教练看出来。

五

当汽车飞奔在高速公路上时，车厢就暗下来，偶尔掠过一道花花绿绿的灯光，瞬间即逝地映亮了车内吕国骏和黄河宽的脸。这两张脸都是心神不定，忧虑重重的。

"我听阎医生说，杨歌的腰伤了？"黄河宽问道。

吕国骏没有马上回答，在散着淡淡的柔和的皮革气息的车厢里停顿一下，故意冷笑两声才说："是呵，受点伤也不能不打。既然韩冰不肯让，就叫她们互相拼吧！明天决赛就没什么希望了！"

"那，那怎么办？"黄河宽又急起来。

"我拿人家马如飞的宠儿毫无办法，由她去吧！"吕国骏说完，把头扭向窗外，好像一切都与他无关了。

黄河宽一听吕国骏提到马如飞，才明白这难以解开的一团麻烦的根由竟然在这里。原来国内那些日常的钩心斗角又带到国外来了。本来大家可以齐心协力打好比赛，偏偏自己人较上劲儿，好事搞成坏事。这时，汽车前的挡风玻璃上忽然出现一片雪白夺目的灯光，体育馆到了，马上要进入比赛，想办法也来不及了。

他无可奈何地摇摇头，一声没吭，把一口苦涩的唾沫咽到肚里去。

六

异国的一切都是异样的，包括走进体育馆时一刹那的感觉。

杨歌与韩冰在更衣室换上一样的红色战衣，与领队、教练刚刚一同走进体育馆，就给一大群迎面而来的记者围上了。一个身材奇高的记者用变了调儿的中国话问杨歌："你认为，你们这两个中国选手之间，谁会取胜？"说着就把手中的小录音机打开，举到杨歌面前，话筒对着杨歌的嘴。

杨歌好似在球场上遇到对手挑战那样，脑袋调皮地一歪，笑了，仿佛故意捉弄这记者说："中国选手取胜！"

记者们一怔，跟着大笑起来。外国记者最喜欢这种含着斗智意味又十分机巧的对话。

高个子记者耸耸肩，把录音机转向韩冰。他的幽蓝的眼睛灵活地瞅着韩冰那很少表情而秀气的脸，"韩小姐，您认为呢？"

韩冰仿佛不由自主地回答道："我和杨歌同样这样认为。"

这记者又去缠吕国骏。吕国骏不知为什么，他的回答竟然也和杨歌一样："肯定是我们的姑娘获胜！"

人们都笑了，吕国骏自己也笑了。黄河宽脸上也绽开了笑容。

比赛场就是运动员的战场。

战士纵身跃入那关乎全军胜败荣辱的决战战场之中，一时的感觉、情绪、心境，全然非同寻常了。

裁判员和记分员过来与他们列队入场。

看台塞得满满的，看不见凹进人群的空座位。

体育馆人声嗡嗡，像个大蜂房。她们一露面，立刻就有一种只有运动员才能感受到的亲切、热烈、鼓荡人心的气氛包围过来：掌声、欢呼声、叫声；彩带、小旗、标语；隔着耀眼的灯光，是数不清也看不清的各种各样的脸。这些脸合在一起是熟悉的，分开来，每一张脸都是陌生的……在这中间，只有那张墨绿色的球台，洁白而美丽的球网，默默又娴静地伫立在那里。

此时此地，即令最老练、最成熟、最自信的运动员，也难免感到紧张，巴不得快快开始。尤其是初入大赛的韩冰，她不住地把球拍在两手之间倒来倒去，腾出手来在裤子上抹汗。

杨歌站在她身前，忽然回头对她说："记住，你往我中路打！发球尽量别出台！"

"哦？"韩冰听了又像没听见。她正设法压住自己"突突突"的心跳，来不及去想杨歌是什么意思。脑袋里只掠过一个问号：她在捣什么鬼？

杨歌看见一个高大结实的亚洲姑娘迎面走来。白白圆脸，红红厚唇，黑黑短发，眸子亮晶晶，紫色的短袖衫外边披一件黄白相间的运动衣，好像一头漂亮而年轻的高头大马，这是韩国的金安淑。在刚刚结束的一场比赛中，她打败对手出线，明晚就要和中国姑娘夺魁了。她带着获胜后的得意神情回去休息，根本不看这两个中国选手的比赛。好像她对这两个中国选手了如指掌，以致嘴角还含着神气又自负的微笑。

对手之间，最微妙的是心理战。自负往往是装出来糊弄对方的。虽然明知如此，但对手的这种笑又是最难忍受的。

杨歌的眉毛一抖，扭头在罗小惠耳边说两句。罗小惠再三点头，好像是要使杨歌放心。

运动员进入赛场。罗小惠作为韩冰的临场教练，坐在韩冰这边的教练席上。

吕国骏和黄河宽在杨歌一边。

杨歌在上阵前习惯地活动身体时，吕国骏欠起身，把脸凑上来再三叮嘱说："尽快结束这场比赛。以快制快，拿下这三局。注意保护自己的腰！"

杨歌没说话，上场了。

比赛一开始，韩冰浑身就充满一股渴求胜利的激情，细细的眉毛快竖立起来了，牙齿死死咬着下唇，那张冷冰冰的白白的小脸儿透着杀气，挥拍的速度比平时好似快一倍，吕国骏一望而知，韩冰今天决意要战胜杨歌了。

他顾不得生气，而是把全部注意力都紧张地盯在杨歌的每一拍上。

然而，使他惊奇的是，杨歌没有与韩冰展开快速对攻，而是横握着球拍退到距离球台三米远的地方，把韩冰抽来的球一个个用力提拉起来，球儿划过美妙的弧线，一碰到韩冰这边的桌面就加速前冲。吕国骏不明白杨歌为什么改换这种平时很少使用的打法。可是这对韩冰很有威力。韩冰没料到杨歌改用这种打法。她想这是吕教练的谋略，改变打法来扰乱自己的战术，用出其不意的阵势破坏她情绪的稳定，用她怵头的弧圈球治她！好呵！来吧！她这一恼，就真的失去必要的清醒。杨歌的弧圈球又疾又转，下沉得厉害，她只管狠抽狠打，但球儿不是下网，就像流弹一样飞出去。她急得冒火了！她恨杨歌，恨吕教练，恨自己，但恨谁也没用，控制不住这球就赢不了。她一切全乱了，结果十分狼狈地输掉第一局。

11：21。差一点不及格！输得好惨！

她预感今天会落个大败，一时又没法使自己乱哄哄的心静下来。罗小惠再三向她交代战略，攻打中路。她虽然一个劲儿点头表示明白，却不相信有什么绝招可以压住杨歌。

杨歌走到吕国骏跟前。吕国骏满脸笑容地说："打得好！你真有高招！怎么还瞒着我呢？不过，我担心你这打法会再把腰抻了。"

杨歌并没笑。她忽扭头，眼瞧坐在那边的罗小惠，一边着急地用手指指自己的肚子。罗小惠看到了，朝她点头。

"你在干什么？"吕国骏问。

杨歌只笑了一下。第二局比赛开始。

韩冰经过罗小惠的提醒和指点，情绪冷静下来，眉毛放平，目光也专注了。她只要见杨歌拉过来的球刚从桌面上弹起，迎头就是一拍，依照罗小惠的意图，专打杨歌的中路，没想到这打法竟发生奇异的效力。这么一来，杨歌必须左腾右跃，才能把球儿拉起来，空当变大了，能被击中的点顿时多起来。这一局，不等韩冰自己完全明白过来，竟然以两分的优势胜了杨歌。

吕国骏对杨歌说："你必须改变打法！你没看到她已经找到了对策？"

杨歌听了反而咧嘴笑道："小韩这局打得不错，照这样，她就能打败金安淑！"

吕国骏没有细想杨歌的话，他仍然叮嘱她要改变打法。

然而第三局杨歌依旧没有改变打法。

球儿里边仿佛有种主动权，是靠技术、靠意志、靠心理才能抓住这主动权？很难说……反正韩冰把它渐渐抓在手里。在观众一阵阵热烈的助威声中，她把杨歌打得左右奔跑。

吕国骏手托着下巴，目光由惊讶转到沉思：他没见过杨歌这样打球——这样被动，这样狼狈，这样呆滞！她明明看出对方完全控制住自己的打法，为什么仿佛固执不变地把一个个死抽过来的球儿，费力硬拉回去，送给人家痛痛快快地抽杀？她为什么要打这种徒劳无益的球？她从来也没用过这种姿势打球呀！瞧——她拉开架势，利用腰股左右大幅度摆动，好拉出这种强弧圈球。忽然他感到这种姿势好熟悉。谁？呵！金安淑！她为什么要模仿金安淑呢？跟着他心一惊，好像把一盆儿扣过来，里边的东西看明白了。她这是故意叫韩冰熟悉金安淑的球路！

第三局结束，韩冰大胜杨歌。

吕国骏面对败下阵来而居然笑呵呵的杨歌，怒气冲冲地问："你搞什么鬼？你这是故意让她赢！"

杨歌毫无掩饰地承认了。她点点头。

吕国骏睁大眼，张大嘴，好像要一口吃掉杨歌，"为什么？"

杨歌抹着汗水，语气挺柔和地说："我的腰实在不行了，顶多再坚持一局。冠军只能靠小韩去夺！"

吕国骏立即像垮了一样垂下头，一声没吭。黄河宽给这突然的变化惊呆了。

那边，韩冰快步走到教练罗小惠跟前，兴冲冲地说："您这法子真灵，打中路，她的步子立刻就乱了。"她想了想又担心地说："如果她下一局改变打法呢？"

罗小惠竟然神秘地一笑，用她一贯平稳的声调说："放心吧，她不会改变打法的。"

"不！她会！她完全明白，这种弧圈球已经被咱们的策略治死了。"

"你难道还没有看出来，她是有意模仿金安淑的打法吗？"罗小惠说着，递给她擦汗的大毛巾。

"哦？是呵！"韩冰诧异地挑起眉梢，"她为什么要这样做？"

"为了叫你适应金安淑的球路，好打败她。'打中路'是她出的主意，因为她发现金安淑中路反应差。"罗小惠笑眯眯地说。

韩冰忽然想起刚才入场时，杨歌叫她打中路球。但她还有些疑惑不解，"难道她要让我？"

罗小惠点点头。

"为什么？"韩冰惊讶地问。

"她的腰抻了，怕顶不下来，决定帮助你对付金安淑。"罗小惠说。

韩冰陡然被感动起来，她把大毛巾往罗小惠怀里一塞，动了义气劲儿，"不行！这样一来我成什么人了！这局我非让她不可！"

"你看，都怨我多嘴！她不叫我把她的意思告诉你，她的腰不行了，连这场比赛都很勉强！她——"罗小惠有些着急。她一抬眼，似乎看到什么，好像忽然抓住了最有说服力的语言。她示意韩冰向北看台望，一边说："这不是为了你，而是为了他们。瞧，那儿——"

"谁？"

韩冰仰脸望去，正北面看台上聚着一大群观众，都是华侨。他们从比赛开始就天天坐在那里，不停挥舞着特制的红色小国旗，喊着："中国！中国！中国！"她每次比赛，每得一分，都听见发自那里的最响亮的、最热烈的、忘乎所以的呼喊。偶尔她向那边望一望，在一片火苗般晃动的旗影中，闪着无数双亮晶晶渴望的、切盼的、动情的眼睛。这不是祖国几万双眼睛的代表吗？她耳边忽然响起刚才杨歌回答那高个儿记者的话："中国选手取胜！"这话，不是和这些同胞们的喊叫声一致的吗？

一下子，她明白了杨歌的心，这粗拉拉的姑娘一颗纯朴的心。这心是一片高阔的境界。当自己也登到这高高的境界上，心情便豁然、无边无际地展开了。

她再返回到球台前面，一切更加明白。自己早就应当发现的呀——

杨歌哪里像往常那样——上场，就用一双虎视眈眈、几乎要吞掉对手的眼睛，死死盯着球网对面。她现在用的是一种探究的、专注的、期待的目光望着自己。

她从来也没遇到过这样的对手。

再认真观察一下就更明白了：她放弃多少必胜的机会，退向远台，把一个个加转的弧圈球送给自己。当自己把球漂亮干脆地打到她的空当时，她会对自己微微露出一丝赞许和满意的微笑……

自己怎么一直没发现呢？是因为过于紧张，还是心给什么东西蒙住了？现在为什么把这一切都清晰而细微地看在眼里了？

世界上有些东西，你必须和它站在同一高度才能看见。这时，她挥拍再打，就感到每一拍都是和杨歌一起打的；对面不是杨歌，而是她们明天决赛共同的对手。

然而，这时韩冰已经发现杨歌明显有些支持不住了。在这剧烈的奔跑和大幅度的摆动上，她显得力不从心，偶尔失闪一下，步子跟跄，动作像失去控制那样跌跌撞撞。她脸上怎么那么多汗？是累的还是疼的？她几次不得不暂停下来，弯腰从球台下拿起毛巾擦汗。别看她在比赛中来回蹿跳，猫腰拿毛巾时竟十分艰难！

韩冰不忍抽得太狠，举起的球拍在迟疑中把球漏掉，杨歌便向她投来责备的目光。但她怎么忍心抽出那种又快又刁的球，迫使她抻腰去救？

吕国骏把这一切都看在眼中，陷入了沉思。

杨歌忽然向裁判请求暂停，她跑到教练席前，对阎医生撩起后襟说："快给我喷点'神仙水'！"

黄河宽和吕国骏见了都吃一惊。她后腰靠左边已经肿起厚厚的手掌似的一块。吕国骏忽有一丝内疚的感觉。他想，是他逼得杨歌这样做的。一阵后悔与惭愧之情就像只尖利小爪子，揪住他的心。

"你……"吕国骏只能说这一个字了。

杨歌没理解教练复杂的心情。她挺兴奋地对吕国骏说："教练，小韩这么打行吗？"

"呵？呵，好，好，好！"吕国骏尴尬地连连点头。

杨歌听了，得意地一挥拍，跑回台前。

"神仙水"并没有多大神效，没打几个回合，她去抢拉一个大角度疾球时，突然感觉腰像断裂一样剧痛。这边，韩冰目光一惊，她几乎与杨歌同时感到这猛烈的撕痛。然而，她看到，杨歌咬着下唇忍住了，为了使她接受更有前冲力的弧圈球的考验，几乎把每个将要落地的球强拉起来。这些从远远的空间和不同角度送上来的，带着"咻咻"风响的纯白的球，就是这姑娘的心啊！每送回这一个球，她得忍着怎样的剧痛？韩冰已经看见她每一次用力时，嘴角都痉挛般地一抽动。那腰间每一抻拉，仿佛都有无数肌肉纤维扯断。在场外的黄河宽和吕国骏似乎也听到了。

杨歌支持不住了。她不时失去控制，单腿跪下，或用手支撑一下身体。站起来又跪下去，跪下去又站起来，还是把球儿一个个顽强又固执地送到韩冰面前。她的脸发白，汗水淋漓，滴在地板上，但她仍然强装出兴奋的表情，给韩冰鼓劲……

一个温暖的潮头打在韩冰的心上，她的泪水简直要涌出来了。

吕国骏眼里噙着泪水。但他是男人，男人的眼泪向来是吝啬的，为了不叫自己掉泪，他随着观众的呼喊，随着这两个姑娘的每一板球，用劲叫着："好！好！好！"

黄河宽却禁不住掉泪了。

就是这一瞬，他感到一股强大的热烘烘的力量把他紧紧包裹起来。是的，一种力量，一种实实在在、不可抗拒而只能顺从的力量。他知道这是什么力量。有些庄严又崇高的概念，平时似乎很抽象，在这种特殊的环境和氛围里，顿时变得十分具体。他想到当年在部队，人们之间矛盾闹得难解难分，枪一响立刻就变得生死与共了。这时刻，人们的心境好像突然升华起来，就像那无数升腾的水汽，在高高的天上凝聚成一大朵无比神奇而灿烂的云。

献你一束花

鲜花，理应呈送给凯旋的英雄。难道献给这暗淡无光的失败者？

她一直垂着头。前四天，她从平衡木上打着旋儿跌在垫子上时，就把这美丽而神气的头垂下来。现在她回国了，走入首都机场的大厅，简直要把脑袋藏进领口里去。她怕见前来欢迎的人们，怕记者问什么，怕姐姐和姐夫来迎接她，甚至怕见到机场那个热情的女服务员——她的崇拜者，每次出国经过这里时，都跑来帮着她提包儿……有什么脸见人，大败而归！

这次世界性比赛，她完全有把握登上平衡木和高低杠"女王"的宝座，国内外的行家都这么估计，但她的表演把这些希望的灯全都关上了。

两年前，她第一次出国参加比赛，夹在许多名扬海外的姑娘们中间，不受人注意，心里反而没负担，出人意料拿了两项冠军。回国时，就在这机场大厅里，她受到空前热烈的迎接。许多只手朝她伸来，许多摄影机镜头对准她。一个戴眼镜的记者死死纠缠着问："你最喜欢什么？"她不知如何作答，抬眼看见一束花，便说："花！"于是就有几十束花朝她塞来，多得抱不住。两年来多次出国比赛，她胸前挂着一个又一个亮晃晃的奖牌回来，迎接她的是笑脸、花和摄影机雪亮的闪光。是不是这就加重了她的思想负担？愈赢愈怕赢，成绩的包袱比失败的包袱更重。精神可以克服肉体的痛苦，肉体却无法摆脱开精神的压力。这次她在平衡木上稍稍感觉自己有些不稳，内心立刻变得慌乱而不能自制。她失败了，并且跟着在下面其他项目的比赛中一塌糊涂地垮下来……

本来她怕见人，走在队伍最后，可是当她发现很少有人招呼她，摄影记者也好像有意避开她时，她感到冷落，加重了心中的沮丧和愧疚，纵使她有回天之力，一时也难补偿，她茫然了。是啊，谁愿意与失败者站在一起。

忽然她发现一双脚停在她眼前。谁？她一点点向上看：深蓝色的服装，长长的腿，铜衣扣，无檐帽下一张洁白娴静的脸儿。原来是机场那女服务员，正背着双手，含笑对她说："我在电视里看见了你们比赛，知道你今天回来，特意来迎接你。"

"我真糟！"她赶紧垂下头。

"不，你同样用尽汗水和力量。"

"我是失败者。"

"谁都不能避免失败。我相信，失败和胜利对于你同样重要。让失败属于过去，胜利才属于未来。"女服务员的声音柔和又肯定。

她听了这话，重新抬起头来。只见女服务员把背在身后的手向前一伸，一大束五彩缤纷的花捧到她的面前。浓郁的香气竟化作一股奇异的力量注入她的身体。她顿时热泪满面。

怎么？花，理应呈送给凯旋的英雄，难道也要献给这暗淡无光的失败者？

1983

黄球衣

一场球漏掉七个！市足球队守门员大黄简直是个大漏勺儿！哎，他姓黑，人们却叫他"大黄"。他有两个姓？笑话！这称呼来自他总穿在身上的球衣。

那是去年初与土耳其快速足球比赛，他刚好买了这件最新荧光染料染成的黄球衣。这黄颜色可是非同一般，真好比秋月一般明亮。尤其在球场碧绿的草坪上，它简直往人眼里跳。远远看，就像一朵抖动的小火苗。

卖球衣的服务员知道他的大名，笑着对他说："穿上这球衣，保准谁也踢不进去！"

这句话绝非逗笑取乐。比赛时，土耳其队十来次有威力的攻门，都给他奇迹般地扑出来。一位新闻记者送给他一张当场拍摄的彩色照片。他就像一只金色的鹰飞扑一只白色的小鸟，那样轻盈健美。他相信，这荣誉是这件球衣给他的。偏巧，紧跟着的全国甲级联赛第一阶段比赛中，他竟然一球没失。从此，尽管他没有完全放松训练，却深信这球衣是他的胜利护身符。因而他每逢比赛必穿上这黄球衣。有一次临到比赛，洗了的球衣由于天阴没干，他急得用扇子去扇。教练和队友们笑他、说他、劝他都没用。往往人的心理作用是很难克服的。可是，到了下半年第二阶段比赛，他就开始失球了。

那不可捉摸的、飞旋的、刁钻的球，从他的胯下、腋下、腰旁、头上，一个个飞入网内。教练说："你扔掉那球衣吧！胜负不在衣服上，在你身上。无论什么事，偶然不会大于必然的。你总想着球衣会出现奇迹，不注意与后卫的整体配合，练得也不够苦！"

他不信，梦想这黄球衣再次像与土耳其队比赛那样显出神威。结果在这次与市青年队比赛中失掉了七个球。对于一个守门员真是奇耻大辱！

他感到羞愧，难过，悔恨。但仔细一琢磨，却感到奇怪了，自己从来没漏过这么多球，尤其对手是相差甚远的青年队！他把失漏掉的第一个球、第二个球、第三个球……直到第七个球都仔细回忆了一下，忽然明白了。呀！这不都是后卫失误，才使对方得以在门前起脚的吗？于是，他找教练诉冤。谁知教练听了反笑道："这只能怪我，是我叫后卫故意漏球的。"

"为什么？"他惊奇不已。

"因为你有那件攻不破的黄球衣呀！我是想叫你明白一下这球衣究竟能有多大效力。"

"啊！"他恍然大悟。

原来黄球衣丝毫帮不了他。黄球衣！黄球衣！你呀！他把黄球衣揉成一团，一甩手扔掉了！

雪地上的脚印

五十年前我住一小院，乃昔日大户人家的用人房，只是外跨一个小院的区区一间斗室而已。然时有友人来访，相谈文章绘事，其乐融融。那时穷，聊天不用钱，痛痛快快古今中外一通大聊特聊，亦真正的大餐。

一天，下了一天的雪，下班很晚，回到家待要开门时，见雪地上有一些脚印。肯定有人来访，被我敲不开的门板拒绝走了。从脚印很难认出来访者是谁，我却看出是一位陈姓的友人，他是跛足，这雪地上的脚印不对称，一正一斜，一深一浅，一准是他！可是他家住得远，从不骑车，为何大雪天蹒跚地来找我，或有急事？

我没有开门进家，掉头骑车去找他。他见了我非常高兴。我却急着问他找我何事，他快活地说："接着聊雪莱聊惠特曼啊，我又有许多话想跟你聊。"忽然他好奇地问我："你怎么知道我去找你？没有人看见我啊。"

我想告诉他，但不便直说，只说了一句："还得谢谢今天这场漫天的大雪——一片洁白。"

他怔了一下，跟着明白了，微笑着去给我倒了一杯热水。